KB176872

리더십론 _{개정판}

리더십론 개정판

강정애 · 태정원 · 양혜현 · 김현아 · 조은영 지음

Σ 시그마프레스

리더십론, 개정판

발행일 | 2010년 9월 10일 초 판 1쇄 발행
2011년 8월 10일 초 판 2쇄 발행
2012년 9월 10일 초 판 3쇄 발행
2015년 7월 10일 초 판 4쇄 발행
2016년 11월 20일 개정판 1쇄 발행

저자 | 강정애, 태정원, 양혜현, 김현아, 조은영
발행인 | 강학경
발행처 | (주)**시그마프레스**
편집 | 우주연
교정 · 교열 | 김은실

등록번호 | 제10-2642호
주소 | 서울특별시 영등포구 양평로 22길 21 선유도코오롱디지털타워 A401~403호
전자우편 | sigma@spress.co.kr
홈페이지 | http://www.sigmapress.co.kr
전화 | (02)323-4845, (02)2062-5184~8
팩스 | (02)323-4197

ISBN | 978-89-6866-828-9

• 이 책의 내용은 저작권법에 따라 보호받고 있습니다.
• 잘못 만들어진 책은 바꿔 드립니다.

＊ 책값은 책 뒤표지에 있습니다.

저 자들이 몸담고 있는 대학교는 2000년대 초반부터 리더십을 강조하였으며 리더십 특성화 대학으로 선정되기도 하였다. 리더십의 강조는 '세상을 바꾸는 부드러운 힘' '리더십은 부드러운 힘입니다' '리더십은 변화입니다' '2020년, 대한민국의 지도자의 10%는 부드러운 힘을 가지게 됩니다' '숙명의 S 리더십, 세상을 이끄는 브랜드가 됩니다' 등 리더십과 관련된 홍보로 이어졌다.

과정에서 '리더십이 왜 경영학만의 전유물이어야 하느냐?'는 질문을 듣게 되었다.

시도 때도 없이 일상적으로 자주 듣게 되는 리더십, 서점에 가면 리더십이란 제목을 달고 출판된 수많은 책들, 리더십이란 용어로 개설된 대학의 많은 교과목들, 리더를 양성하기 위한 많은 리더십 프로그램, 비싼 돈을 지불해야만 참가할 수 있는 리더십 워크숍 등이 존재하는 현실과 어울려 나올 수 있는 자연스러운 질문이라고 생각하였다.

그러나 교내외에서 리더십이 부각되면 부각될수록 리더십을 체계적으로 이해시킬 수 있는 교재에 대한 필요성을 강하게 느끼게 되었다. 이러한 동기에서 시작된 본서는 경영학 전공의 학생들을 위한 리더십 교재임과 동시에, 리더십에 관심이 있거나 경영학 이외의 리더십과 관련된 교과목에서도 참고가 될 수 있는 교재로 집필되었다.

사실, 1900년대 이래 경영학의 조직·인사 분야 연구들 중에서도 가장 많이 연구가 발표된 주제가 리더십이다. 학문적으로 리더십은 개념을 정의하고자 시도했던 사람들만큼 많은 정의가 있는데, 영향력 행사의 주체, 목적, 방식, 결과 들을 포함하여 개념이 다양하게 정의되었기 때문이다. 리더십을 다르게 정의한다는 것은 연구자들이 서로 다른 현상을 리더십의 연구 대상으로 선택하며 결과를 서로 다른 방식으로 해석하기 때문이다.

이 책은 13장으로 구성되어 있는데 책의 앞부분에는 리더십의 정의, 리더십과 관리에 대한 차이, 리더십 효과성에 대한 기본적 개념들이 소개되어 있다. 또한 리더십 연구의 통합적 이해를 돕기 위한 리더, 부하, 상황에 대한 연구관점 내용과 분석수준 개념들도 서술되어 있다. 이어서 저자들이 학생들에게 꼭 필요하다고 생각되는 리더십 이론들을 선정하여 각 장마다 관련 이론과 사례를 제공하였는데, 이는 학생들이 실제로 적용해 볼 수 있는 유익한 내용을 담고 있다.

이 책을 집필하는 과정에서 여러 가지 어려움이 있었는데 그중에서도 용어를 통일시키는 것은 매우 어려웠다. 예를 들면, 책의 주요 용어인 리더와 부하에 관해 통일된 명칭을 적용하기가 쉽지 않음을 깨닫고 각 장마다 리더, 상사, 부하, 구성원 등의 자연스러운 명칭을 사용하였다. 혹시 부자연스럽거나 부적절함이 느껴지는 용어나 문맥이 있다면 지적해 주길 바라며, 이는 수정판 발행에 큰 도움이 될 것이다.

최근 글로벌 경제 위기를 비롯하여 여러 난제들을 해결하기 위해서는 과거와는 다른 리더십을 지닌 리더가 필요하다는 인식이 강하게 형성되고 있다. 특출한 몇몇 사람만이 리더가 될 수 있다고 하면 리더십에 매력을 느낄 수가 없을 것이다. 리더십 학습을 통해 리더가 될 수 있다는 패러다임 전환은 평범한 우리들에게 희망을 준다.

조직생활을 한다면 우리 모두는 누군가의 리더가 되거나, 누군가의 부하가 되어야 하며, 따라서 멋진 리더가 되기 위한 리더십과 이끌어 주고 싶은 부하가 될 수 있는 팔로워십(followership)을 함양시켜야 할 것이다.

리더십 연구와 달리, 학생들에게 리더십을 강의한다는 것은 보람도 있지만 부담스럽기도 하다. 리더십이 이론만으로 강의할 수 있는 교과목이 아닌 까닭이기 때문이다. 영원한 블루오션 교과목인 리더십 분야에 커다란 자부심을 느끼며 학생들의 역할모델이 되기 위해 노력하고 있다.

증보판에서는 역시 초판의 특성을 그대로 견지하고 있지만 새로운 사례연구 등을 포함시켰다.

마지막으로 이책이 출판될 수 있도록 수고해 주신 김경임 부장을 비롯한 (주)시그마프레스 관계자 분들께 깊은 감사를 드린다.

2016년 11월

강정애 외 저자일동

차례

제1장 서론 1

1. 리더십의 정의 2 | 2. 리더십과 관리 5 | 3. 리더십 효과성 8
4. 리더십 연구의 접근 관점 및 주요 변수 10 | 5. 리더십 연구의 분석수준 14
6. 이 책의 구성 16 | 요약 22 | 참고문헌 24

제2장 리더십 특성이론 27

1. 리더십 특성이론의 개요 28 | 2. 리더십 특성에 관한 연구 30
3. 리더십 특성과 관련된 기타 연구 32 | 4. 리더십 기술에 관한 연구 37
요약 47 | 참고문헌 49

제3장 리더십 행동이론 51

1. 리더십 행동이론의 개요 52 | 2. 리더십 행동이론의 주요 연구 57
요약 70 | 참고문헌 71

제4장 리더십 상황이론 I 73

1. 상황적 접근의 배경 74 | 2. Fiedler의 상황적합이론(1967년) 76
3. Hersey와 Blenchard의 성숙도이론(SLII 모형)(1977년) 82

요약 92 | 참고문헌 93

제5장 리더십 상황이론 II 95

1. House의 경로-목표 이론 96 | 2. Vroom과 Yetton의 규범적 모형 102
요약 113 | 참고문헌 115

제6장 카리스마적 리더십 117

1. 카리스마적 리더십의 개념 118 | 2. 카리스마적 리더십 연구 122
3. 카리스마적 리더십의 최근 연구 133
요약 138 | 참고문헌 139

제7장 변혁적 리더십 141

1. 거래적 리더십 144 | 2. 변혁적 리더십 148 | 3. 변혁적 리더십의 기타 연구 154
요약 167 | 참고문헌 169

제8장 LMX 이론 171

1. LMX의 개념 172 | 2. LMX 이론 연구 175 | 3. LMX 이론의 활용과 최근 연구 183
요약 190 | 참고문헌 191

제9장 팀 리더십 193

1. 팀 리더십의 개념 194 | 2. 팀 리더십의 구성요소 196 | 3. 팀 리더십 모형 200
4. 팀 리더십의 기능 205 | 5. 팀 리더십의 특이성 208 | 6. 팀 리더십의 유용성 209
요약 214 | 참고문헌 215

제10장 서번트 리더십 217

1. 서번트 리더십의 개념 218 | 2. 서번트 리더십의 인식체계 특성 220
3. 서번트 리더십의 행동 특성 221 | 4. 전통적 리더십과 서번트 리더십의 비교 225

5. 서번트 리더십과 조직성과 228 | 요약 236 | 참고문헌 237

제11장 셀프 리더십 239

1. 셀프 리더십의 개념 240 | 2. 셀프 리더십 이론 242
3. 셀프 리더십의 실천 전략 252 | 요약 260 | 참고문헌 261

제12장 윤리적 리더십 263

1. 윤리적 리더십의 개념 264 | 2. 윤리적 리더십의 구성요소 267
3. 윤리적 리더의 행동 특성 269 | 4. 윤리적 리더십의 조직 여건 273
5. 윤리적 리더십과 기업 성과 277 | 요약 283 | 참고문헌 285

제13장 기타 리더십 연구 287

1. 임파워먼트 288 | 2. 리더십 대체이론 302
요약 310 | 참고문헌 311

▣ 찾아보기 313

제 1 장

서 론

● ● ● ○

학습목표

1. 리더십의 개념 및 정의에 관해 알 수 있다.
2. 비공식적 리더와 공식적 리더에 관해 알 수 있다.
3. 리더십과 관리에 관해 알 수 있다.
4. 리더십 효과성에 관해 알 수 있다.
5. 리더십 연구의 학문적 관점과 분석수준을 이해할 수 있다.
6. 이 책의 구성을 살펴볼 수 있다.
7. 국가 차원과 기업 차원의 리더와 리더십에 관해 생각해 볼 수 있다.

1. 리더십의 정의

일상적으로 불리는 리더십이란 매우 함축된 뜻을 포함하고 있다. 실제로 권력, 권한, 관리, 통제, 감독 등과 같은 용어들은 리더십과 비슷한 의미로 활용되고 있다. 리더십 개념의 모호함과 복잡함을 해결하기 위해 연구자들은 자신이 흥미를 느끼는 연구관점에 따라 리더십을 정의하고 있다. Stogdill은 1900년대 이후의 리더십 연구

표 1-1 리더십의 정의

1. 리더십은 "개인의 행동이며… 집단의 활동들을 공유 목표로 향하게 한다."(Hemphill & Coons, 1957, p.7)
2. 리더십은 "조직의 일상적인 지시에 기계적으로 순응하는 것을 넘어서도록 영향력을 행사하는 것이다."(Katz & Kahn, 1978, p.528)
3. "개인이… 부하들의 동기를 자극하고 끌어들이며 만족시키기 위해서 제도적·정치적·심리적 그리고 기타의 자원을… 동원할 때 발휘된다."(Burns, 1978, p.18)
4. "리더십은 한 사람 또는 그 이상의 사람이 성공적으로 다른 사람의 현실을 구성하고 만드는 과정에서 실현되는 것이다."(Smirchch & Morgan, 1982, p.258)
5. "리더십은 목표를 성취하도록 조직화된 집단의 활동에 영향을 미치는 과정이다."(Rauch & Behling, 1984, p.46)
6. "리더십은 비전을 명확히 하고 가치를 구체화시키며, 그 안에서 일이 달성될 수 있도록 환경을 창조하는 것이다."(Richards & Engle, 1986, p.206)
7. "리더십은 집합적 노력에 목적, 즉 의미 있는 방향을 부여하고 목적을 달성하기 위해 기꺼이 노력을 확대하도록 만드는 과정이다."(Jacobs & Jacobs, 1990, p.281)
8. 리더십은 "문화 바깥으로 나가… 보다 적응적인 진화적 변화 과정을 착수하는 능력이다."(Schein, 1992, p.2)
9. "리더십은 사람들이 함께 무엇을 하고 있는지에 대한 의미를 파악함으로써 사람들로 하여금 그것을 이해하고 그것에 몰입하도록 하는 과정이다."(Drath & Palus, 1994, p.4)
10. 리더십은 "개인이 타인에게 영향을 미치고 동기를 부여하며 타인이 조직의 효과성과 성공을 위해 공헌할 수 있도록 하는 개인의 능력이다."(House et al., 1999, p.184)

자료 : G. Yukl, *Leadership in Organizations,* 6th ed., Pearson Prentice Hall, 2006, p.5.

들을 광범위하게 검토한 후, "리더십 개념을 정의하고자 시도했던 사람들만큼 리더십은 많은 정의가 있다"고 결론을 내렸다.[1] 〈표 1-1〉에 나타난 리더십의 정의들은 이를 확인해 주고 있다.[2]

〈표 1-1〉에서 볼 수 있듯이 리더십에 관하여 연구자들은 영향력 행사의 주체, 영향력 행사의 목적, 영향력을 행사하는 방식, 영향력 시도의 결과를 포함해서 개념을 정의하고 있다. 이렇게 리더십을 다르게 정의한다는 것은 리더의 확인과 리더십 과정에 대하여 연구자들 간에 의견 차이가 있기 때문이다. 즉 리더십의 개념을 다르게 정의하는 연구자들은 서로 다른 현상을 연구 대상으로 선택하며 결과를 서로 다른 방식으로 해석하기 때문이다.

전통적 관점의 리더십 연구들은 '집단의 목표를 달성하기 위해 리더가 구성원을 동기부여시키고, 그들에게 영향력을 행사하는 과정'으로 리더십을 정의했다. 이것은 리더가 리더십을 좌우하는 핵심요소로, 부하에 대한 동기부여 능력과 영향력 발휘 기술이 중요하다는 인식이 전제된 것이다. 한편, 현대적 관점의 리더십 연구들은 리더, 부하, 상황변수들을 반영한 통합적 개념으로 리더십을 정의하고 있다. 예를 들면 Forsyth(2006)는 '리더십이란 조직과 집단의 목표 달성을 위해 각 구성원들이 다른 구성원들에게 영향을 미치고, 동기부여시키는 교환적 과정'이라고 정의하고 있다.[3]

조직과 집단에 대하여 Barnard는 2인 이상이 모인 의도적인 협동 시스템으로 정의하고 있다.[4] 이러한 조직과 집단 내에서 리더십을 이해하기 위해서는 조직과 집단의 구성원을 리더와 부하들로 구분할 수 있으며, 리더는 공식적 리더와 비공식적 리더로 구분할 수 있다. 공식적 리더란 조직 내에서 부여된 권한과 책임을 바탕으로 부하에게 영향력을 발휘하여 조직목표를 달성하는 사람이다. 공식적으로 임명된 리더의 사례로는 주총에서 선임된 대표이사, 사장 등의 이사들을 포함하여 감독자, 팀장, 부서장, 공장장 등이 포함된다. 조직도를 살펴보면 공식적 리더들을 확인할 수 있다. 한편, 임명된 공식적 리더는 아니지만 직책과 상관없이 리더십을 발휘하는 리더를 비공식적 리더로 명명하고 있다. 이와 같이 리더십 연구는 조직에서 임명된 공식적 리더뿐 아니라 비공식적 리더까지 포함하여 광범위한 연구가 이루어지고 있다.

공식조직 내의 모든 구성원은 상급 리더의 부하인 동시에 부하의 리더이기도 하다. 리더십 연구에서는 리더와 관련된 용어로 관리자, 상사 등을, 부하와 관련된 용어로 구성원, 팔로워(follower) 등이 사용되기도 한다. 상황이란 리더십에 영향을 주는 환경적 요소로, 연구자들에 의해 다양하게 정의되고 있다.

Jago(1982)는 리더십 정의를 특성과 과정 차원에서 구분하였다.[5] 〈표 1-2〉의 특성론적관점의 리더십을 상이한 사람들이 소유하고 있는 특성으로 개념화하고 있다. 그리고 리더십 자질이나 특성은 특정한 사람에게서만 나타나고, 리더십은 특별한 사람들에게 제한된다고 구분했다. 한편, 리더십 과정을 강조하는 시각에서는 리더십은 상황 속에서 나타나는 현상이고, 리더십 발휘는 누구나 가능하다고 정의된다. 그리고 그 과정으로서 리더십은 리더 행동에서 관찰될 수 있는 현상이며 후천적으로 학습에 의해 평범한 사람들의 리더십 개발도 가능하다는 것이다.

이상에서 논의된 것처럼 리더십은 연구자들의 관점에 따라 다양한 정의가 내려질 수 있음에도 불구하고, 통일된 개념 정의를 위해 일반적으로 다음과 같이 정리되

표 1-2 리더십의 관점(특성론과 과정론)

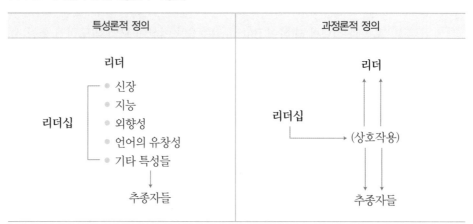

자료 : P. G. Northhouse, *Leadership—Theory and Practice*, 4th ed., Sage London, 2007, p.5.

고 있다.

- 리더십은 과정이다.
- 리더십 과정은 영향력을 미치는 과정이다.
- 리더십은 조직과 집단의 상황에서 일어나는 현상이다.
- 리더십은 목표 달성을 위한 과정이다.

위의 내용을 바탕으로 Northouse는 '리더십이란 공동목표를 달성하기 위하여 한 구성원이 조직과 그룹의 다른 구성원들에게 영향력을 미치는 과정'이라고 정의하고 있다.[6]

2. 리더십과 관리

리더십과 유사한 의미로 사용되는 많은 용어들이 있다. 관리, 지휘, 통솔, 행정 등이 이러한 용어들인데, 관리는 리더십과 관련하여 더 많은 개념적 혼란을 일으키고 있다.

1916년 프랑스의 Fayol은 경영을 하는 과정에서 경영자(관리자)의 업무수행과 원칙을 정리하여 **일반경영관리론**(administrative theory)을 발표했다. Fayol은 경영자가 수행해야 할 다섯 가지 관리기능인 계획(planning), 조직(organizing), 지휘(commanding), 조정(coordinating), 통제(controlling)를 제시했다. Fayol은 위의 관리기능을 회계, 재무, 생산, 인사, 분배 기능 등과는 구분되는 개념으로 제시했으며, 관리는 기업을 포함한 모든 조직에 공통적으로 적용된다는 것을 밝혔다. 또한 그는 관리기능과 함께 분업의 원칙, 권한과 책임의 원칙, 규율의 원칙, 명령일원화의 원칙, 지휘통일의 원칙, 전반적 이익에 대한 개인적 이익 종속의 원칙 등을 주요한 관리원칙으로 제시했다. Fayol의 이론은 **관리순환이론**(management cycle theory)으로도 소개되며, 오늘날 기업경영, 호텔경영, 학교경영, 병원경영 등 모든 조직에 전문적 기능과 함께 경영관리 기능을 적용시키는 데 큰 기여를 했다. Fayol 이후 경영관리에 대한 연구가 지속적으로 이어졌으며 오늘날 관리기능은 계획(planning), 집행(doing), 통제(seeing)로 압축되어 활용되고 있다.[7]

한편 경영관리와 관련된 연구가 진행되는 과정에서 관리자와 리더의 역할을 비교하는 연구도 진행되었는데, 관리보다는 리더십이 상위 관점에 있는 것으로 연구의 초점이 맞추어졌다. Bennis와 그의 동료들은 리더십과 관련된 연구를 통하여 관리자는 단기적이고 현실에 안주하려는 속성을 가지고 있으며, 리더는 장기적·미래지향적 태도를 지닌다고 주장했다. 〈표 1-3〉에서 볼 수 있듯이 Bennis와 그의 동료들은 개념 구분을 하는 등 리더가 수행하는 역할 제시를 통해 관리와 차이점에 대한 21세기의 변화된 패러다임을 반영한 리더십 연구에 큰 기여를 하고 있다.[8][9][10][11][12]

한편, 리더십을 초점으로 연구한 Bennis 등과는 달리 리더십에 대한 관점을 관리자가 수행해야 하는 경영관리의 확장된 개념으로 바라본 연구들도 있다. Hellriegel을 비롯한 그의 동료 연구자들은 조직경영을 위해서는 리더가 발휘하는 리더십과

표 1-3 21세기 관리자와 리더의 차이

관리자	리더
책임수행	혁신주도
모방	창조
유지	개발
시스템과 구조에 초점	인간에 초점
통제 위주	신뢰에 기초
단기적	장기적
언제, 어떻게에 관심	무엇을, 왜에 관심
수직적 관점	수평적 관점
현 상태 수용	현 상태에 도전
전통적인 충복	독자적 인간
일을 옳게 함	옳은 일을 함

자료 : W. Bennis & B. Nanus, *Leaders: The strategies for taking charge*, New York : Harper Collins, 1985.

관리자가 발휘하는 매니저십에 관하여 다음과 같이 지적하고 있다. 이들의 연구관점에 의하면 리더십은 전통적인 관리자의 역할이 확대되었다는 것이다.[13] Crane도 관리자의 역할은 Fayol이 밝혀낸 계획, 조직, 지휘, 조정, 통제 등의 관리기능 수행 이외에 비전 제시, 코치, 봉사, 촉진자 등의 역할로 확대된다고 주장했다. 즉 관리자 역할로부터 확대된 역할을 수행하는 리더는 조직발전을 위해 명확한 비전을 제시하고, 구성원들에게 비전을 전파시킨 후 실행을 통해 조직발전을 해야 하며, 리더는 구성원과 조직의 이해관계자들을 위하여 봉사해야 하며, 구성원들을 효과적으로 도울 수 있는 코치 역할도 수행해야 한다는 것이다. 구성원들이 조직목표와 개인목표를 달성할 수 있도록 촉진자 역할을 하며, 이 모든 역할들을 통하여 궁극적으로 리더는 다른 구성원들의 역할모델이 되어야 한다고 지적하고 있다.[14]

이와 같이 리더십에 대한 연구는 연구자의 관점에 따라 상이하게 이루어져 왔으며, 리더십을 관리자가 수행하는 관리기능의 한 부분으로 간주한 연구도 진행되어 왔다. 그러나 전반적으로 리더십과 관리는 동일한 개념이 아니며, 이들은 명확하게 구별될 수 있다는 것이 선행연구들을 통하여 밝혀지고 있다.

이상의 내용을 바탕으로 리더십과 관리를 요약하면 다음과 같다. 리더는 변화와 성장을 향한 조직비전과 방향설정, 조직변화를 위한 전략수립, 조직 구성원들에게 비전전파, 선포된 비전의 실현을 위해 조직 구성원들에게 동기부여와 사기앙양을 시키는 등 조직발전을 위한 **효과성**(effectiveness)을 추구하는 리더십을 발휘한다. 반면에 관리자는 조직화된 구조에서 계획, 조직, 지휘, 조정, 통제 등의 관리기능을

표 1-4 리더십과 관리의 기능

리더십 : 변화와 성장성	관리 : 질서와 일관성
비전과 방향성 설정	계획과 예산
구성원들 정렬 및 비전전파	조직과 집행
비전달성을 위한 동기부여	통제와 문제해결

자료 : P. G. Northhouse, *Leadership—Theory and Practice*, 4th ed., Sage London, 2007, p.10.

수행함으로써 조직의 질서와 일관성을 추구하며 **효율성**(efficiency)을 추구한다.

3. 리더십 효과성

리더십 개념의 정의가 학자마다 다르게 정의된 것처럼 리더십 **효과성**의 개념도 연구자마다 연구관점에 따라 달리 정의되고 있다. 리더십을 연구하는 학자들은 리더십 효과성의 개념과 관련하여 많은 유형의 성과들을 연구변수로 사용해 왔는데, 정량적이며 객관적인 지표와 정성적이며 주관적인 지표들로 구성되어 있다.

앞에서 이미 보았듯이 Northouse의 '리더십이란 공동목표를 달성하기 위하여 한 구성원이 그룹의 다른 구성원들에게 영향력을 미치는 과정'이라는 정의에 따라서 리더는 공동목표 달성 여부를 기준으로 리더십을 잘 발휘했는지 못했는지를 평가받게 된다. 공동목표의 달성 여부는 직접적으로 나타난 수치상의 실적으로 평가하거나 구성원들의 태도가 공동목표에 영향을 준다는 선행연구들을 바탕으로 구성원들과 관련된 지표들로 평가할 수 있다. 리더십 효과성을 측정하는 **측정변수**들을 살펴보면 다음과 같다.

- **객관적 측정변수** : 리더십 효과성을 측정하는 데 가장 많이 사용하는 객관적 측정변수들은 선포된 조직비전과 목표를 달성한 정도이다. 기업을 예로 들면 매출액, 순이익, 이익률, 매출증가율, 시장점유율, 투자수익률, 생산성, 산출단위당 원가, 예산 대비 원가, 주가 등이 해당된다.
- **주관적 측정변수** : 구성원들의 태도는 리더십 효과성을 측정하는 데 사용되는 주관적 측정변수이다. 구성원의 태도는 크게 직무, 조직, 리더에 대한 태도로 구분할 수 있다. 직무에 대한 태도는 직무만족도, 직무몰입도, 경력에 관련된 태도, 직무 스트레스 등을 들 수 있다. 조직에 대한 태도는 조직몰입도, 조직시민 행동이 주요 측정지표로 활용되고 있다. 리더에 대한 태도는 리더에 대한 만

족도가 활용된다. 또한 구성원들의 근태와 관련된 태도, 구성원들의 전환배치 희망의도 및 이직의도 등도 측정변수로 활용되고 있다. 리더십 효과성을 측정하는 데 사용되는 구성원의 태도 측정 설문문항의 예를 들자면 리더는 부하들의 욕구와 기대를 얼마나 잘 만족시키는가, 부하들은 리더에 대하여 얼마나 만족하는가, 부하들은 리더의 요구를 실행하는 데 헌신적인가 등을 들 수 있다. 구성원들의 태도는 결근, 자발적 이직, 불만 표출, 상급경영진에 대한 불평, 전환배치 요구, 태업 등에 영향을 준다.

- **기타 측정변수** : 리더십 효과성을 측정하는 변수로 환경에 대한 적응력 등을 들 수 있다. 즉 지속 가능한 조직이 되려면 적응능력 및 혁신능력을 바탕으로 유연성을 향상시켜야만 한다. 조직적 차원과 구성원 개인적 차원으로 위의 개념들을 적용할 수 있는데, 조직적 차원에서는 조직 혁신, 개인적 차원에서는 구성원 혁신이라는 개념으로 적용할 수 있다.

따라서 조직과 집단을 이끌어 가는 리더는 조직과 집단의 발전과 성장을 위해 정량적 목표 달성과 정량적 목표 달성을 위한 정성적 지표 등을 균형 있게 유지해야 한다. 그러므로 리더십 효과성 측정은 리더가 제시하고 선포한 비전 및 목표와 관련된 성과와 구성원의 태도 등을 변수로 포함하며, 기타 효과성 측정변수로 환경에 대한 조직과 개인의 혁신 및 적응성도 포함할 수 있다.[15]

리더십 효과성을 평가함에 있어 주목할 것은 측정변수에 대한 최종 성과는 단기적으로 나타나는 성과보다 리더십 효과성을 판단하는 지표로서 덜 유용하다는 점이다. 일반적으로, 리더는 임기 동안 조직발전에 가시적인 성과를 이루어 내려고 노력하며 장기적 차원의 지속적인 성장발전을 위해서도 노력을 기울인다. 이러한 과정에서 리더십 효과성의 평가는 장기적 효과성과 단기적 효과성이 일치하는 것으로 나타나기도 하지만 때로는 일치하지 않을 수도 있다. 기업을 예로 들면, 단기적으로 리더가 재임기간 동안 장비유지 및 보수, 연구개발 투자, 신기술 투자, 종업원 교육

훈련 등과 같이 비용이 많이 드는 활동들을 줄이면 수익은 일시적으로 증가할 수 있다. 이는 리더의 단기적 리더십 효과성 측정에 긍정적으로 작용할 것이다. 그러나 장기적으로는 조직의 지속 가능 경영에 어려움을 겪게 하거나 수익 감소를 초래할 가능성이 높을 것이다. 반대로 이러한 투자를 증가시키면 리더의 재임기간 동안 수익은 일시적으로 감소하여 단기 리더십 효과성은 부정적으로 나타날 수 있으나 장기적으로는 조직의 지속 가능 경영에 기여할 것이다.

한편, 리더십 효과성의 평가는 평가하는 사람에 따라 또는 평가의 목적과 가치에 따라 달라질 수 있다. 예를 들어 기업의 최고경영자는 조직 구성원들, 고객 또는 주주들이 선호하는 평가지표와는 다른 평가지표를 선호할 수 있다.

우리는 앞의 내용들을 바탕으로 단기적 또는 장기적 차원에서 리더십 효과성을 측정하고 이해관계자들의 서로 다른 리더십 효과성의 평가관점들이 있다는 것을 알 수 있다. 따라서 이러한 점들을 감안하여 리더십 효과성에 관한 다양한 평가지표들을 연구에 포함시켜서 각각의 평가지표에 미치는 효과를 장기간에 걸쳐 검토할 필요가 있다. 리더십 효과성의 측정변수를 다양하게 사용하는 것은 리더십 연구범위를 확대시키는 긍정적 역할을 할 것이다.[16]

4. 리더십 연구의 접근 관점 및 주요 변수

리더십 연구들을 이해함에 있어 중요한 점은 연구의 접근관점과 변수들을 이해하는 것이다. 1900년대 이래 수많은 리더십 연구가 진행되어 오고 있으며, 리더십 연구가 어떻게 이루어지고 있는지에 관한 종합적 분석의 필요성에 관심이 모아졌다. 이러한 필요성에 따라 국내에서도 발표된 리더십 관련 연구들을 종합적으로 분석한 연구가 진행되어 리더십 연구에 기여하고 있다.[17][18]

일반적으로 리더십 연구의 분류는 연구를 진행함에 있어 가장 중요하다고 강조된 변수에 따라 리더중심적 관점, 부하중심적 관점, 상황변수 관점에 대한 연구로 구분할 수 있다. 리더중심적 관점은 리더와 부하의 상호작용 틀 내에서 부하에게 성공적으로 영향을 주는 요인으로 리더의 특성이나 행동에 초점을 맞추었다. **부하중심적 관점**은 리더와 부하의 상호작용 틀 내에서 리더의 특성이나 행동 보다는 리더십을 구성하는 부하의 지각에 초점을 맞추었다. **상황중심적 관점**은 상황변수에 초점을 맞춘 연구들을 지칭하고 있다.

리더십 연구의 이해를 위해서는 리더의 특성변수, 부하의 특성변수, 상황의 특성변수들을 기준으로 어느 관점을 취하고 있는지를 파악해야 한다. 리더십 연구의 흐름은 1900년대 이래 50여 년은 리더가 지니고 있는 특징을 강조하며, 특성, 행동 또는 영향력과 같이 한 가지 특징과 관련시켜 연구가 진행되었다. 그 후 리더십의 각 변수들을 통합한 관점의 연구가 진행됨에 따라 리더십 연구는 특성접근, 행동접근, 영향력접근, 상황접근, 통합접근의 다섯 가지 방식으로 분류할 수 있게 되었다.

다양한 관점에서 진행된 리더십 이론과 연구를 하나의 관점으로 분류하기는 매우 어려울 수도 있지만, Yukl은 연구변수의 특징과 인과관계를 분석하여 리더십 연구의 주요 변수들과 리더십 과정의 연구변수들 간의 인과관계를 〈표 1-5〉와 〈그림 1-1〉에 제시하고 있다.[19]

특성접근, 행동접근, 영향력접근, 상황접근, 통합접근의 다섯 가지 방식을 설명하

표 1-5 리더십 연구의 주요 변수

리더변수	부하변수	상황변수
● 특성(동기, 성격, 가치)	● 특성(욕구, 가치관, 자아개념)	● 단위조직의 유형
● 자신감과 낙관주의	● 자신감과 낙관주의	● 집단의 규모
● 능력과 전문성	● 기술과 전문성	● 리더의 직위세력과 권한
● 행동	● 리더에 대한 귀인	● 과업구조와 복잡성
● 성실성과 윤리	● 리더에 대한 신뢰	● 과업의 상호의존성
● 영향력 전술	● 과업에 대한 몰입과 노력	● 환경 불확실성
● 부하에 대한 귀인	● 직무 및 리더에 대한 만족도	● 외부 의존성

자료 : G. Yukl, *Leadership in Organizations*, 6th ed., Pearson Prentice Hall, 2006, p.14.

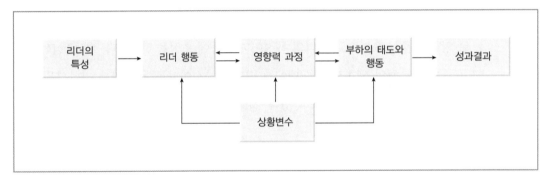

▶▷ **그림 1-1** 리더십 과정의 연구변수들 간의 인과관계

자료 : G. Yukl, *Leadership in Organizations*, 6th ed. , Pearson Prentice Hall, 2006, p.15.

면 다음과 같다.

- 리더십 연구에 대한 초창기 접근방식의 하나는 **특성접근 연구**이다. 초창기 연구들은 리더의 성격, 동기, 가치, 능력 등의 특성들에 초점을 맞추었다. 1930년대 이후 수많은 리더의 특성에 관한 연구는 리더는 일반 사람들이 소유하지 못한 특정한 특성을 지니고 태어난다는 점을 밝혀내려 했다. 하지만 리더십의 효과성과 관련하여 리더의 어떤 특성도 명확하게 밝혀내지 못했다. 그러나 정교하게 설계된 최근의 연구들에서는 리더 특성이 어떻게 리더십 행동과 리더십 효과성에 관련되는지를 밝혀내는 데 진전이 있다.

- 리더십 **행동접근 연구**는 1950년대 많은 연구자들이 리더의 특성접근에 실망 하게 되며 관리자들이 무엇을 하는지에 관심을 기울이며 시작되었다. 이 접근은 두 가지로 구분될 수 있다. 첫 번째 행동접근 연구 유형은 관리자들이 시간을 어떻게 사용하는지와 관리업무의 활동 유형, 책임 및 기능에 관해 직접관찰, 일기, 직무기술 설문지 그리고 면접으로 수집한 기술적 자료수집 방법을 사용했다. 이 연구는 효과적인 리더십을 직접적으로 평가하도록 설계하지는 않았지만, 리더십 효과성에 관해 부분적으로 관리자가 얼마나 역할갈등을 잘 해소하고 구성원의 요구에 대처하며 기회를 인식하고 제약을 극복하는지 도움을 주었

다고 판단한다. 두 번째 행동접근 연구 유형은 효과적인 리더십 행동을 확인하는 데 초점을 맞추고 있다. 행동기술 설문지를 사용한 현장조사 연구를 통하여 리더십 행동과 다양한 리더십 효과성 지표 간의 상관관계를 조사했다.

- 리더십 연구 중 **권력-영향력 연구**는 리더와 구성원들 사이의 영향력 과정에 초점이 맞추어졌다. 이 연구는 리더가 소유한 권력의 정도와 유형 그리고 권력을 행사하는 방식의 측면에서 리더십 효과성을 설명하고 있다. 이 접근에서 선호하는 방법론은 리더 권력과 다양한 리더십 효과성 측정치의 관련성을 살펴보기 위해 설문지 조사를 주로 사용해 왔다. 관리자가 부하들에게 의사결정에 대한 주인의식을 갖게 하기 위해 어떻게 위임을 사용하는지도 연구 대상에 포함되어 있다. 권한과 영향력 연구는 리더와 구성원들 사이의 영향력 과정을 대상으로 단일 방향으로(예, 리더가 행동하고 부하는 이에 반응한다) 연구하거나 리더가 부하들이 태도와 행동에 어떻게 영향을 미치는지를 관심 대상으로 하였다.

- 리더십 **상황접근 연구**는 리더십 과정에 영향을 미치는 상황요인의 중요성을 강조한다. 주요 상황변수로는 부하의 특징, 과업의 구조화 정도, 직위 구조, 권한 등이 포함되어 있다. 이 접근은 두 가지로 분류할 수 있는데, 먼저 다양한 유형의 조직, 다양한 관리 계층, 다양한 문화에 걸쳐서 리더십 과정이 동일하거나 독특한지를 밝혀내려 하며, 관리자의 지각과 태도, 관리활동과 행동패턴 또는 영향력 과정을 연구한다. 또 다른 접근은 리더의 특성과 리더십 효과성의 관계를 조절하는 상황적 측면을 연구하려는 접근이다.

- 리더십 **통합접근 연구**는 위의 변수들 중 한 가지 이상의 리더십 변수를 포함하여 더욱 심화된 연구를 진행하는 것이다. 최근의 리더십 연구가들은 단일 변수가 아닌 두 가지 이상의 리더십 변수를 포함시켜 연구하는 추세이다.

5. 리더십 연구의 분석수준

리더십 연구를 이해함에 있어 필요한 또 하나의 관점은 리더십 과정에 대한 개념화 수준을 이해하는 것이다. 리더십의 연구는 리더, 부하, 상황 등 초점을 맞추는 관점을 명확히 함과 동시에 리더십 과정에 대한 개념화 수준을 일치시킴이 요구된다. 리더십에 대한 개념화 수준은 개인 내 과정, 일대일 과정, 집단(팀) 과정, 조직 과정으로 개념화할 수 있다. 리더십 연구들은 한 차원의 리더십 과정에 초점을 맞추고 있는데, 리더십에 대한 개념화 수준은 〈그림 1-2〉에서 볼 수 있듯이 여러 계층으로 분류될 수 있다.[20]

1) 개인 내 과정

일반적으로 개인 내부에 있는 과정에 초점을 맞추는 리더십 연구들은 매우 드물다. 왜냐하면 리더십은 조직 내의 집단수준 차원의 행동을 중심으로 개인 간의 영향력 과정을 설명하기 때문이다. 하지만 리더의 행동을 설명하기 위해서 개인 차원의 행동인 동기 및 인지 등이 연구의 관심 대상이 되어 왔다. 이 접근은 리더 개인 내부의

▶▷ 그림 1-2 리더십 과정에 대한 개념화 수준

자료 : G. Yukl, *Leadership in Organizations*, 6th ed., Pearson Prentice Hall, 2006, p.17.

인지적 결정 과정에 대한 이론, 개인으로서 리더가 되려는 동기에 관련된 이론들을 포함하고 있다. 또 다른 자기관리이론(self-management theory)에서는 개인이 어떻게 하면 리더나 부하로서 보다 효과적이 될 수 있는지를 연구하고 있다.

셀프 리더십(self-leadership)으로 귀결되는 자기관리이론은 개인이 목표 중 우선 순위를 파악하고, 시간을 효율적으로 관리하고, 자기 자신의 행동과 그 결과를 모니터링하며, 목표 달성을 위해 효과적으로 행동하는 것 등이 포함된다. 개인 내 접근 연구의 공헌점이 제한적인 것은 개인 내 접근을 취하는 대부분의 이론가들이 리더십의 핵심 과정이라고 간주하는 타인에 대한 영향력을 다루지 않기 때문이다. 특성연구에서 리더 행동과 영향력 과정을 다루지 않는다면, 어떤 특성이나 기술이 리더십 효과성에 관련되는 이유가 무엇인지를 파악하기 어렵다. 개인 내 과정에 대한 접근은 보다 나은 리더십 이론을 개발하는 데 몇 가지 통찰을 제공해 주기는 하지만, 리더십 연구는 이 수준에 초점을 맞추어서는 안 된다.

2) 일대일 과정

리더와 부하 간의 접근에서는 리더와 부하 간의 일대일 관계에 초점을 두었다. 대부분의 리더십 이론들은 리더와 구성원 사이에 상호 영향력을 미치는 과정을 대상으로 한다. 예를 들면, LMX 이론(leader-member exchange theory)은 시간이 경과함에 따라 어떻게 해서 리더와 구성원의 관계가 발전하며, 일상적인 교환에서부터 목표 공유와 상호 신뢰를 통해 협력적 협조관계에 이르기까지 어떤 형태를 취하는지를 연구한다. LMX 이론은 리더가 다수의 구성원과 교환관계를 맺는다는 것을 가정하지만, 실제 연구는 단일의 리더와 구성원 양자관계 내에서 일어나는 것에 초점을 두고 있다.

3) 집단(팀) 과정

리더십에 대한 또 다른 관점은 리더십을 집단수준으로 파악하는 것이다. 이 접근의 연구는 집단(팀)에서 리더가 집단(팀)의 효과성에 기여하는 방식에 초점을 맞추고 있다. 집단(팀) 효과성에 대한 이론들은 리더십 효과성을 평가하는 관련 변수들과 리더십 과정에 중요한 시사점을 제공해 주고 있으며, 다양한 집단(팀)을 대상으로 활발한 연구가 진행되고 있다.

4) 조직 과정

집단(팀)의 접근은 개인 내 접근 연구나 리더와 부하 간 일대일관계 접근 연구보다 리더십 효과성을 보다 잘 설명하고 있다. 그렇지만 집단(팀)은 통상적으로 보다 규모가 큰 조직 내의 하부시스템으로 존재하므로 연구의 초점을 집단(팀)의 과정에 국한한다면 조직의 리더십 효과성을 완전히 이해할 수는 없다. 조직수준에서는 리더십을 집단이 하부체계를 이루는 보다 큰 개방시스템 체계에서 일어나는 과정으로 바라본다. 이 관점에서는 조직의 생존과 발전은 조직이 환경에 어떻게 적응하는지 여부에 좌우된다고 본다. 이것은 조직의 산출물(output)인 제품과 서비스를 시장에 성공적으로 배출하여 필요한 자원(input)을 확보하며 외부 위협들에 대처한다는 것이 주요 내용이다. 조직차원의 리더십 효과성과 기능은 조직이 환경에 적응하고 생존하는 지속 가능 경영을 위해 필요한 차원에서 연구가 진행되는 것이다.

6. 이 책의 구성

이 책은 다음과 같은 주제들을 중심으로 13개의 장으로 구성되어 있다.

제1장 서론에서는 리더십의 개념과 본질을 이해하며, 리더십 연구를 이해함에 있어 필요한 내용들을 서술했다. 리더십의 정의, 리더십과 관리, 리더십의 효과성, 리더십 연구의 접근관점 및 주요변수, 리더십 연구의 분석수준에 대한 내용이 포함되어 있다.

제2장에서는 리더십 특성이론을 다루고 있는데, Stogdill을 비롯한 다양한 리더십 특성연구 결과에 기반한 내용들을 이해할 수 있다. 리더십 특성연구에서는 감성지능과 사회적 지능, 성격이론 등에 나타난 리더의 특성들과 함께 리더십 특성연구의 특징, 공헌, 한계점 등도 학습할 수 있다.

제3장에서는 리더십 행동이론을 다루고 있는데, 리더의 행동과 관련된 과업지향 행동, 관계지향 행동, 변화지향 행동 등을 이해할 수 있다. 리더십 행동연구의 특징, 공헌, 한계점 등도 학습할 수 있으며, 아이오와 대학교, 미시간 대학교, 오하이오 주립대학교, Managerial Grid 이론, PM 이론 등을 설명하고 있다.

제4장은 리더십 상황이론 (1)을 다루고 있다. 행동이론과 상황적합이론의 차이점을 설명하며, 상황적합이론의 변수들을 설명했다. Fiedler 이론의 개괄적 설명과 함께 LPC 척도를 통해 수강생들의 리더십 유형을 측정하도록 했다. 또한 Hersey와 Blenchard의 성숙도이론도 포함되어 학습할 수 있다.

제5장은 리더십 상황이론 (2)로, House의 경로－목표 이론을 설명하고, 네 가지 리더 유형을 이해할 수 있으며, 부하 특성에 따라 효과적인 리더십 유형, 환경 특성에 따라 효과적인 리더십 유형을 학습할 수 있다. 또한 Vroom과 Yetton의 의사결정이론도 포함되어 있다.

제6장은 카리스마적 리더십으로, 카리스마의 개념을 이해할 수 있다. 카리스마적 리더십의 세 가지 접근 연구방법을 설명했으며, 이를 통해 카리스마적 연구를 구분하고 있다. 이 장에서는 Yukl의 카리스마적 리더로 인정받는 척도도 학습할 수 있다.

제7장은 변혁적 리더십에 관한 내용으로 거래적 리더십 개념과 구성요소를, 변혁적 리더십 개념과 구성요소를 이해할 수 있다. 또한 변혁적 리더십과 카리스마적 리더십과의 공통점과 차이점을 비교할 수 있다.

제8장은 LMX 이론으로, 리더－구성원 교환 과정을 설명하며, LMX 이론의 차원적 관점을 구분하며, LMX 이론의 발전단계, LMX 이론의 근거, LMX의 발전단계를 통한 리더십 만들기를 학습할 수 있다.

제9장은 팀 리더십을 다루었으며, 팀 리더의 역할을 이해할 수 있다. 팀 리더십 행사의 선행요인, 팀 리더십 의사결정의 기본 방향, 개입 차원, 개입 방향의 개념 소개, 팀 리더십 발휘와 팀 성과 간의 관계, 팀 리더십의 효과성을 측정하는 진단도구에 대하여 설명했다.

제10장은 서번트 리더십 부분으로 서번트 리더십의 등장배경과 필요성을 이해할 수 있으며, 서번트 리더의 인식체계와 행동의 특성을 이해한다. 전통적 리더십과 서번트 리더십의 차이를 살펴보고, 서번트 리더로서의 자질을 판단하는 진단도구를 활용할 수 있다.

제11장은 셀프 리더십의 개념, 셀프 리더십의 이론적 근거 설명, 셀프 리더십과 전통적 관리기능의 비교, 셀프 리더십 개발을 위한 전략 소개, 슈퍼리더십을 통한 셀프 리더십 강화 등을 설명하고 있다.

제12장은 윤리적 리더십 부분이다. 윤리적 경영과 윤리적 리더십이 중요하게 부각되는 배경을 이해할 수 있으며, 윤리적 리더의 행동 특성도 이해할 수 있다. 윤리적 리더십이 실행될 수 있는 조직여건, 윤리적 리더로서의 자질을 측정하는 진단도구를 활용할 수 있다.

제13장은 이 책의 마지막 부분으로 기타 리더십 연구를 다루었다. 리더십에 관한 많은 주제와 연구들을 제한된 범위 내에서 설명하기는 매우 어렵다. 그럼에도 불구하고 주요 연구와 주제를 12개의 장에서 설명했으며, 리더십의 대체요인과 중화요인, 대체요인과 중화요인을 발생하게 하는 상황요인에 대하여 설명했다.

사례 1   섀클턴의 리더십[21]

섀클턴(Sir Ernest Henry Shackleton, 1874년 2월 15일~1922년 1월 5일)

1914년 8월, 제1차 세계대전 발발 바로 전 국제정세의 혼돈 속에서, 인듀어런스 호를 타고 영국을 출발한 섀클턴과 대원들은 남극 횡단 탐험에 나선다. 하지만 그들의 탐험선이 도중에 남극의 빙하에 갇히게 되고, 빙하의 압력에 배는 산산조각이 난다. 이후 약 20개월 동안 혹한의 지역을 거쳐 수천 km나 떨어진 거주 지역으로 귀환하기까지 이들은 도저히 상상하기 힘든 고난의 여정을 거친다. 천신만고 끝에 1916년 10월 8일 전원[22] 살아서 영국으로 돌아온다. 섀클턴이 여기에서 남극점을 향해 더 이상 나아가지 못한 것은 식량 부족 때문이었다. 턱없이 부족한 장비와 식량만으로도 그곳까지 갔으니 그 자체로 대단한 기록이었다.

섀클턴은 대원들과 똑같은 옷을 입었고 똑같은 음식을 먹었으며 사소한 일도 함께 했다. 그를 힘들게 했던 것은 대원들의 무사귀환시켜야 한다는 중압감과 책임감이었는데 그는 이 상황에서 생존에 문제가 있는 팀에 자진해서 합류했다.

섀클턴은 어떤 상황에서도 포기하지 않았으며 절대적으로 긍정적이었다. 그의 노력의 결과 탐험대는 극심한 고통과 정신이상 증세를 극복해 나갔다. 섀클턴 탐험은 실패로 결론지을지 모르나 자신을 희생하면서 팀원들의 생명을 지킨 섀클턴의 멋진 리더십은 100년이 지난 지금도 잊지 않고 리더십의 모범으로 인식되고 있다. 그의 리더십 이면에는 대원들을 향한 진정한 '사랑'이 있었다.

섀클턴과 27명의 대원은 634일간 영하 30℃를 오르내리는 남극의 빙벽에 갇히는 극한 상황 속에서 어떻게 살아 돌아왔을까? 그 상황에서 모든 대원을 이끌고 무사귀환한 섀클턴의 리더십은 어디에서 나온 것인가?

1. 궁극적인 목표를 잊지 말라, 그리고 단기적인 목표달성에 총력을 기울여라

조직을 이끌어가는 리더는 두 가지 목표에 집중해야 한다. 하나는 최종 목적지(장기적인 전략적 목표)이다. 그러나 이 최종 목표는 너무 멀고 명확하지 않을 수도 있다. 따라서 장기적인 목표를 추구하면서 동기를 유발하고 생존을 보장해 주는 단기적 과업에 조직의 자원을 집중적으로 투입해야 한다. 섀클턴은 암담한 상황에서 대원들에게 무사귀환이라는 비전을 명확히 설정하였다.

2. 눈에 보이고 기억할 만한 상징과 행동으로 솔선수범하라

곤경과 절망적인 상황에서 가시적인 리더십이 성패를 좌우한다. 리더는 자신의 존재가 구성원들에게 있어서 특별한 에너지와 힘의 원천이라는 사실을 인식해야 한다. 섀클턴은 인듀어런스 호가 얼음에 침몰하는 순간 간단하게 짧은 문장으로 특유의 연설을 하여 대원들의 용기를 복돋워 주었다.

3. 낙천적인 마인드와 자기 확신을 가져라. 그러나 현실을 직시하라

날카로운 지성, 비즈니스 능력, 원만한 대인관계 기법들이 리더의 필수적인 자질이라고 할 수 있다. 그중에서도 극한 상황일 때 리더에게 꼭 필요한 것은 험난한 역경을 극복할 수 있다는 신념, 그리고 자신의 신념이 옳다는 것을 다른 사람에게도 확신시킬 수 있는 능력이다. 섀클턴 역시 굴하지 않는 낙천성과 자신의 긍정적인 생각을 전달하는 뛰어난 능력 덕분에, 탐험대는 장애물을 극복할 수 있었다. 절망적인 상황에서도 그는 선상파티와 남극의 반대편의 알래스카 탐험에 대한 토의를 이끌었다.

4. 자신을 돌보라. 체력을 유지하고 죄책감에서 벗어나라

리더는 최고의 에너지와 추진력을 재능으로 부여받은 사람이다. 조직이 도전에 직면할 때 육체적·심리적 힘의 비축이 필요하다. 섀클턴은 원래 건강을 타고 난 사람은 아니었으나, 자신의 건강상태를 잘 알고 있었기에 탐험기간 겪었던 고통에 대해서 대원들에게도, 일기에도 불평하지 않았다. 그는 극도의 불편과 극심한 고통의 존재 자체를 부인함으로써 극복했고, 자신의 의지를 추진해나갔다. 대원들에게는 날씨 때문에 충분히 수면을 취하게 할 수 없는 밤에는 아침 늦게까지 자게 한 것은 잘 알려져 있다.

5. 팀 메시지를 끊임없이 강화하라. "우리는 하나다. 함께 살고 함께 죽는다"

팀워크는 오늘날 고효율 조직에서 강조하고, 현실적으로도 조직이 직면하고 있는 도전들은 오직 통일된 노력으로 극복할 수 있다. 섀클턴이 대원들의 분열은 결국 에너지의 소모를 의미하고, 불협화음은 생사의 차이를 의미한다는 것을 알고 있었다. 그가 지속적으로 팀의 단합을 강조했기에 일행을 둘로 나누어 사우스조지아로 구조를 요청하러 떠날 때도 떠나는 대원들이 엘리펀트 섬에 남아 있는 동료들을 포기할 거라는 두려움은 어디에도 찾아볼 수 없었다. 그들은 하나였다. 팀의 단결은 손상되지 않았다.

6. 신분 차이를 최소화하고 서로에 대해 예의를 지키고 존중하라

섀클턴의 평등주의 정신은 첫째, 탐험대의 전 대원들은 어떠한 일이 주어지든 그 일을 성취하기 위해 최선을 다했다. 둘째 스트레스와 곤경, 그리고 물자부족의 악조건 하에서 팀 내의 누가 더 나은 대우를 받고 있다는 생각이 만연할 때 일어나는 적개감과 분노를 줄일 수 있었다. 그 예로 가죽 슬리핑백 18개를 배분하는 추첨에서 자신은 참여하지 않았다. 공평한 규범을 강화하기 위해서 섀클턴은 리더인 자신부터 특권을 누리지 않았다.

7. 갈등을 극복하라

탁월한 리더는 갈등관리를 통하여 오히려 높은 성과를 창출하고 유지했다. 섀클턴은 탐험대의 리더로서 좁은 숙소에서 대원들이 겪게 될 육체적·정서적 스트레스로 인해 일어날 수 있는 긴장과 갈등을 해결하는 데 자신이 모범을 보이는 것이 중요하다고 알고 있었다. 섀클턴은 차분한 사람은 아니었지만 평정심을 유지하기 위해 노력했고, 또한 대원들에게도 아무리 사소한 의견이라도 자신에게 말함으로써 긴장을 증폭하거나 단합을 해치는 불씨를 사전에 파악하였다.

8. 축하할 일, 함께 웃을 일을 찾아라

어려운 기업 환경 속에서 유머는 부적절하고 현실적으로 가능하지 않을 수도 있다. 특히 생존이 달린 극한 상황인 섀클턴과 그 대원들에게도 부자연스럽게 볼 수 있으나, 섀클턴은 축하와 웃음이 대원들의 두려움과 긴장을 완화하고, 힘을 집중하여 재충전하게 되어 장애물을 극복할 수 있었다. 그는 탐험 초기부터 축하할 거리를 찾아냈고, 생존환경이 악화되어도 축하의식을 중단하지 않았으며, 짐무게를 줄이기 위해 버렸던 대원 허시의 벤조를 다시 찾아와 계속 연주하게 한 것도 잘 알려진 일이다.

9. 큰 모험을 적극적으로 시도하라

섀클턴은 탐험가이지만 지나치게 신중한 사람이었다. 그러나 그는 누구보다 용감하였다. 그러나 결코 무모하지 않았으며, 아무리 위험한 일이라도 필요할 때 두려워하지 않고 기꺼이 감행하였다. 하지만 항상 모든 가능성을 신중하게 검토하고 가장 안전한 방법으로 추진하였다. 탐험대가 5개월 동안 얼음벽에 갇혀 있다가 엘리펀드 섬으로 상륙할 때도 신중하게 결정하였다. 그러나 엘리펀트 섬의 상륙이 완전한 휴식은 아니었다. 식량부족과 구조대가 온다는 희망이 적어지자, 섬에 앉아 굶어 죽는 것보다 낫다고 생각하여 영하의 거친바다를 지붕도 없는 배로 1,287km를 항해하는 무모한 모험을 시도한다.

10. 절대 포기하지 마라. 항상 또 다른 방법이 있다

지칠 줄 모르는 창의성은 가능한 최고의 성과를 달성하기 위해 사력을 다하는 기업들 모두에게 가장 중요한 요소이다. 따라서 어려운 상황일수록 문제해결능력이 가장 중요하고 혁신의 필요성이 가장 크다.

섀클턴의 대원들은 긴 여정에서 위기의 순간마다 좌절할 수 있었을 것이다. 인듀어런스 호가 침몰할 때, 엘리펀트 섬에 고립되었을 때, 사우스조지아의 거대한 얼음벽에 직면했을 때, 남겨진 대원들을 구조하는 데 번번이 실패할 때 그들은 좌절할 수 있었다. 그러나 그들은 인내했고, 마침내 전 대원들이 안전하게 귀환했다.

□ 토의

1. 섀클턴에 대하여 아는 대로 이야기해 보자.

2. 실패했음에도 불구하고 존경받는 리더, 또 성공했음에도 불구하고 존경받지 못하는 리더의 사례와 그 이유에
   대해 이야기해 보자.

3. 위기 상황에 발휘한 국내외 리더의 사례를 찾아보자.

요약

리더십 개념을 정의하고자 시도했던 사람들만큼 리더십에는 많은 정의가 있다. 리더십에 관한 연구자들은 영향력 행사의 주체, 영향력 행사의 목적, 영향력을 행사하는 방식, 영향력 시도의 결과를 포함해서 개념을 정의하고 있다. 이렇게 리더십을 다르게 정의한다는 것은 리더의 확인과 리더십 과정에 연구자들 간에 의견차이가 있기 때문이다. 즉 리더십의 개념을 다르게 정의하는 연구자들은 서로 다른 현상을 연구 대상으로 선택하며 결과를 서로 다른 방식으로 해석하기 때문이다. 이 책에서는 리더십이란 공동목표를 달성하기 위하여 한 구성원이 그룹의 다른 구성원들에게 영향력을 미치는 과정'으로 리더십을 정의하고자 한다.

리더십과 유사한 의미로 사용되는 용어들 중에서 관리는 다른 용어들에 비해 더 많은 혼란을 일으키고 있다. 관리와 리더십, 관리자와 리더의 역할을 비교하는 연구들에 의하면 관리보다는 리더십이 더 상위 관점에 있는 것으로 나타난다. 이러한 연구들을 바탕으로 살펴보면 리더의 역할은 변화와 성장을 향한 조직비전과 방향성 설정, 조직변화를 위한 전략수립, 조직 구성원들에게 선포된 비전을 전파시키는 것, 비전실현을 위해 조직 구성원들에게 동기부여와 사기앙양을 시키는 것 등을 포함한 효과성을 추구하며 강조한다. 관리자의 역할은 조직운영을 위하여 계획, 조직, 지휘, 조정, 통제 등의 관리기능을 수행함으로써 조직의 질서와 일관성을 추구하며 효

율성을 추구하며 강조한다.

리더십 효과성을 평가하기 위해서 객관적 측정변수와 주관적 측정변수가 사용되고 있다. 가장 많이 사용하는 객관적 측정변수는 리더가 이끄는 조직이 비전과 목표를 달성한 정도로 기업의 경우 이익률, 매출증가율, 시장점유율, 주가 등이 해당된다. 주관적 측정변수로는 구성원의 직무만족도, 조직몰입도를 포함하여 부하의 리더에 대한 태도는 리더십 효과성을 측정할 수 있는 또 다른 지표이다. 기타 리더십 효과성을 측정할 수 있는 지표로 조직 혁신 및 환경에 대한 적응성 변수도 포함될 수 있다.

리더십 연구는 중요하다고 채택된 변수에 따라 리더중심적 관점 연구, 부하중심적 관점 연구, 상황변수를 고려한 관점에 대한 연구 등으로 구분할 수 있다. 1900년대 이래 진행되어 온 리더십 연구는 보다 세부적으로는 특성접근, 행동접근, 영향력접근, 상황접근, 통합접근의 다섯 가지 방식으로 분류할 수 있다.

리더십 연구는 연구 관점을 명확히 함과 동시에 리더십 과정에 관한 개념화 수준을 일치시킴이 요구된다. 이 리더십 과정에 대한 개념화 수준은 크게 개인 내 과정, (일대일 관계) 리더와 부하 간 과정, 집단 과정, 조직 과정으로 구분할 수 있다. 리더십 이론과 연구들은 일반적으로 한 차원의 리더십 과정에 초점을 맞추고 있지만 연구 수준들은 다양한 계층으로 구성되어 있다.

이 책은 13개의 장으로 구성되어 있다. 제1장은 서론으로 리더십의 개요, 제2장은 리더십 특성이론, 제3장은 리더십 행동이론, 제4장은 리더십 상황이론 1, 제5장은 리더십 상황이론 2, 제6장은 참여적 리더십, 제7장은 변혁적 리더십, 제8장은 카리스마 리더십, 제9장은 리더-구성원 교환관계 이론 , 제10장은 셀프 리더십, 제11장은 서번트 리더십, 제12장은 팀 리더십, 제13장은 윤리적 리더십으로 구성되어 있다.

1) R. M. Stogdill, Personal factors associated with leadership: A survey of the literature, *Journal of Psychology 25*, 1948, pp. 35-71.

2) G. Yukl, *Leadership in Organizations,* 6th ed., Pearson Prentice Hall, 2006, p.5.

3) D. R. Forsyth, *Group dynamics,* 4th ed., Pacific Grove. CA: Brooks/Cole, 2006.

4) C. I. Barnard, *Functions of the executive,* Cambridge, MA: Harvard University Press, 1938.

5) A. G. Jago, Leadership: Perspectives in theory and research, *Management Science,* 28(3), 1982, pp. 315-336.

6) P. G. Northhouse, *Leadership – Theory and Practice,* 4th ed., Sage London 2007, p.5.

7) H. Fayol, Administration industrelle et generale, *Bulletin de la Societe de l' indurtrie Minerale,* 10(3), 1916, pp.5-162.

8) W. Bennis & B. Nanus, *Leaders: The strategies for taking charge,* New York : Harper Collins, 1985.

9) W. Bennis, *On becoming a leader.* Reading, Mass : Addison-Wesley, 1989.

10) W. Bennis & B. Naus, *Leaders : strategies for taking charge,* 2th ed., Collins, 2003.

11) W. Bennis, *The essential Bennis,* Jossey-Bass, 2009.

12) W. Bennis & J. Goldsmith, *Learning to Lead: A Workbook on becoming a leader,* 4th ed., Basic Books, 2010.

13) D. Hellriegel, J.W. Slocum, & R.W. Woodman, *Organizational Behavior,* Cincinnati, Ohio: South-Western College Publishing, 1988.

14) T. G. Crane, *The heart of coaching: Using tranformational coaching to create a High-Performance culture,* FTA Press, 2002.

15) 이상호, 조직과 리더십, 북넷, 2009.

16) G. Yukl, *Leadership in Organizations,* 6th ed., Pearson Prentice Hall, 2006.

17) 이상호, 경영학계의 주요 리더십 이론 및 국내 연구 활동, 인사관리연구(한국인사관리학회), 24(2), 2001. pp.1-40.

18) 백기복 · 신제구 · 차동옥, 한국 경영학계 리더십 연구 30년 : 문헌 검증 및 비판, 경영학연구(한국경영학회), 27(1), 1998, pp.113-156.

19) G. Yukl, *Leadership in Organizations,* 6th ed., Pearson Prentice Hall, 2006. pp.14-16.

20) G. Yukl, *Leadership in Organizations*, 6th ed., Pearson Prentice Hall, 2006. pp.17-19.

21) 데니스 N. T. 퍼킨스, 최종옥 옮김, 불가능에 도전하는 섀클턴의 파워리더십에서 발췌 정리, 개정판, 뜨인돌, 2007년. 시청각자료, EBS지식채널, 돌아온 28인 1-7부.

22) 전원(28명, 27명)과 탐험기간 또한 기준점에 따라 의견이 분분하다. 탐험대원은 공식적으로 섀클턴 포함 27명이나 실제 승선 인원은 밀항자 블랙보로(Blackboro)까지 28명인 것이다.

제 2 장

리더십 특성이론

●●●●
학습목표

1. 리더십 특성이론에 관한 연구들을 체계적으로 이해할 수 있다.
2. 리더십 특성연구의 대표적 학자인 Stogdill의 기여를 확인할 수 있다.
3. 리더십 특성 초기 연구에서 다루어진 리더십 특성들을 알 수 있다.
4. 리더십 특성과 관련된 감성지능과 사회적 지능을 이해할 수 있다.
5. 리더십 특성연구와 관련된 기술들을 알 수 있다.
6. 리더십 특성연구와 관련된 성격 Big 5 모델에 관해 이해할 수 있다.
7. 리더십 특성이론의 공헌과 한계점을 이해할 수 있다.

1. 리더십 특성이론의 개요

리더십 연구 중에서 가장 먼저 시작된 연구는 리더십 특성이론이다. 리더십 특성이론은 어떤 특성을 지닌 사람들이 리더가 될 가능성이 높은지에 근거하여 그 특성들과 기술들을 찾아내려는 이론이다. 즉 리더십 특성에 대한 학자들의 관심은 성공적인 리더는 평범한 사람이 가지지 못한 특성과 기술을 가지고 있다고 본다. 그들에 의하면 연구결과를 통하여 밝혀진 특성과 기술을 갖고 있는 사람은 리더가 될 수 있으며, 그의 리더십은 효과적이라는 것이다.

우리나라에서는 아기가 태어나면 "그 녀석 귀가 참 잘생겼구나! 이다음에 커서 장군이 되겠네!" 하고 덕담을 하는 경우가 있다. 신체적으로 출중하고 잘생긴 사람을 사회적 지도자로 생각하는 나름대로 근거가 있는 덕담이다. 중국 당나라 때에 관리를 선출하던 네 가지 기준인 신언서판(身言書判)은 인물 좋고, 말 잘하고, 학식이 뛰어나며, 판단력이 정확해야 함을 뜻한다. 리더십 특성이론이란 신언서판(身言書判)처럼 훌륭한 지도자 및 리더라고 생각되는 사람들이 지닌 특성을 밝혀내고자 한 이론이다.

리더십 특성이론은 훌륭하다고 알려진 인물들을 중심으로 다양한 방법으로 특성을 밝혀내려 했다는 점에서 위인이론(great man theory)이라고 할 수 있다. 역사나 현실세계에서 정치, 경영, 교육, 종교 등 각 분야의 지도자 및 훌륭한 사람들의 특성을 찾아내려는 연구는 1900년대 초부터 현재까지 이어져오고 있다.

초기의 리더십 특성이론은 리더와 평범한 사람들을 구별하는 특성들이 무엇인가를 확인하는 연구였다. 그 이후 리더십 특성연구는 수정을 거듭하여 최근의 카리스마적 리더십, 변혁적 리더십을 통하여 더욱 발전된 연구로 이어지고 있다.

리더십 특성연구에서 밝혀진 특성들은 많은 조직과 계층의 사람들에게 적용될 수 있다. 평범한 사람이 리더가 되려 할 때 또는 공식적 조직에서 관리자의 위치에 있는 사람들이 도움을 받을 수 있다. 즉 리더나 관리자가 되기 위해 어떤 특성들을 지녀야 하는지, 보다 효과적인 리더나 관리자가 되려면 어떤 특성들이 추가적으로 필요한지 등에 대하여 알 수 있다. 자신에게 필요한 특성과 기술들은 자신에 대한 성찰과 관심을 바탕으로 인·적성검사 등 과학적인 방법을 통하여 알아낼 수 있을 것이다.

리더십 특성연구는 다른 리더십 연구와 비교하여 다음과 같은 강점이 있다. 첫 번째는, 평범한 사람들이 리더라고 생각하는 사람들에 대한 이미지를 떠올릴 때 리더십 특성과 관련시켜 쉽게 공감을 끌어낼 수 있다. 두 번째는 리더십 연구의 초창기부터 오랜 기간 많은 학자들이 관심을 가지고 있다는 점이다. 이는 리더의 특성에 대한 연구 요소가 리더십 연구에서 여전히 큰 비중을 차지하는 주요변수라는 점을 입증한다. 세 번째는 리더십 과정과 효과성을 분석함에 있어서 리더에 관한 심도 있는 연구가 진행되었으므로 관련된 많은 연구 자료가 있다. 마지막으로 리더십 특성이론은 평범한 사람들에게 "리더가 되기 위해 갖추어야 할 특성이 무엇인지?"에 대한 대답을 일정부분 제시해 준다. 이에 따라 리더가 되고자 하는 사람들이 특정 특성을 획득하기 위한 노력을 기울일 수 있다.

이와 같은 리더십 특성연구의 강점이 있음에도 불구하고 한계점들도 발견되었다. 첫째, '결정적인 리더십 특성 목록'의 범위와 한계를 제시하지 못했다. 둘째, 어떤 특정한 상황에서 리더가 되는 데 도움이 된 특성을 가졌으나, 리더가 된 후 그 직위를 유지하는 데 필요한 특성을 지니지 못한 경우에 대한 설득력은 미흡하다. 셋째, 리더십 특성연구는 제한된 특성들만이 효과적인 리더십 발휘와 상관관계가 있다는 점이 밝혀짐으로써 연구의 한계를 드러냈다. 리더십 특성연구는 리더십의 효과성과 연관성 여부를 조사했지만 그 효과성을 밝혀내지 못했다. 즉 리더십 특성연구는 특성 자체만을 강조했지, 부하의 성과나 업적에 어떤 영향력을 미쳤는지에 대한 연구가 미흡했다는 비판을 받고 있다. 마지막으로 특성연구는 사람의 특성이란 비교적 안정적이며 고정적인 심리구조이므로 학습과 훈련에 더디게 반응하기 때문에 리더십 훈련과 개발을 위해서 매우 제한적이다. 다음 절들에서 리더십 특성에 관한 연구와 그 연구에서 다루어졌던 특성과 기술에 대해 설명하고자 한다.

2. 리더십 특성에 관한 연구

리더십 특성연구는 Stogdill의 연구를 주축으로 Kirpatrik과 Locke(1991), Lord와 그의 동료들, Mann 등이 대표 연구자로 소개되고 있다.

리더십 특성을 연구한 대표적인 학자인 Stogdill(1948)은 1904년부터 시작한 리더십 특성연구들을 통하여 리더의 능력에 영향을 주는 특성들로 지능, 타인의 욕구에 대한 기민성, 과제에 대한 이해, 문제해결의 주도성과 지구력, 자신감, 책임을 수용하는 자세와 타인을 지배하고 통제하는 직위를 차지하려는 열망 등을 제시했다. 그러나 그의 초기 연구는 성공적인 리더가 되기 위해서는 특정한 특성들을 지녀야 한다는 기본 전제를 밝혀내지 못했다. 한 사람이 지닌 특성의 중요성은 상황에 좌우된 것으로 나타남에 따라 Stogdill은 개인이 특정한 특성들을 가지고 있다고 해서 반드시 리더가 되지는 못한다는 것과 리더의 개인적 특성들은 부하와 목표 등 적합하게 연관되어야 함을 강조하게 되었다.[1]

이 후 Stogdill은 1949년 이후부터 1970년까지 진행된 163편의 연구들을 대상으로 후속적 연구결과를 발표했는데, 더욱 다양한 측정기법들을 통하여 연구된 더 많은 특성들과 기술들을 제시했다. 이 연구에서는 초기 연구의 동일한 특성들이 리더십 효과성에 관련되는 것으로 확인되었으며, 추가의 특성과 기술들이 리더십 효과성에 관련되는 것으로 제시되었다. 1974년에 발표한 연구를 통하여 Stogdill이 제시한 특성들은 다음과 같다. 책임과 과제완수에 대한 강한 동기, 목표를 추구하는 에너지, 지구력, 문제해결을 위한 모험심, 독창성, 특정 상황에서 발휘되는 주도성, 자신감, 개인 정체성, 결정과 행동의 결과를 기꺼이 수용하는 자세, 스트레스의 내성 및 복원력, 실패와 일의 지연을 관대히 다루는 자세, 다른 사람의 행동에 영향을 미치는 능력, 사회적 상호작용 체계를 적절히 구조화시키는 능력이라는 특징을 가지고 있다.

Stogdill은 두 번째 연구에서 특성과 관련된 보다 분명한 연구결과를 제시하기는 했지만, 리더십 특성에 대한 보편성은 확실하게 밝혀지지 않았다는 점도 밝히고 있다. 즉 특정한 특성들과 기술들을 가지고 있으면 리더가 효과적인 리더십을 보일 가능성은 높아지지만, 반드시 특정 특성들과 기술들을 보유하고 있다고 해서 리더십을 발휘하는 데 효과성을 보장해 주지 않는다고 주장했다.[2]

Mann(1959)도 소집단 연구에서 성격특성과 리더십에 관한 1,400건의 연구결과를 검토하여 지능, 남성적 기질, 적응성, 지배성, 외향성, 보수기질 등 성격특성이 리더와 평범한 사람들을 구분하는 기준으로 활용될 수 있다고 밝히고 있다.[3] Lord와 그의 동료들(1986)도 지능, 남성적 기질 및 지배성 등이 리더십과 관련된 유의한 특성임을 제시했다.[4] Kirpatrik과 Locke(1991)도 선행연구들을 분석한 결과 효과적인 리더들은 추진력, 지휘욕구, 정직성, 성실성, 자신감, 인지적 능력, 사업지식 등 여섯 가지 특성에서 평범한 사람들과 차이가 있음을 밝히고 있으며, 이러한 개인 특성은 태어날 때 획득되기도 하지만 학습될 수도 있다고 주장했다.[5]

Stogdill의 연구를 비롯하여 Kirpatrik과 Locke(1991), Lord와 그의 동료들, Mann 등의 연구를 종합하여 리더십 특성을 요약하면 **지능**(intelligence), **자신감**(self-confidence), **결단력**(determination), **성실성**(integrity), **사교성**(sociability)의 다섯 가지 특성으로 정리할 수 있다.

- **지능** : 지능은 리더십과 정의 관계를 나타내고 있는데 뛰어난 언어능력, 지각능력, 추리력 등이 있으면 효과적인 리더가 될 수 있다는 것이다. 여러 연구에 의하면 리더의 지적 능력이 부하들의 지적 능력과 너무 차이가 날 경우 리더십 효과성에 부정적인 영향을 준다고 한다. 지나치게 높은 지능을 지닌 리더의 경우는 부하들과 의사소통하는 데 어려움을 겪게 된다. 그들의 생각이 부하들보다 너무 앞서가고 있기 때문에 부하들이 이해할 수 없기 때문이다.

- **자신감** : 자신감은 리더가 되는 데 중요한 특성으로 자기 자신에 대한 자긍심, 자신의 역량에 대하여 확신을 갖는 것이다. 즉 자아존중감(self-esteem), 자기

효능감(self-efficacy), 자기확신(self-assurance) 등이 그것이다. 리더십은 다른 사람에게 영향력을 미치는 과정이다. 자신감은 리더로 하여금 다른 사람들에게 영향력을 미치려는 자신의 노력이 적절하고 옳다는 것을 확신하게 만든다.

- **결단력** : 리더들에게 중요한 특성인 결단력은 일을 완성하겠다는 욕구를 뜻하며 진취성, 지속성, 지배성, 추진력 등과 같은 특성들이 포함된다. 결단력이 있는 사람은 자신 있게 자기 주장을 내세운다. 그들은 어려운 상황에 직면해도 이겨내고 극복하는 능력을 가지고 있다.

- **성실성** : 또 하나의 중요한 리더십 특성인 성실성은 정직성과 신뢰성을 포함한다. 원칙을 지키며 자신들의 행동에 책임을 지는 사람들은 성실성을 지니고 있다고 인식되며, 다른 사람들에게 신뢰감을 느끼게 한다. 그들은 신뢰할 만하고 거짓이 없는 사람들로 인식된다.

- **사교성** : 리더들에게 중요한 특성인 사교성은 적극적인 사회적 관계를 추구하는 리더의 성향을 뜻한다. 사교성의 성향을 보이고 있는 리더들은 친절하고 개방적이며 예의바르고 재치 있으며 외교적이다. 그들은 다른 사람들의 필요요구에 민감하게 반응한다. 그리고 사교적인 리더들은 매력적인 대인기술을 가지고 있으며 구성원들과 협력적인 관계를 만들어 간다.

3. 리더십 특성과 관련된 기타 연구

1) Big 5 성격특성

리더십 특성에 관한 연구들을 대상으로 1960년대 후반에 약 80가지의 리더십 특성을 밝혀낸 논문들을 검토한 결과, 이 특성들 중 단지 다섯 가지 특성만이 4개 이상의 연구들에서 공통적으로 나타났다.[6]

연구자들이 밝혀낸 Big 5 성격을 중심으로 특성을 조직화하기 시작하면서 특성 연구에 새로운 계기가 형성되었다. 이러한 흐름에 의해 리더십 연구에서 나타난 많

표 2-1 Big 5 성격특성의 구체적 특성

Big 5 성격특성	구체적 특성
사회성	외향성(사교성) 활력 및 활동수준 권력욕구(자기 주장성)
성실성	신뢰성 개인적 도덕성 성취욕구
호감성	유쾌성 및 낙관주의 양육성(공감성) 친화욕구
적응성	정서 안정성 자존심 자기통제
지적 탐구성	호기심 및 탐구성 개방성 학습지향

자료 : G. Yukl, *Leadership in Organizations*, 6th ed., Pearson Prentice Hall, 2006, p.199.

은 특성들이 Big 5로 집약될 수 있었고, 성격특성이 리더십 특성의 예측요소로 지지를 얻게 되었다.[7]

　Big 5를 중심으로 연구한 리더십 문헌들에 의하면, 외향성은 효과적 리더를 설명하는 가장 중요한 특성으로 지적된다. 성실성과 자신의 경험을 공개하는 개방적 특성은 리더십과 일관된 관계를 보여 주었으나, 외향성만큼은 강하게 지지되지 않았다. 친화성과 정서적 안정성은 상대적으로 리더십 효과성을 예측하는 데 미흡한 것으로 나타났다. 이와 같은 연구결과들에 기초해서 두 가지 결론을 제시할 수 있다. 첫째 성격특성에 따라서도 리더십 효과성은 예측할 수 있다. 즉 Big 5 성격특성들에 관한 연구들이 특성이론의 초기 결과를 수정하고 있다. 이 연구들에 의하면 초창기의 리더십 특성연구들은 성격특성을 분류하고 조직화하는 방법의 타당성이 결여되었기 때문에 성격특성과 리더십 효과성의 상관관계를 밝혀내지 못했다는 것이다. 둘째, 성격특성은 효과적인 리더와 비효과적인 리더를 구분하는 것보다는 리더와 리더십의 출현을 더 잘 설명하고 있다.[8] 이는 어떤 개인이 특성을 보유하고 있어 다른 사람들이 그 사람을 리더라고 생각한다고 해서, 그 리더가 반드시 조직과 집단의 목표를 성공적으로 달성할 것이라는 것을 의미하지는 않는다는 것이다.

이러한 연구결과에도 불구하고, Big 5 성격특성들이 다른 특성을 사용한 분류체계보다 반드시 더 효과적이라는 것에 대해 모든 연구자들이 동의하지는 않는다. 이에 따라 Big 5 성격특성과 리더십 효과성 연관성에 관한 후속연구가 더욱 필요하다는 지적도 있다.[9]

2) 감성지능

최근 리더의 출현을 예측할 수 있는 것으로 **감성지능**(emotional intelligence)이 활용되고 있다. 감성지능이란 타인의 감정에 공조하는 정도로 인지과정을 촉진하기 위해 정서를 사용하며, 정서를 인지적으로 관리하는 식으로 정서와 이성을 통합하는 능력이다. 정서는 분노, 공포, 슬픔, 행복감, 혐오, 수치, 놀람, 사랑 등을 포함하고 있다.[10]

감성지능은 자기 인식(self-awareness), 자기 관리(self-regulation), 자기 동기화(self-motivation), 감정이입(empathy), 사회적 기술(Social skill) 등의 상호 관련된 구성요소를 포함한다.

- 자기 인식은 자신의 기분과 정서를 이해하고, 시간이 지남에 따라서 이것들이 어떻게 변화하는지를 이해하고, 과업수행과 대인관계에 어떤 영향력을 주는지를 이해하는 능력이다. 자기 인식은 자기 자신의 욕구와 어떤 사건이 발생했을 때의 가능한 반응을 보다 쉽게 이해하도록 하며, 이에 따라서 해결대안들의 평

가를 쉽게 만든다.

- 자기 관리는 부정적인 충동을 통제하고 방향을 긍정적으로 수정하는 능력을 의미한다. 자기 관리 능력을 지닌 사람은 감정에 휩싸여 일을 그르치지 않고 균형 있는 판단을 할 수 있다. 자기 관리 측면을 관찰하면 한 개인의 신뢰성과 성실성, 불확실성에 대한 대처능력, 변화에 대한 개방성 등을 살펴볼 수 있다. 자기 조절은 힘들고 긴장이 고조된 상황에서 정서 안정성과 정보처리를 촉진시키며, 리더가 장애물을 극복하고 조직경영과 임무수행에 대한 낙천성과 열정을 유지하는 데 도움을 준다.

- 자기 동기화는 내재적 동기부여를 통해 자신이 세운 목표 달성을 추구하는 성향을 의미한다. 성취욕구, 긍정적 태도 등이 이 부분을 설명해 줄 수 있다.

- 감정이입은 다른 사람의 기분과 정서를 인식하고 다른 사람들이 자신의 정서와 행동에 어떻게 반응하는지를 이해하는 능력이다. 리더는 부하들의 감정을 이해하고 목표 달성과 관련하여 구성원들에게 의도하는 감정이입을 할 수 있어야 한다. 감정이입은 협력적 대인관계를 발전시키는 데 필요한 강력한 사회적 기술과 연관된다.

- 사회적 기술은 네트워크를 구축하고 관계를 관리하는 능력을 말한다. 이는 자신이 원하는 방향으로 상대를 움직일 수 있는 능력을 의미하며, 효과적인 설득력 등이 포함된다.

최근 연구들은 감성지능이 리더십 효과성의 필수 요소임을 밝혀 주고 있는데, 리더십을 발휘하는 데 지능지수와 전문기술과 함께 감성지능이 필요하다는 것이다. 예를 들면 높은 지능과 분석적 사고력, 장기적인 비전제시 등을 바탕으로 리더가 감성지능을 발휘한다면 그 사람은 좀 더 효과적인 리더로 부각될 수 있다는 것이다. 감성지능은 리더십 효과성에 여러 가지 방식으로 연계되어 있음이 검증되고 있다. McClelland가 수행한 연구에서는 높은 감성지능을 가진 사업부문 관리자들이 낮은 감성지능을 가진 관리자들보다 높은 성과를 올린 것으로 나타났다. 감성지능은 학습될 수 있지만 지식 위주의 훈련 결과로 얻어지는 것은 아니다.[11] 감성지능을 높이기 위해서는 개인지도, 적절한 피드백, 자기계발에 대한 강한 열망 등이 요구된다.

3) 사회적 지능

사회적 지능(social intelligence)이란 특정 상황에서 리더십의 요건을 판단하고 적합한 반응을 선택할 수 있는 능력으로 정의할 수 있으며,[12] 사회적 지각력(social perceptiveness)과 행동 유연성(behavioral flexibility)으로 구성되어 있다.

- **사회적 지각력** : 사회적 지각력이란 집단 또는 조직에 관련된 기능부서의 필요성, 문제 및 기회들, 집단 또는 조직에 영향을 미치려는 시도를 강화하거나 제한하는 구성원 특징, 사회관계 및 집합적 과정을 이해하는 능력이다. 사회적 지각력이 높은 리더는 집단 또는 조직을 보다 효과적으로 만들기 위해서 무엇을 할 필요가 있으며 어떻게 해야 하는가를 이해한다. 사회적 지각력은 대인기술(감정이입, 사회적 감수성, 집단과정의 이해 등)과 조직에 대한 지식(구조, 문화, 권력관계 등)에 관계된다. 이것들은 변화를 시도하는 것이 가능한지 여부와 변화를 이루기 위한 최선의 방법을 공동으로 결정한다.
- **행동 유연성** : 행동 유연성이란 상황 요건들을 조화시키기 위해서 개인의 행동을 변화시킬 수 있는 능력과 변화시키고자 하는 것을 의미한다. 행동 유연성이 높은 리더는 다양한 행동들의 사용방법을 알고 있으며 실천하고자 한다. 행동 유연성이 높은 리더는 자신의 행동에 대한 효과성을 평가할 수 있으며 필요에 따라 이를 수정할 수 있다.

한편, 최근의 연구에서 리더십 효과성에 관련되는 것으로 사회적 지능역량도 밝혀지고 있지만 감성지능과 중복되는 면이 있으며, 감성지능과 사회적 지능이 어떻게 리더십 효과성과 관련성이 있는지 밝혀내는 추가적 연구가 요구되고 있다.

4. 리더십 기술에 관한 연구

특성(trait)과 달리 기술(skill)은 효과적으로 과업을 수행할 수 있는 능력을 뜻하며, 특성과 마찬가지로 유전과 학습에 의해 결정된다. 기술은 전문적 기술(technical skills), 개념적 기술(conceptual skills), 대인기술(interpersonal skill)의 세 가지로 분류할 수 있다.[13][14]

1) 전문적 기술

전문적 기술은 관리자가 맡고 있는 조직 활동들을 수행하기 위한 방법, 과정, 장비에 대한 지식이 포함된다. 전문적 기술에는 조직에 대한 지식(규칙, 구조, 경영관리 체계, 종업원 특성)과 조직에서 생산되는 제품과 서비스에 대한 지식이 포함된다. 이러한 유형의 지식은 공식교육, 훈련, 직무경험 등을 통해서 학습된다.

전문적 지식은 기술을 신속하게 학습하는 능력과 세부사항에 대한 뛰어난 기억에 의해 보다 쉽게 습득된다. 효과적인 관리자는 많은 곳으로부터 정보와 아이디어를 얻을 수 있으며, 필요할 때 사용하기 위해 이것들을 기억에 저장할 수 있다. 전문적 기술이 특히 하위 관리계층에서는 일반기업의 리더뿐만 아니라 군대 리더의 효과성에도 관련되는 것으로 확인되었다. 그리고 하위 관리계층에서 제품과 업무과정에 대한 지식이 효과성과 승진에 관련됨을 발견했지만, 상위 관리계층에서는 비교적 덜 중요한 것으로 밝혀졌다.[15]

부하들의 업무를 감독하는 관리자들은 업무를 수행하기 위해 부하들이 사용하는 기법과 장비에 대해 폭넓은 지식을 가질 필요가 있다. 제품과 공정에 대한 전문적 지식은 업무운영 계획을 세우고 조직화하기 위해서, 부하들을 지도하고 훈련하기 위해서 그리고 부하들의 업무수행을 점검하고 평가하기 위해서 필요하다. 기술에 대한 전문성은 장비의 가동중단, 품질결함, 사고, 자재부족, 조정문제들에 기인한 업무상 혼란에 대처하는 데 필요하다.

표 2-2 전문적 기술, 개념적 기술, 대인기술의 특징

구 분	내 용
전문적 기술	전문화된 활동을 수행하는 방법, 공정, 절차 및 기법과 그러한 활동에 적절한 도구와 장비를 사용할 수 있는 능력
개념적 기술	일반적인 분석능력, 논리적 사고, 개념을 형성하고 복잡하고 애매한 관계를 능숙하게 개념화할 수 있는 능력, 아이디어 창출과 문제해결의 창의성, 사건을 분석하고 추세를 인식하고 변화를 예상하며 기회와 잠재적 문제점들을 인식할 수 있는 능력(귀납 및 연역 추리)
대인기술	인간행동과 대인과정에 대한 지식, 다른 사람들의 말과 행동에 대한 동기, 감정 및 태도를 이해할 수 있는 능력, 명확하고 효과적으로 의사소통할 수 있는 능력(언어 유창성, 설득력), 효과적이고 협력적 관계를 구축할 수 있는 능력(재치, 외교적 수완, 경청기술, 수용 가능한 사회행동에 대한 지식)

자료 : G. Yukl, *Leadership in Organizations*, 6th ed., Pearson Prentice Hall, 2006, pp.183-185.

전문적 지식은 창업가적 관리자에게 특히 필요하다. 신제품과 서비스에 대한 비전은 갑자기 나타나는 것처럼 보이지만, 실제로는 오랜 기간의 학습과 경험의 결과로 나타난다. 성공적으로 기업을 시작하거나 안정된 회사에서 중요한 신제품을 출시한 창업가에 대한 연구들을 살펴보면, 그들의 전문적 지식은 혁신제품을 산출하기 위해 영감을 발휘하고 있다.[16]

2) 개념적 기술

개념적 기술은 분석력, 논리적 사고, 개념 형성, 귀납추리, 연역추리 등을 포함하고 있다. 일반적으로 개념적 기술은 훌륭한 판단력, 선견력, 직관, 애매하고 불확실한 사건들에서 의미와 질서를 발견하는 능력에 관계된다. 개념적 기술은 적성검사, 상황검사, 면접, 중요사건을 포함한 다양한 방법을 사용하여 측정한다.

지필검사를 사용하여 개념적 기술을 측정한 특성연구들은 특히 상위 관리층의 직위에서 개념적 기술이 관리의 효과성에 관련됨을 지적하고 있다.[17] 중요사건 면접

을 사용하여 측정한 Boyatzis(1982)의 연구에서는 개념적 기술이 효과적인 관리자와 비효과적인 관리자를 구별했다.[18]

개념적 기술은 효과적인 계획수립, 조직화 및 문제해결을 위해 매우 중요하다. 관리의 주요 기능은 조직의 분리된 요소들을 조정하는 것도 포함된다. 효과적으로 조정을 하기 위해서 관리자는 조직의 다양한 요소들이 서로 어떻게 관련되는지 그리고 한 부분의 변화가 다른 부분들에 어떻게 영향을 미치는지를 이해할 필요가 있다. 인지 복잡성이 높은 관리자는 조직에 대한 보다 체계적인 모형을 수립함으로써 가장 중요한 요소들과 이들 요소 사이의 관계를 이해하고 있다. 정신모형은 지도와 같아서, 지역에 대한 지형을 묘사하고 어떤 것들이 어느 곳에 위치해 있는지를 보여 주고 한 장소에서 다른 장소로 옮아가는 방법을 결정하는 데 도움을 준다. 개념적 기술이 취약한 관리자는 조직 내에서 일어나는 사건들의 역동적 흐름과 복잡한 과정들을 이해할 수 없기 때문에 쓸데없는 단순화된 정신모형을 수립하는 경향이 있다.

또한 관리자는 외부 환경의 변화들이 조직에 어떻게 영향을 미치는지를 이해할 수 있어야 한다. 경영자가 전략계획을 수립하기 위해서는 사건들을 분석하고 동향을 인식하며, 변화를 예상하고, 기회와 잠재적 문제점들을 인식하는 능력을 갖추어야 한다.

효과적인 관리자들은 자신들이 직면한 의사결정 상황에 대해 직관과 의식적인 추론을 적절하게 결합하여 사용한다.[19] 직관은 통찰 또는 예감이며, 의식적인 추론 없이 갑자기 나타나는 것처럼 보인다. 그러나 Simon에 따르면, 직관은 유사한 문제에 대한 초기의 폭넓은 경험의 결과로 얻어진다는 것이다.[20] 이러한 경험으로부터 얻은 지식은 필요할 때 의식적으로 인식하지 않고도 나올 수 있다. 정보가 제한되어 있고 불확실성이 높은 애매한 상황에서 결정을 내릴 때 직관은 특히 유용하다. 그러나 직관에 의한 결정이 성공하기 위해서는 조직과 제품 그리고 조직 환경에 대해 폭넓게 알아야 한다.

3) 대인기술

대인기술은 인간의 행동과 집단과정에 대한 지식, 타인의 감정, 태도, 동기를 이해하는 능력, 분명하고도 설득력 있게 의사소통할 수 있는 능력이 포함된다. 특성연구들은 대인기술이 관리 효과성과 승진에 중요하다는 것을 일관되게 밝혀 주고 있다.[21] AT&T의 연구에서는 대인기술이 승진을 예언했다. CCL의 연구에서는 경력 탈선된 관리자들의 주된 이유가 대인기술의 부족에 있었다는 연구결과가 있다.

공감, 사회적 통찰, 매력, 재치와 외교술, 설득력, 구두 의사소통 능력과 같은 대인기술들은 부하, 동료, 상사와 협력적 관계를 발전시키고 유지하는 데 필수적이다. 사람을 잘 이해하고 호감을 받고 세련되고 외교적 수완이 능한 관리자는 둔감하고 방어적인 관리자보다 더 협력적인 관계를 맺을 것이다. 대인기술은 사람들에게 영향을 미치는 데 또한 필수적이다. 공감과 사회적 통찰은 어떤 사람의 동기, 가치, 정서를 이해하는 능력을 의미한다. 사람들이 무엇을 원하고 있으며 사물을 어떻게 지각하고 있는지를 이해하는 일은 그들에게 사용할 적합한 영향력 전략을 선택하는 데 필요하다. 설득력과 구두 의사소통 기술은 관리자가 영향력 전략을 보다 효과적으로 실행할 수 있게 만든다.

자기 감독(self-monitoring)은 최근에 많은 주목을 받아온 대인기술이다. 자기 감독이란 개인이 자기 자신의 행동과 그러한 행동이 다른 사람에 미치는 효과를 이해하기 위해 다른 사람들에게서 오는 단서들을 사용할 수 있는 정도를 의미한다.[22] 자기 감독자들은 피드백으로부터 학습할 수 있으며 상황의 요구조건에 적합하도록 자신의 행동을 조정할 수 있다. 자기 감독 점수가 높은 사람들은 소집단에서 리더로 출현할 가능성이 더 높으며, 다른 사람들과의 갈등을 보다 효과적으로 해결할 수 있다.[23]

대인기술은 관계지향 행동의 효과성을 또한 증대시킨다. 관리자가 강력한 대인기술을 가지고 있으면 개인적인 문제, 불만 또는 비판거리를 가지고 있는 사람에게 주의 깊고도 공감적이며 판단을 하지 않는 식으로 경청하는 데 도움이 된다. 과제지향적인 관리행동(예, 업무할당과 지시)조차도 과제목표뿐만 아니라 사람에 대한 관심을 반영하는 방식으로 실행되기 위해서는 상당한 대인기술이 요구된다.

리더십 특성의 측정도구[24]

개인의 성격특성을 측정하기 위해 사용하는 설문지들은 다양하다. 리더십 특성의 측정과 관련하여 제시되는 LTQ(Leadership Traits Questionnaire)는 리더 자신에 대한 지각과 그 리더의 부하나 동료 같은 특정한 관찰자들의 지각을 계량화한 것이다. 이 측정설문지를 통하여 리더십 특성의 강한 특성측면과 약한 특성측면을 파악할 수 있다. LTQ에 의한 측정을 통해 자신의 리더십 특성을 이해할 수 있다.

이 설문지의 목적은 각 개인의 리더십 특성을 측정하기 위한 것이다. 이 설문지는 리더 자신에 의해 작성되거나 리더를 친숙하게 알고 있는 구성원에 의해 작성되어야 한다. 숫자의 척도는 다음을 의미한다.

1. 전혀 그렇지 않다   2. 거의 그렇지 않다   3. 보통이다

4. 조금 그렇다   5. 매우 그렇다

설문내용		척 도
1. 설명이 명확한	다른 사람들과 효과적으로 의사소통을 한다.	1 2 3 4 5
2. 지각력이 날카로운	식별력이 있고 통찰력이 있다.	1 2 3 4 5
3. 자신감 있는	자기 자신이나 자신의 능력을 믿고 있다.	1 2 3 4 5
4. 침착한	의심이 없고 확신에 차 있다.	1 2 3 4 5
5. 지속적이고 끈질긴	방해에도 불구하고 목표에 집착한다.	1 2 3 4 5
6. 결심이 굳고 단호한	확고한 입장을 취하고 확실하게 행동한다.	1 2 3 4 5
7. 신뢰할 수 있는	믿음직스럽게 행동한다.	1 2 3 4 5
8. 믿을 만한	일관성이 있고 신뢰할 만하다.	1 2 3 4 5
9. 친절한	친절과 온화함을 보이고 있다.	1 2 3 4 5
10. 사교적인	스스럼없이 대화하고 다른 사람들과 잘 지낸다.	1 2 3 4 5

[결과해석]

LTQ에서 얻은 점수는 리더십 특성과 관련하여 측정자가 자신을 어떻게 보고 있는가에 대한 정보와 다른 사람이 리더인 당신을 어떻게 보고 있는가에 대한 정보를 나타내 주고 있다.

이 설문지에는 최선의 답이란 없다. 이 측정도구의 목적은 당신의 강점과 약점을 측정하는 방법을 제공하는 것이고 당신의 지각이(리더십 특성에 대한 지각) 다른 사람과 같은 측면이 어디이고 다른 측면이 어디인지를 평가하려는 것이다.

[결과해석의 예]

	R1	R2	R3	R4	R5	평균	자신	차이
1. 설명이 명확한	4	3	5	2	5	3.8	5	-1.2
2. 지각력이 날카로운	3	5	5	5	4	4.4	3	+1.4
3. 자신감 있는	4	4	5	4	4	4.2	4	+0.2
4. 침착한								
5. 지속적이고 끈질긴								
6. 결심이 굳고 단호한								
7. 신뢰할 수 있는								
8. 믿을 만한								
9. 친절한								
10. 사교적인								

당신의 행동에 가장 근접하는 항목을 고르시오.

1. 당신은 지금 극심하게 흔들리는 비행기 안에 앉아 있다. 어떻게 행동할 것인가?
① 대수롭게 생각하지 않고 조용히 읽던 책을 계속해서 읽는다.
② 스튜어디스의 태도로 상황의 심각성을 확인해 보는 한편, 신중을 기하기 위해 구명조끼를 한번 만져 본다.
③ ①과 ②의 중간쯤
④ 모르겠다. 생각해 보지 않았다.

2. 당신은 딸을 데리고 몇몇 이웃 아이들과 함께 놀이터에 갔다. 갑자기 한 아이가 울기 시작했는데, 다른 아이들이 그 아이와 같이 놀려고 하지 않기 때문이다. 당신은 어떻게 행동할 것인가?
① 간섭하지 않는다.
② 어떻게 하면 다른 아이들이 그 아이와 같이 놀아줄까 하고, 우는 아이와 함께 생각한다.
③ 그 아이에게 울지 말라고 친절하게 이야기한다.
④ 장난감을 가지고 우는 아이의 마음을 다른 곳으로 돌린다.

3. 당신은 좋은 성적을 기대했던 중간시험을 망쳤다. 어떤 반응을 할 것인가?
① 다음 시험에서 성적을 올리기 위해 학습계획을 세우고, 이 계획을 철저하게 지키겠다고 결심한다.
② 앞으로 더 열심히 노력하겠다고 결심한다.
③ 스스로에게 그 과목의 성적은 그렇게 중요하지 않다고 말하며, 그 대신 성적이 더 잘 나온 과목에 집중한다.
④ 교수와 면담하고 성적을 다시 한 번 생각해 달라고 부탁한다.

4. 당신은 전화로 어떤 물건을 판매하는 일을 하고 있다. 그런데 당신이 접촉한 15명의 고객이 당신의 전화에 퇴짜를 놓았다. 어떻게 행동할 것인가?
① 오늘은 포기하고, 내일은 운이 좋아질 것이라고 기대한다.
② 성공하지 못한 원인이 무엇인가 골똘히 생각한다.
③ 다음에 전화할 때는 다른 방식으로 시도하고, 그렇게 빨리 포기해서는 안 된다고 자신을 타이른다.
④ 이것이 당신에게 맞는 직업인지 자문한다.

5. 자동차를 운전하던 당신의 여자 친구는 위험하게 바로 앞으로 끼어드는 다른 자동차 운전자 때문에 매우 흥분했다. 그녀를 달래기 위해 당신은 어떻게 행동할 것인가?

① "잊어버려, 아무 일도 생기지 않았잖아"라고 말한다.

② 그녀의 마음을 돌리기 위해 그녀가 좋아하는 음악을 들려준다.

③ 그녀와 연대감을 나타내기 위해 그녀의 욕설에 동조한다.

④ 당신도 최근 비슷한 경험을 한 일이 있는데, 알고 보니 그 차가 구급차였다고 이야기해 준다.

6. 당신과 당신 파트너 사이에 언쟁이 벌어졌다. 둘은 매우 흥분한 상태이고 사실이 아닌 비난으로 서로를 공격한다. 어떻게 행동할 것인가?

① 20분간의 휴식을 제의하고, 그 뒤에 논쟁을 계속한다.

② 싸움을 중지하고 더 이상 아무 말도 하지 않는다.

③ 유감스럽다고 말하고, 상대방에게 용서를 청한다.

④ 정신을 차리고 잠시 숙고한 후, 당신이 할 수 있는 범위에서 당신의 관점을 설명한다.

7. 당신의 세 살 난 아들은 갓난아이 때부터 낯선 사람과 환경에 소심한 반응을 보이며 수줍음을 매우 많이 탄다. 어떻게 대처할 것인가?

① 그 아이가 선천적으로 수줍어한다는 사실을 인정하고, 어떻게 하면 아이를 위협적인 상황으로부터 보호할 수 있을까 숙고한다.

② 아동심리학자와 상담한다.

③ 아이를 의도적으로 새로운 사람과 상황에 가능한 한 많이 직면하게 하여 불안을 떨치게 한다.

④ 아이에게 다른 사람과 많이 어울릴 수 있도록 용기를 주는 경험들을 하게 한다.

8. 당신은 어렸을 때 피아노를 배웠으나 오랫동안 치지 않았다. 이제 당신은 피아노를 다시 치려고 한다. 어떻게 하면 가장 빨리 배울 수 있을까?

① 일정한 시간에 매일 연습한다.

② 어렵지만 습득할 수 있는 곡을 선택하여 연습한다.

③ 실제로 피아노를 치고 싶을 때에만 연습한다.

④ 상당한 노력을 들여야만 칠 수 있는 매우 어려운 곡을 선택하여 연습한다.

EQ 점수 채점

문항 1 : ① = 20점 ② = 20점 ③ = 20점 ④ = 0점

④ 당신이 스트레스 반응을 의식하고 있지 않다는 것을 보여 준다.

문항 2 : ① = 0점 ② =20점 ③ = 0점 ④ = 0점

　　　　② 감성지능이 있는 부모는 아이들의 부정적 감정을 감성훈련의 기회로 삼는다.

문항 3 : ① = 20점 ② = 0점 ③ =0점 ④ = 0점

　　　　① 스스로의 동기부여는 무엇보다도 행동계획을 세우고 관철시킬 수 있는 능력 속에서 나타난다.

문항 4 : ① = 0점 ② =0점 ③ = 20점 ④ = 0점

　　　　③ 낙관주의자는 어려운 상황을 배울 기회가 있는 도전으로 간주한다. 자기 자신에게 책임을 돌리거나 절망하지 않고 끝까지 견디면 항상 새로운 것을 시도한다.

문항 5 : ① = 0점 ② =5점 ③ = 5점 ④ = 20점

　　　　④ 몹시 화가 난 사람에게 그 분노에 대해 설명해 주면 빨리 진정된다.

문항 6 : ① = 20점 ② = 0점 ③ = 0점 ④ = 0점

　　　　① 흥분한 육체가 다시 진정될 때까지의 시간은 20분 혹은 그 이상의 시간 동안 싸움을 중단하는 것이 적절하다.

문항 7 : ① =0점 ② =5점 ③ = 0점 ④ = 20점

　　　　④ 선천적으로 수줍어하는 아이들은 불안을 야기하는 상황에 점차적으로 직면한다면 자신이 갖고 있는 억제감을 쉽게 떨칠 수 있다.

문항 8 : ① = 0점 ② = 20점 ③ = 0점 ④ = 0점

　　　　② 성취 가능한 도전의 경우에 잠재되어 있던 성취능력이 가장 잘 발휘될 수 있다.

평가

60점 이하 : 감성지능 개발 학습법을 읽으십시오. 지능지수와는 달리 감성지수는 상대적으로 쉽게 향상될 수 있습니다.

60~120점 : 당신의 감성지수는 평균입니다.

120점 이상 : 당신의 감성지능은 상당한 수준입니다. 당신은 자신과의 문제가 없으며, 자신의 감정을 잘 다루고 다른 사람을 잘 이해할 뿐 아니라 다른 사람들과 다감하게 교제하는 편입니다.

일요일 오후 3시, Bob Parker는 위가 아파오는 것을 느끼기 시작했다. 저녁에는 배도 고프지 않았고 누워도 잠이 오지 않았다. 다음날 아침에 울리는 자명종 시계소리에 일어났지만 불안한 악몽들을 떨쳐낼 수 없었다. 운전해 사무실로 가는 동안 끊임없이 숨이 막혀오는 것 같았다. 업무가 도전적인 것 때문은 아니다. 밀림에서 공장을 짓는 어려움과 위험 등은 오히려 에너지를 불러일으키는 것이었다. 어려운 사업 환경에서 성공을 거둔 것이 그의 경력을 빛나게 했으며, 그로 인해 여러 번의 빠른 승진을 해 왔다. 40세 중역인 그를 힘들게 하는 것은 업무 때문이 아니라 그의 상사 때문이다. 지금껏 일을 해오면서 어떻게 해야 할지를 모르겠는 경우는 이번이 처음이다. 좌절감을 더 느끼게 하는 것은 중요한 일을 해야 하는 상황에서 있을 수 없는 일이 생겼다는 것이다.

그의 상사가 어떻게 그 자리까지 오게 되었는지는 명확했다. 기술적인 문제를 다루는 면에서는 엄청난 자신감과 굉장한 능력을 갖고 있기 때문이었다. 그러나 그의 탁월한 업무성적들은 다른 사람들을 처참하게 희생시킨 결과로 이루어진 것이었다. Bob의 상사는 감수성과 친절 그리고 참을성은 전혀 찾아볼 수가 없다. 그는 사람들을 사고, 팔고, 다 쓰면 버리는 물건이나 돈과 똑같은 것으로 취급했다. 부하들 중의 누군가가 중대한 실수를 하면 이전에 그가 얼마나 유능하게 일을 잘해 왔는지는 아랑곳하지 않고 가차 없이 해고시켰다. 언제든지 누구에게라도 큰소리를 질러댔다. 아는 것은 거리낌 없이 곤봉을 휘두르는 것뿐인 것처럼, 다른 사람들 면전에서 부하들을 호되게 야단치고, 다른 사람들의 아이디어를 신랄하게 짓밟으며, 때로는 고의적으로 부하들을 멍청하게 보이도록 했다. 하지만 자신에 의도에 따라서는 정반대로 쾌활하고 즐거운 성품으로 될 수 있었는데, 최고경영자와 만나는 경우에 그랬다.

Bob은 스스로 마음을 다스리면서 개인적인 절망과 좌절을 극복하려고 했다. 자신이 회사를 위해서 일하는 것이지 상사를 위해 일하는 것은 아니라고 마음을 먹고자 노력했다. 그의 상사가 부하들을 혹독하고 마구잡이로 다루는 것을 보면서 자신은 절대로 그렇게 하지 않겠다고 맹세했다. 그리고 몇 주가 더 지나면서 Bob은 이전에 어려운 일을 겪으면서 필요가 없었던 역경에 대처하는 방법을 익혀야만 했다. 직설적인 개인적인 모욕에도 평정심을 유지하는 방법을 익혔다. 자신의 행동을 상사의 기분에 맞추어 조절하기 시작했고, 다른 사람들에게서 원하는 것을 얻기 위해서 어떤 것은 포기하기도 했다. 다른 사람들이 자기에게 그랬던 것처럼 지원이 필요하면 남들에게 기대었다. 다른 누군가를 변화시키기 위해 많은 것을 할 수 없는 경우일지라도 나쁜 상황을 최선의 것으로 만들기 위해 자신의 행동을 변화시킬 수 있다는 것을 체득했다.

자신이 느끼는 가장 황량한 순간에 Bob은 최고경영자가 자기를 잊고 있으며 자신의 탁월한 경력은 끝이 났다고 느꼈다. 그런데 뜻밖에도 그의 상사가 해고되었고 Bob이 그 자리에 승진하게 되었다. 나중에 알았지만 회사에서는 이미 몇 주 전에 그의 상사를 면직했으며 그 자리에 Bob을 정해두고 있었다는 것이다. 지독한 상황에도 불구하고 냉정하게 자기 일을 묵묵히 해내온 Bob은 자신은 알지 못했을지라도 시험에 통과한 것이었다. 그는 이런 종류의 고난에 대처할 수 있는 것을 배웠고, 회사에서는 이전의 상사와 같은 행동을 참고 있지 않는다는 것을 체득했다. 아이러니하게도 상사가 현란하게 행동하는 탁월함을 보았지만 그는 기술적인 문제를 다루는 데 더 효과적인 방법을 또한 배웠던 것이다.

□ **토의**

1. Bob의 상사가 처음에는 승진을 잘했으나 결국에는 승진에서 탈락하게 된 것을 Bob의 상사의 어떤 특성으로 설명할 수 있는가?
2. Bob이 처한 상황에 있다면 경험을 통해 유용한 교훈을 배운다는 것이 얼마나 어려운가?
3. Bob의 어떤 특성이 고통스러운 체험에서 학습할 수 있게 도와주었는가?

요약

리더십 연구 중에서 가장 먼저 진행된 연구는 리더십 특성이론이다. 리더십 특성이론은 어떤 특성을 지닌 사람들이 리더가 될 가능성이 높은지에 관하여 다양한 연구를 통하여 그 특성들과 기술들을 찾아내려는 것이었다. 리더십 특성이론은 훌륭하다고 알려진 인물들을 중심으로 다양한 방법으로 특성을 밝혀내려 했다는 점에서 위인이론이라고 할 수 있다. 리더십 특성연구는 수정을 거듭한 연구를 통하여 개인적 특성은 여전히 리더십에 중요한 영향을 미치고 있으며, 카리스마적 리더십, 변혁적 리더십을 통하여 더욱 발전된 연구로 이어지고 있다.

Stogdill을 비롯한 여러 학자들은 리더십 특성으로 지능, 자신감, 결단력, 성실성,

사교성의 다섯 가지를 지지하고 있다. 다섯 가지의 특성들 이외에도 리더십 특성과 관련된 의미 있는 연구들이 있는데, Big 5 성격특성인 사회성, 신뢰성, 호감성, 적응성, 지적 탐구성이 그것들이다.

감성지능과 사회적 지능은 새로 추가된 리더십 특성이다. 감성지능이란 자신의 감정과 타인의 감정에 공조하는 정도로 인지과정을 촉진하기 위해 정서를 사용하며 정서를 인지적으로 관리하는 식으로 정서와 이성을 통합하는 능력이다. 사람의 정서는 분노, 공포, 슬픔, 행복감, 혐오, 수치, 놀람, 사랑 등을 포함하고 있다. 감성지능은 리더십 효과성에 연관성이 있는데 리더가 복잡한 문제를 해결하고, 보다 나은 결정을 내리고, 시간을 효과적으로 사용하는 방법에 대한 계획을 세우고, 행동을 상황에 적응시키며, 위기 상황을 관리하는 데 도움을 준다. 사회적 지능이란 특정 상황에서 리더십의 요건을 판단하고 적합한 반응을 선택할 수 있는 능력으로 정의된다. 사회적 지능의 두 가지 주요 구성요소는 사회적 지각력과 행동 유연성이다. 이 두 가지 지능은 서로 연관성이 있는 것으로 지적되고 있다.

한편, 기술은 어떤 것을 효과적으로 할 수 있는 능력으로 특성과 마찬가지로 유전과 학습에 의해 공동적으로 결정된다. 기술에는 세 가지 기술이 있는데 첫째, 전문적 기술이란 관리자가 맡고 있는 조직단위의 활동들을 수행하기 위한 방법, 과정, 장비에 대한 지식이 포함된다. 둘째, 개념적 기술은 분석력, 논리적 사고, 개념 형성, 귀납추리, 연역추리가 포함된다. 인지복잡성이라 불리는 개념적 기술은 사물을 분류하기 위한 범주들을 구별하고 개발하는 능력과 복잡한 관계를 파악하고 문제에 대한 창의적 해결책을 수립하는 능력이다. 셋째, 대인기술은 인간의 행동과 집단 과정에 대한 지식, 타인의 감정, 태도, 동기를 이해하는 능력, 분명하고도 설득력 있게 의사소통할 수 있는 능력이 포함된다. 세 가지 차원의 기술은 관리자의 직급에 따라 달리 요구되는 것으로 밝혀졌다.

리더십 특성연구는 1900년대 초창기 이래 많은 학자들이 여전히 관심을 가지고 있는 분야이다. 이 연구는 평범한 사람들에게 '리더가 되기 위해 갖추어야 할 특성이 무엇인지에 대한 대답을 제시해 준다. 리더십 특성연구의 강점은 현실 속의 리더를 연결하여 이해하기가 쉽고, 가장 오래전부터 진행된 연구로 리더십 과정과 효과성을 분석함에 있어서 리더에 대한 깊이 있는 연구가 진행되었다는 점이다. 그러나 리더십 특성연구는 결정적인 리더십 특성 목록의 범위와 한계를 제시하지 못했다. 또한 리더십 특성연구는 리더십 훈련과 개발을 위해 매우 제한적임을 드러내고 있다.

참고문헌

1) R. M. Stogdill, Personal factors associated with leadership: A survey of the literature, *Journal of Psychology 25,* 1948, pp. 35-71.

2) R. M. Stogdill, *Handbook of leadership: A survey of theory and research*, New York: Free Press. 1974, pp.61-64

3) R. D. Mann, A review of the relationship between personality and performance in small groups, *Psychological Bulletin 56,* 1959, pp. 241-270.

4) R. G. Lord, C. L. DeVader & G. M. Alliger, A meta-analysis of the relation between personality traits and leadership perceptions: An application of validity generalization procedures, *Journal of Applied Psychology 71,* 1986, pp. 402-410.

5) S. A. Kirkpatrick & E. A. Locke, Leadership: Do traits matter? *The Executive 5,* 1991, pp. 48-60.

6) J. G. Geier, "A Trait Approach to the Study of Leadership in small groups, *Journal of Communication,* Dec. 1967, pp. 36-323.

7) T. A. Judge, J. E. Bono, R. Iles, and M. W. Gerhardt, Personality and ledership: A Qualitative and Quantative Review, *Journal of Applied Psychology,* August 2002, pp. 765-780.

8) R. G. Lord, C. L. DeVader & G. M. Alliger, A meta-analysis of the relation between personality traits and leadership perceptions: An application of validity generalization procedures, *Journal of Applied Psychology 71,* 1986, pp. 402-410.

9) P. Block, *Stewardship: Choosing service over self-interest.,* SanFrancisco, CA: Berrett-Koehler, 1993.

10) D. P. Goleman, *Emotional intelligence, Imagination, Cognition, and Personality,* 9. 1995,

pp. 185-211.

11) D. C. McClland, *Human Motivation,* Glenview, IL: Scott Foresman, 1985.

12) M. E. Ford, A licing systems conceptualization of social intelligence: Outcomes, processes, and developmental change, In R. J. Sternberg(E.d.), *Advances in the psychology of human intelligence. Hillsdale,* NJ: Eribaum, 1986.

13) D. Katz & R. L. Kahn, Some recent findings in human-relations research in industry, In E. Swanson. T. Newcomb & E. Hartley(Eds.), *Readings in social psychology,* New York: Holt, 1952, pp. 650-665.

14) G. Yukl, *Leadership in Organizations,* 6th ed., Pearson Prentice Hall, 2006, pp.200-203.

15) M. W. McCall & M. M. Lombardo, *Off the track: Why and how successful executives get derailed.* Technical Report No 21. Greensboro. NC. Center for Creative Leadership, 1983a.

16) F. Westley & H. Mintzberg, Visionary leadership and strategic management, *Strategic Management Journal* 10, 1989, pp. 17-32.

17) B. M. Bass, *Handbook of leadership: A survey of theory and research,* New york: Free Press, 1990.

18) R. E. Boyatzis, *The competent manager,* New York : John Wiley, 1982.

19) W. H. Agor, The logic of intuition: How top executives make important decisions, *Organizational Dynamics,* 14(3), 1986, pp. 5-18.

20) H. Simon, Making managerial decisions: The role of intuition and emotion, *Academy of Management executive,* 1, 1987, pp. 57-64.

21) B. M. Bass, *Handbook of leadership: A survey of theory and research,* New york: Free Press, 1990.

22) M. Snyder, Self-Monitoring of expressive behavior, *Journal of Personality and Social Psychology 30,* 1974, pp. 526-537.

23) R. A. Baron, Personality and organizational conflict: Effects of the Type A Behavior pattern and self-monitoring, *Organizational Behavior and Human Decidion Processes,* 44, 1989, pp. 281-296.

24) P. G. Northhouse, Leadership–Theory and Practice, 4th ed., Sage London 2007, pp. 33-34.

25) 이상호, 조직과 리더십, 북넷, 2009, pp. 89-91.

26) G. Yukl, *Leadership in Organizations,* 6th ed., Pearson Prentice Hall, 2006, pp. 212-213.

제 **3** 장

리더십 행동이론

●●●●
학습목표

1. 리더십 행동이론의 다양한 연구를 알 수 있다.
2. 리더십 행동연구의 공헌과 한계점을 이해할 수 있다.
3. 과업지향적 행동, 관계지향적 행동, 변화지향적 행동을 이해할 수 있다.
4. 아이오와 대학교의 리더십 행동연구에 관해 알 수 있다.
5. 미시간 대학교의 리더십 행동연구에 관해 알 수 있다.
6. 오하이오 주립대학교의 리더십 행동연구에 관해 알 수 있다.
7. 관리격자 이론과 PM연구에 대해 알 수 있다.

1. 리더십 행동이론의 개요

리더십 행동에 관한 연구는 Stogdill(1948)의 연구를 바탕으로[1] 1940년대 말에 오하이오 주립대학교와 미시간 대학교에서 주도하여 시작되었다. 리더십 행동연구가 시작된 이후 50년 동안 진행된 리더십 행동에 관한 연구들의 대부분은 이 두 대학교에서 실시한 연구방법을 채택했다. 이들이 찾아낸 리더의 행동은 과업지향적 행동과 관계지향적 행동으로 요약되었으며, 1960년대 초에는 Blake와 Mouton에 의해서 관리격자(managerial grid) 이론으로 발전되었다. Blake와 Mouton은 "조직 내에서 관리자들은 과업지향적 행동과 관계지향적 행동을 어떻게 하고 있는가?"에 초점을 둔 연구를 진행했다. 이 이론은 후에 일본의 미스미쥬지(三隅二不二)에 의해서 PM이론으로 발전되었다.

리더십 행동이론은 리더십 특성연구의 "누가 효과적인 리더인가?"의 관점을 "효과적인 리더는 어떻게 행동하는가?"로 연구 초점을 전환시켰다. 오하이오 주립대학교와 미시간 대학교의 초창기 리더십 연구자들은 과업지향적 행동과 관계지향적 행동의 리더십 행동 유형을 발견했지만, 그 후 3차원적 행동 유형인 변화지향적 행동이 발견되어 추가되었다.

리더십 행동연구는 리더와 관리자 양성을 위해 효과적인 리더의 행동 유형에 비추어 부족한 부분의 행동을 교육훈련할 수 있는 지표를 제공하고 있다. 즉 과업지향적 행동이 부족한 리더는 과업지향적 행동을 더 향상시켜야 할 것이며, 관계지향적 행동이 부족한 리더는 관계지향적 행동을 위한 더 많은 교육훈련이 필요할 것이다. 최근에는 불확실한 환경에 대처하고 주도할 수 있는 변화지향적 행동이 더욱 주목받고 있다.

이상에서 언급한 리더십 행동이론의 특징을 요약하면 다음과 같다.[2]

첫째, 리더십 행동이론의 연구 초점은 리더의 행동과 관련된 것이다.

둘째, 리더십 행동이론의 행동 유형은 과업지향적 행동, 관계지향적 행동, 그리고 나중에 추가된 변화지향적 행동으로 분류할 수 있다.

셋째, 리더십 행동연구에 의해 리더십 행동 유형을 측정한 후 부족한 리더십 행동 유형을 개선할 수 있는 훈련개발이 가능해졌다.

넷째, 리더십 행동연구는 특정 상황에 효과적인 보편적인 리더십 행동 유형을 찾지 못한 것이 한계점으로 지적되고 있다.

리더십 행동의 개념적 유형인 과업지향적 행동과 관계지향적 행동, 변화지향적 행동의 구체적인 내용은 다음과 같다.[3]

1) 과업지향적 행동

효과적인 리더의 **과업지향적 행동**은 조직과 집단의 공동목표를 달성하기 위해 과업 목표와 관련되어 있다. 효과적인 리더십을 발휘하는 데 관련된 세 가지 과업지향적 행동은 계획수립, 역할과 목표의 명료화, 운영 및 성과에 대한 점검들이 있다.

리더의 과업지향적 행동	
● 효율성을 높이기 위한 업무활동 체계화	● 집단의 활동을 지휘하고 조정
● 단기 운영에 대한 계획 세움	● 운영과 수행을 점검
● 업무를 집단이나 개인에게 할당	● 업무를 방해하는 당면문제를 해결
● 역할기대와 과제목표를 명료화	● 효율성, 생산성, 품질의 중요성 강조
● 규칙, 방침, 표준 운영절차를 설명	● 집단의 수행에 대해 높은 기준 설정

● 계획수립은 누가, 언제, 무엇을, 어떻게 수행할 것인지를 결정하는 것을 포함한다. 계획을 위한 지침에는 필요한 실행단계 확인, 실행단계를 실시하는 데 예상되는 시간 추정 및 종료시간 추정, 소요비용 추정, 책임자 결정 등이 있다. 실행 계획을 위한 지침으로 핵심성과 지표의 확인 및 측정, 가능한 경우, 운영을 직접 관찰, 결과와 함께 핵심과정 변수의 점검, 과업에 대해 구체적으로 질문, 계획과 예산을 고려하여 진행 상황 측정, 문제와 과오에 대한 보고 장려, 성과에 대한

독립적인 정보원천 확보, 주기적인 평가회의의 실시 등에 관한 것들이 있다.

- 역할과 목표의 명료화는 계획, 방침, 역할 기대를 전달하는 과정이다. 명료화는 부하들에게 업무상 책임을 규정해 주고, 성과목표를 설정하고, 과업을 할당하는 것이다. 명료한 행동의 목적은 업무활동을 안내하고 조정하며 구성원에게 무엇을 어떻게 수행해야 하는지를 알도록 하는 데 있다. 유능하고 동기가 높은 부하라 하더라도 책임과 우선순위에 혼란을 겪는다면 높은 성과를 내기를 어려울 것이기 때문이다. 역할과 목표의 명료화를 위한 지침으로는 직무책임의 정의, 과업의 할당, 성과목표의 설정을 들 수 있다.

  - 직무책임의 정의는 중요한 직무책임 설명, 부하의 권한범위 명확화, 부하직무가 해당 부서의 사명과 관계 설명, 중요한 정책, 규칙 및 필요요건의 설명 등이 있다.

  - 과업의 할당은 과업할당에 대한 명확한 설명, 과업할당의 이유에 대한 설명, 과업의 우선순위와 기한의 명확화, 이해 여부에 대한 확인 등이 있다.

  - 성과목표의 설정은 성과와 관련된 적절한 목표의 설정, 어렵지만 달성 가능한 목표의 설정, 명확하고 구체적인 목표의 설정, 각 목표의 달성 목표 시점의 설정 등이 있다.

- 운영 및 성과에 관한 점검은 관리자가 관할하는 집단의 운영에 대한 정보를 수집하는 것과 관련된다. 핵심성과 지표의 확인 및 측정, 핵심과정 변수점검, 계획과 예산 고려한 진행 상황 측정, 정기적인 평가회의 실시 등이 포함된다. 운영점검을 위한 지침은 핵심성과 지표의 확인 및 측정, 가능한 경우, 운영을 직접 관찰, 결과와 함께 핵심과정 변수의 점검, 과업에 대해 구체적으로 질문, 계획과 예산을 고려하여 진행 상황 측정, 문제와 과오에 대한 보고 장려, 성과에 대한 독립적인 정보원천 확보, 주기적인 평가회의의 실시 등을 들 수 있다.

2) 관계지향적 행동

리더의 관계지향적 행동은 상호 신뢰의 증가, 협력, 직무만족 및 조직만족도를 최우선으로 한다. 효과적인 리더십과 관련되는 세 가지 관계지향적 행동은 지원, 개발, 인정을 들 수 있다.

리더의 관계지향적 행동	
● 지원과 격려를 해 줌	● 도전적인 목표를 달성할 수 있다는 자신감을 표현
● 공헌과 성취를 인정	● 관계를 구축하기 위해 사람들과의 친목 도모
● 코치와 후견인 역할	● 사람들에게 영향을 미칠 결정에 관해서는 협의
● 모범적 행동모델	● 사람들에게 영향을 미칠 행동에 대해 정보제공
● 갈등해결 위한 도움	● 팀 상징, 의식, 행사, 일화를 사용하여 팀 정체성 구축

● 지원은 배려, 수용, 다른 사람들의 욕구와 감정에 대한 관심을 보여 주는 폭넓은 행동이 포함된다. 일관된 연구결과는 아니지만, 지원적 리더의 부하들은 리더와 자신의 직무에 더 만족하는 것으로 나타났다. 지원적 리더십은 부하의 자신감, 스트레스 대처, 리더의 수용, 리더의 신뢰 등에 긍정적인 것으로 기대된다. 부하에 대한 리더의 지원행동의 예로는 수용과 긍정적 배려 표현, 업무지시 때 인내와 협조적 태도 견지, 예의바르고 사려 있는 처신, 부하들이 걱정 혹은 당황했을 때 동정과 지원, 부하들 개개인을 인격체로 대우, 어려운 과업에 처할 때 자신감 표현, 부하의 중요 개인사 기억 및 필요시 도움, 필요한 경우 업무에 도움제공 등을 들 수 있다.

● 개발은 개인의 능력을 증진하고 직무에 대한 적응과 경력개발을 촉진하기 위해 사용하는 여러 행동을 포함한다. 주요 행동으로는 코칭, 멘토링, 경력 상담 등을 들 수 있다.

● 인정은 리더가 부하의 공헌과 성취를 인정하며, 그것을 승진이나 승급에 반영시키는 행동 등을 포함한다. 예로는 다양한 공헌 및 성취에 대한 인정, 성과의 향

상에 대해 인정, 인정을 위한 공헌탐색, 진심으로 인정, 구체적인 공헌 및 성취 인정, 적시에 인정, 실패한 과업에 대해서도 노력 인정, 개인과 상황에 적합한 인정형태 사용 등을 들 수 있다.

3) 변화지향적 행동

최근 리더십의 효과성을 위해 더욱 강조되는 리더의 **변화지향적 행동**은 환경을 이해하고, 이를 주도하는 혁신적인 방법을 찾아내며, 전략, 제품 혹은 프로세스에서의 주요 변화를 추진할 수 있게 해 주는 행동을 의미한다. 효과적인 리더십과 관련되는 변화지향적 행동의 세 가지는 변화지향적 행동을 위한 지침, 비전수립을 위한 지침, 변화실행을 위한 지침으로 설명할 수 있다.

리더의 변화지향적 행동

- 변화의 절박한 필요성을 설명하기 위해 사건들을 해석한다.
- 개선을 위한 아이디어를 얻기 위해 경쟁자와 외부인들을 연구한다.
- 조직의 흥미진진한 새로운 가능성을 그려본다.
- 문제나 기회를 다른 방식으로 보도록 사람들을 격려한다.
- 핵심역량에 연계된 혁신적인 새 전략을 수립한다.
- 혁신과 창업가 정신을 격려하고 장려한다.
- 개인과 팀에 의한 학습을 격려하고 장려한다.
- 새로운 접근방식으로 실험해 본다.
- 변화에 대해 승인을 이끌어 내기 위해 핵심인물들과 협조관계를 구축한다.
- 변화의 실행을 지도할 임시과업 팀을 구성한다.
- 새로운 비전이나 전략과 일치하는 상징적 변화를 추진한다.
- 새로운 전략을 실행하도록 구성원에게 활력을 부여한다.
- 변화를 실행하는 과정의 진전사항을 알리고 축하해 준다.

- **변화지향적 행동을 위한 지침**은 분명하고 호소력 있는 비전 천명, 핵심가치 강조, 비전달성 방법 설명, 본보기에 의해 리드, 자신 있고 낙천적으로 행동, 부하에

게 신뢰감 표명 등이 포함되어 있다.

- 비전수립을 위한 지침으로는 주요 이해관계자를 참여시킴, 비전과 핵심역량 연결, 호소력 있는 전략목표의 파악, 비전의 신뢰성 평가, 과거 이데올로기에서 관련 요소 파악, 비전을 지속적으로 평가하고 정교화시킴 등을 들 수 있다.
- 변화실행을 위한 지침으로는 정치적·조직적 행동과 인간적 행동을 병행해야 한다. 정치적·조직적 행동지침은 변화를 반대하거나 촉진할 수 있는 사람 파악, 변화를 지지해 줄 연합세력 구축, 핵심직위를 유능한 변화주도자로 채움, 변화를 이끌기 위한 팀 구축, 업무에 영향을 미치는 극적이고 상징적인 변화추구, 변화진전 점검 등을 들 수 있다.

2. 리더십 행동이론의 주요 연구

1) 아이오와 대학교의 리더십 연구

1938년에 시작된 아이오와 대학교의 리더십 연구는 "리더가 자신의 권한을 어떻게 사용하는가?"에 근거하여 리더를 세 종류의 유형으로 분류하고 있다. Tannenbaum과 Schmidt에 의하면,[4] 첫째 리더 유형은 독재적 리더(autocratic leader)로서 집단을 위해 리더가 독단적으로 의사결정하고 그 결정된 사항을 부하에게 통보한다. 즉 리더는 의사결정을 일방적으로 행하며, 명령을 내리고, 보상이나 처벌을 행사할 수 있는 능력을 이용하여 부하들을 통솔한다. 둘째 리더 유형은 민주적 리더(democratic leader)로서 부하가 스스로 의사결정을 하도록 하고 리더는 부하들을 의사결정에 도달하도록 지원한다. 즉 리더는 의사결정에 부하들을 참여시키고, 목표를 투명하게 밝히며, 부하의 의견을 반영하면서 통솔한다. 셋째 리더 유형은 자유방임적 리더(laissez-faire leader)로서 부하와 리더 간의 상호작용 관계가 독립적이며 자율적인 의사결정을 행한다. 즉 부하에게 권력이나 영향력을 거의 사용하지 않음으로써 완벽한 자유를 주고, 부하 스스로 의사결정을 하도록 방치하는 스타일이다.

각 리더십 유형에 대한 리더십 효과성 실험 결과, 부하의 만족도는 민주적 리더에서 가장 높았고, 직무 수행성과는 독재적 리더에서 가장 높았으며, 자유방임형 리더에서는 가장 낮은 것으로 나타났다. 추가적으로 이루어진 연구들을 종합하면 민주적 리더십 유형의 효과성을 지지하는 결과들이 많았다. 이러한 결과에 의해서 조직 내에서 부하중심의 민주적 리더십으로 옮겨가는 것이 바람직함을 시사한다.

이 연구는 민주적 리더십의 효과성 지지로 초기 인간관계 운동에 기여했고 리더십 연구의 관심을 행동연구로 진입하게 하는 계기가 되었으나 연구의 제한적 표본으로 인하여 연구결과를 일반화하는 데 한계점으로 지적되었다.

2) 미시간 대학교의 리더십 연구

미시간 대학교의 리더십 연구는 오하이오 주립대학교 리더십 연구와 비슷한 시기에 이루어졌다. 미시간 대학교 리더십 연구의 초점은 리더 행동, 집단 과정, 그리고 집단성과 간의 관계를 파악하는 데 있었다. 효과적인 리더와 비효과적인 리더를 구분하기 위해 집단의 생산성을 객관적으로 측정할 수 있는 변수를 사용했다. 그 결과 과업지향적 행동, 관계지향적 행동, 참여적 리더십 행동에서 효과적 관리자와 비효과적 관리자의 차이가 나타난 것으로 Likert에 의해서 밝혀졌다.[5]

이후 확장된 연구에서는 리더십 효과성과 관련되어 있는 것으로 보이는 리더의 행동을 확인하는 것이었다. 미시간 대학교 리더십 연구에서는 어떤 리더십 유형이 집단성과를 증진시키는지 알아내기 위해 인터뷰와 설문조사를 실시하여 다음과 같은 두 가지 리더 유형을 도출했다.[6]

첫째 유형은 **직무중심적 리더**(job-centered leader)로서 과업을 중요시하고, 생산 방법과 절차 등 세부사항에 관심을 가지며, 공식적 권한과 권력에 비교적 많이 의존하면서 부하들을 치밀하게 감독하는 행동 유형이다.

두 번째 유형은 **종업원중심적 리더**(employee-centered leader)로서 부하와의 관계를 중요시하고, 권한을 위임하며, 지원적 업무환경을 조성하며, 부하의 심리적·사적 측면을 배려하는 행동 유형이다.

이 연구에 의하면 종업원중심적 리더는 대인관계를 강조하는데, 리더는 부하직원의 개인적 욕구에 관심을 가지며 구성원들 간의 개인적 차이를 인정한다. 직무중심적 리더는 직무기술 또는 과업 측면을 강조하는 경향이 있는데, 이때 리더의 주요 관심은 집단의 과업을 달성하는 것이고, 집단 구성원은 집단 목표를 달성하기 위한 수단으로 본다.

미시간 대학교의 리더십 연구는 종업원지향적인 리더가 더 효과적인 리더라는 결론을 지지하고 있는데, 종업원지향적 리더에게는 높은 집단생산성과 높은 구성원들의 직무만족이 나타나며, 직무지향적 리더는 낮은 집단생산성와 구성원들이 낮은 직무만족도를 보이는 경향이 있다고 밝히고 있다. 그러나 이후 이와 관련된 지속된 연구들에서는 어느 유형이 항상 효과적이라고 결론 내리지 않고 있다. 예를 들면 직무지향적 리더에서 구성원의 만족도가 낮고 이직률이 높아도 생산성이 높은 경우가 있고, 종업원지향적 리더가 구성원의 만족은 높지만 조직성과가 낮은 경우도 나타나기 때문이다.

3) 오하이오 주립대학교의 리더십 연구

1940년대 후반 오하이오 주립대학교의 리더십 연구에서는 리더의 행동을 구성하는 독립된 차원을 찾으려고 했다. 연구자들이 처음 한 일은 관련된 리더십 행동의 범주를 확인하고, 얼마나 자주 리더가 이러한 행동을 하는지를 측정하기 위한 설문지를 개발하는 것이었다.[7] 이 연구에서 사용된 설문지는 1,800여 가지 행동들의 목록을 150문항으로 구성하여 두 가지 차원을 도출했으며, 이것은 구성원이 기술한 리더십 행동의 대부분을 설명했다. 두 가지 차원은 부하들이 상사의 행동을 정의한 **구조주도**(initiating structure)와 **배려**(consideration)이다. 이것이 LBDQ(Leader Behavior Description Questionnaire)이며,[8] 5년 후 Stogdill(1963)은 LBDQ의

축소판을 발표했고 현재도 널리 사용되고 있다. 이러한 측정도구를 바탕으로 리더십 행동과 집단성과나 구성원 만족도 등과 같은 리더십 효과성 간의 관련성에 대한 실증연구가 이루어졌다. LBDQ와 유사한 리더십 행동 유형에 관한 설문지가 이 장의 끝 부분에 제시되어 있으며, 이를 이용하여 자신의 리더십 행동을 측정해 볼 수 있다.

오하이오 주립대학교의 리더십 모형은 미시간 대학교의 리더십 모형과 거의 유사한 분류체계를 가지는 것으로 보이지만 차이점이 있다. 미시간 대학교 모형은 2개의 리더십 유형을 동일한 비중을 가지는 양극단으로 간주했으며, 그 의미는 어떤 리더가 직무중심적일 때 종업원중심적일 수는 없다는 가정이다. 그러나 오하이오 주립대학교 모형에서는 2개의 유형을 병립 가능한 개념으로 보았으며, 리더가 구조주도적이면서 배려적인 행위를 동시에 보일 수 있다는 것이다.

오하이오 주립대학교의 리더십 모형의 **구조주도**는 리더가 목표 달성을 위해 자신의 역할과 구성원의 역할을 정의하고 구조화하는 정도를 말한다. 그것은 업무, 업무관계, 목표를 조직화하려는 행동을 포함한다. 구조주도가 높게 나타나는 리더는 '특정 과업을 집단 구성원에게 할당한다', '구성원들이 정해진 성과기준을 지킬 것을 요구한다', '정해진 회의시간을 지킬 것을 강조한다.' 즉 구조주도형 리더로서 하급자들을 직무중심으로 이끄는 리더 유형이다. 이런 유형의 리더는 집단 구성원들 간의 관계를 규정하고, 조직화하며, 공식적 의사소통 경로를 설정하고, 과정을 달성하는 방법을 제시한다.

오하이오 주립대학교의 리더십 연구 모형의 배려는 어떤 사람의 직무관계에서 상호 신뢰, 구성원의 아이디어 존중, 구성원의 감정 존중이 이루어지는 정도를 말한다. 이러한 유형의 리더는 구성원의 위안, 안녕, 지위, 만족에 관심을 보인다. 배려가 높은 리더는 개인적 문제를 가진 구성원을 도와주고, 친절하고 가까이 대하기 쉬우며, 모든 구성원을 동등하게 대우한다. 즉 인간배려형 리더로서 구성원의 의견을 존중하고, 자유로운 대화와 참여를 지원하는 리더 유형이다. 이러한 유형의 리더는 하급자들을 인간적 관계중심으로 이끌며, 리더와 구성원 간의 신뢰, 존중, 관계를 중시한다.

오하이오 주립대학교 연구자들은 구조주도와 배려의 조합을 통해 다음과 같은 네 가지 리더십 유형을 제시했다. Ⅰ유형은 '고 구조주도-저 배려형', Ⅱ유형은 '고 구조주도-고 배려형', Ⅲ유형은 '저 구조주도-고 배려형', Ⅳ유형은 '저 구조주도-저 배려형'이다.

오하이오 주립대학교의 리더십 연구결과에 의하면, 어떤 경우에는 구조주도 성향이 높은 리더가 효과적임을, 다른 경우에는 배려가 높은 리더가 효과적일 수 있는 것으로 나타났다. 가령, 구조주도 성향이 높은 리더는 생산성과 성과 증진을 유도하는 영향력이 크고 배려가 높은 리더는 결근이나 이직을 막아 조직의 안정과 지속적인 생산성 유지에 기여할 수 있는 것으로 나타났다. 그러나 대체로 가장 바람직한 리더십 유형은 고 구조주도-고 배려형 리더인 것으로 밝혀지고 있다. 결론적으로 오하이오 주립대학교의 연구는 구조주도와 배려가 모두 높은 유형이 일반적으로 긍정적인 결과를 가져온다고 제시했지만, 상황 요인이 행동이론에 통합되어야 할 필요가 있음을 제시하는 예외적인 결과도 많이 나타났다.

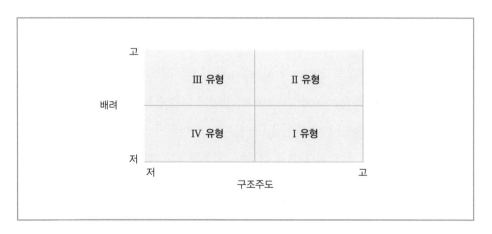

▶▷ 그림 3-1 오하이오 주립대학교의 연구 모형

오하이오 주립대학교 연구 개념을 적용한 국내외 연구들이 많이 진행되었는데,[9][10] 국내에서는 배려와 구조주의 행동에 있어서 남녀 관리자 간의 차이에 관한 연구가 진행되었는데, 남녀 관리자 간의 행동차이가 존재하며, 구조주의는 남자 관리자가 여자 관리자보다 높은 경향을 보이는데 여자 관리자의 경우에는 직급이 높아질수록 구조주의의 성향이 증가되는 것으로 밝혀졌다.[11]

4) Blake와 Mouton의 managerial grid 연구

1964년에 Blake와 Mouton은 리더십 행동의 차원을 '사람에 대한 관심'과 '생산에 대한 관심' 차원에 근거한 리더의 행동 유형을 관리격자(managerial grid) 이론으로 제시했다. Blake와 Mouton의 연구는[12] 오하이오 주립대학교의 배려와 구조주도 또는 미시간 대학교의 종업원지향과 생산지향 차원의 개념을 발전시킨 것으로 볼 수 있다.

Blake와 Mouton이 제시한 관리격자는 각 축을 9개로 나누어 81개 유형의 리더십 유형을 제시했다. 관리격자는 리더가 목적을 달성하는 데 중요하다고 생각하는 요인이 무엇인지를 보여 준다. 관리격자는 리더십 효과성을 명확하게 설명할 수 있는 정보를 제공하기보다는 리더십 유형을 개념화하는 데 유용한 개념적 틀을 제공한다. 왜냐하면 (9.9)형 리더가 모든 상황에서 가장 효과적이라는 결론을 지지하는 증거가 많이 없기 때문이다.

구체적으로 Blake와 Mouton은 '구조주도'와 '배려' 대신에 '생산에 대한 관심(concern for production)'과 '인간에 대한 관심(concern for people)'이라는 용어를 사용하면서 각 차원을 9등분하여 리더의 주요 행동 유형을 두 가지로 분류했다. (1.1)형은 '무관심형'으로 업무에 대한 관심도, 인간에 대한 관심도 없는 리더 유형이다. (9.1)형은 '과업지향형'으로 업무에 대한 관심은 지극히 크지만 구성원에 대한 관심과 배려는 없는 유형이다. (1.9)형은 '인간관계형'으로 구성원에 대한 배려와 관심은 높지만 업무에 대해서는 관심을 가지지 않는 리더 유형이다. 이러한 리더를 일명 '컨트리클럽형'으로 부르기도 한다. (5.5)형은 '중간형'으로 일에 대해서도 사람에 대해서도 적당한 관심과 주의를 기울이는 유형이다. 끝으로 (9.9)형은 '이상형'으로서 업무와 성과에 대한 관심도 매우 높고 구성원에 대한 관심과 지지도 높은 바람직한 리더 유형이다.

관리격자 모형은 리더가 현실적으로 어느 좌표에 해당하는지 부하나 동료, 본인 평가를 적용해 봄으로써 이상형인 (9.9)형에 이르기까지 부족한 부분을 보충하고자 노력하는 리더십 훈련 프로그램으로 활용할 수 있다. 즉 (9.9)형의 이상형을 목표로 체계적이고 단계적인 리더십 행동개발을 유도할 수 있는 것이다.[13]

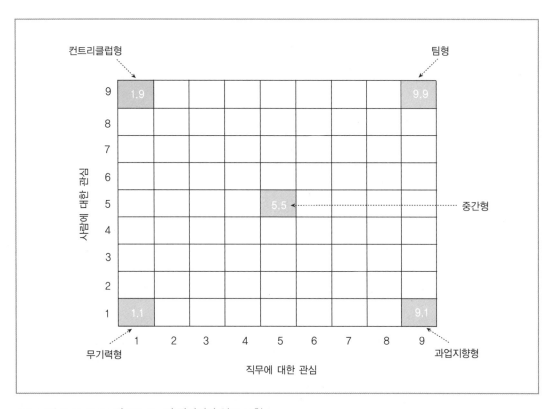

▶▷ 그림 3-2 Blake와 Mouton의 관리격자 연구 모형

자료 : R. R. Blake and A. A. McCanse, *The Leadership Grid Figure from Leadership Dilemmas*, Houston: Gulf Publishing Company, 1991, p.29.

하나의 사례로 다음을 관리격자 이론과 적용시켜 보자.[14]

부하인 S가 같은 실수를 두 번 했다. 그러나 S는 확실히 덜렁거리고 경박한 점이 있지만 명랑하고 다른 사람에게 호감을 주는 청년이다. 그럴 때 리더인 당신은 S에게 어떻게 할 것인지 해당되는 란에 (1,1)형 (1,9)형 (5,5)형 (9,1)형 (9,9)형으로 답하시오.

① "실수가 거듭되어 걱정인데 어떻게 된 거야?" 하고 업무의 내용 등을 물어보고 필요하면 지도한다.(형)

② "인간이므로 실수할 경우도 있겠지. 그러나 좀 생각해서 일을 해 주지 않으면 곤란한데."라고 말해 둔다.(형)

③ 그의 성격을 생각해서 아무 말도 안 한다. 그러나 슬슬 다른 부문으로 전출시키는 것도 생각한다.(형)

④ "당분간은 내가 말한 대로 일을 해보게."라고 말한다.(형)

⑤ "이 일은 당신에게 맡겼으니 잘 해봐." 하고 격려한다.(형)

5) PM 리더십 연구

PM 리더십 모형은 1966년 일본의 미스미쥬지(三隅二不二)가 오하이오 주립대학교 연구의 개념을 기초로 개발한 리더십 훈련 프로그램이다.[15] '구조주도'와 '배려' 대신에 '성과지향(performance orientation)'과 '유지지향(maintenance orientation)'이라는 용어를 사용했다. 그에 따르면 집단에는 성과지향 기능과 유지지향 기능의 두 가지 기능이 있으며, 리더는 집단의 이러한 두 가지 기능을 수행해야 한다. 성과지향 기능은 목표 달성을 위해 업무상 지시 및 지도를 해야 하며, 집단의 유지지향 기능을 수행하기 위해 리더는 원활한 인간관계를 형성하고 구성원들을 배려해야 한다. PM 리더십 모형은 pM(저 성과－고 관계 지향), Pm(고 성과－저 관계 지향), pm(저 성과－저 관계 지향), PM(고 성과－고 관계 지향)의 네 가지 유형으로 분류하였다.

- pM형 : P 기능이 약하고 M 기능이 강한 리더십이다. 이 유형의 리더는 엄격한 지도로 인해 인간관계를 해치는 것보다 화기애애하게 업무환경을 유지하는 것

이 더 바람직하다고 생각한다.

- Pm형 : P 기능이 강하고 M 기능이 약한 리더십이다. 이 유형의 리더는 '불평불만하지 말고 지시하는 대로 하라'는 유형으로 머릿속에는 언제나 일 생각뿐이다. 부하에 대한 배려를 거의 찾아볼 수 없는 리더이다.
- pm형 : P 기능이 약하고 M 기능도 약한 리더십이다. 이 유형의 리더는 부하를 엄격하게 지도하지 않을 뿐만 아니라 인간관계에서도 무관심한 허울뿐인 리더라고 할 수 있다.
- PM형 : P 기능과 M 기능 모두 강한 리더십이다. 이 유형의 리더는 목표를 달성하기 위해 열심히 지도할 뿐 아니라 동시에 배려하는 마음으로 구성원들을 대한다.

연구결과 PM형 리더가 집단 사기와 성과 측면에서 가장 우수하다는 결론이 도출되었다. 또한 성과지향(P)은 효과적 리더십에 필수적이지만 같은 강도의 유지지향성향(M)이 동반되지 않으면 유효성을 거둘 수 없다고 보았다. 이것은 리더로부터 성과에 대한 강조와 함께 관계 노력이 주어지면 부하들은 리더의 행위를 압력으로 느끼지 않고 도와주어야 한다거나 무엇인가를 전수받아야 한다고 생각하는 것임을 알 수 있다. 다른 행동이론과 마찬가지로 리더십은 개발이 가능할 수 있다고 봄으로써

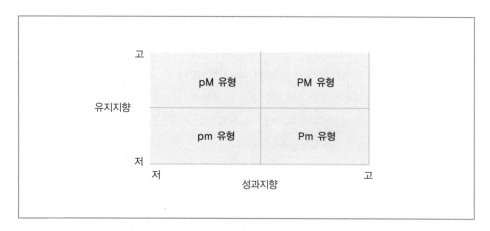

▶▷ 그림 3-3 PM 리더십 연구 모형

이 이론에 기반한 다양한 리더십 훈련 프로그램이 등장하게 되었다.

리더십 행동의 측정도구[16]

다음은 리더십 행동에 관한 설문내용을 담고 있다. 각 설문내용을 읽고 당신의 리더십을 평가해 보라. 숫자의 척도는 다음을 의미한다.

   1. 전혀 그렇지 않다   2. 거의 그렇지 않다   3. 보통이다

   4. 조금 그렇다   5. 매우 그렇다

설문내용	척 도
1. 집단 구성원들에게 그들이 해야 할 일이 무엇인가를 말해 준다.	1 2 3 4 5
2. 집단 구성원들을 친절하게 대해 준다.	1 2 3 4 5
3. 집단 구성원들에게 성과기준을 설정해 준다.	1 2 3 4 5
4. 집단 내에서 편안함을 느끼도록 다른 사람들을 도와준다.	1 2 3 4 5
5. 문제해결을 어떻게 할지 제안한다.	1 2 3 4 5
6. 다른 사람들이 내놓은 제안에 대해 호의적으로 반응한다.	1 2 3 4 5
7. 자신의 관점을 다른 사람들에게 분명히 한다.	1 2 3 4 5
8. 다른 사람들에게 공정하게 대한다.	1 2 3 4 5
9. 집단을 위해 행동계획을 작성하여 제시한다.	1 2 3 4 5
10. 집단 구성원들을 향하여 예측 가능하게 행동한다.	1 2 3 4 5
11. 집단 구성원 각자에게 역할책임을 정의해 준다.	1 2 3 4 5
12. 집단 구성원들과 적극적으로 의사소통을 한다.	1 2 3 4 5
13. 집단 내에서 자기 자신의 역할을 분명히 한다.	1 2 3 4 5
14. 다른 사람들의 복지에 관한 관심을 보여 준다.	1 2 3 4 5
15. 업무가 어떻게 수행되어야 하는가에 대한 계획을 공급해 준다.	1 2 3 4 5
16. 의사결정에서 유연함을 보여 준다.	1 2 3 4 5
17. 집단의 업적 기대에 대한 기준을 설정해 준다.	1 2 3 4 5
18. 집단 구성원들에게 자신의 생각이나 감정을 털어 놓는다.	1 2 3 4 5
19. 집단 구성원들이 업무의 질을 높이도록 용기를 준다.	1 2 3 4 5
20. 집단 구성원들이 잘 지내도록 도와준다.	1 2 3 4 5

[채점]

리더십 행동 유형 설문지는 두 가지 주된 행동 유형인 과업행동과 관계행동을 측정하기 위해 설계된 것이다. 설문지 채점은 다음과 같다.

1. 홀수문항들의 점수를 합산한 것이 과업행동 점수이다.

2. 짝수문항들의 점수를 합산한 것이 관계행동 점수이다.

총점 : 과업행동(점), 관계행동(점)

[결과해석]

45~50 : 매우 높음   30~34 : 적당히 낮음

40~44 : 높음   25~29 : 낮음

35~39 : 적당히 높음   10~24 : 매우 낮음

 사례 1 공군보급부대[17]

Pete Novak 대령은 한국전쟁 중 전투단들에게 보급품을 공수하는 한 공군부대를 지휘하게 되었다. 그 부대는 200명 이상의 군인들로 구성되어 있었고 몇 대의 화물수송기를 가지고 있었다. 그가 지휘관의 자리를 맡았을 때 상황은 매우 나빴다. 그들은 비축물자, 인원 그리고 교체요원이 모자란 상태였다. 조직화와 조정이 잘 안 되었고, 서로 다른 소대 간에는 협력과 팀워크도 거의 없었다. 무자비한 업무부하, 계속되는 언쟁과 의견 불일치, 그리고 전투지역으로 날아 들어가야 하는 스트레스로 인해 사기는 저하되었다.

Pete Novak 대령은 공군부대 회의를 열어 자신을 소개했고 소속부대의 임무가 전쟁노력의 성공에 얼마나 중요한지를 이야기했다. 그는 적이 나라에 침략하지 못하도록 막는 데 필요한 보급품과 군수품을 날라 주는 공군부대에 대해 전선에 있는 군인들이 얼마나 의지하고 있었는지를 이야기해 주었다. 그는 모든 사람 하나하나가 부대의 운영에 매우 중요한 기능을 수행하고 있다는 점을 상기시켜 주었다.

그리고 나서 Pete Novak 대령은 장교들을 시작으로 자신의 부대에 있는 사람에 대해 더 많은 것을 배우기 시작했다. 그는 부대의 임무를 실행하는 데 사용할 방법을 논의하기 위해 보직 및 비보직 장교들과 회의를 자주 가졌다. 그는 근무 군인과 비번 군인을 방문하여 이야기를 했고 그들에게 개인

적 관심을 보여 주었다. 그는 그들의 불평을 들었고 가능할 때마다 기지의 열악한 생활조건에 관한 그들의 관심사를 해결하려고 노력했다. 그는 어떤 보급임무에 대해서는 부대요원과 함께 날아갔다. 전선에서는 보급품이 절실히 필요한데 부대요원이 부족했던 어떤 경우에는 그가 대신 들어가서 다른 군사들 옆에서 밤새 비행기에 물건을 실으며 일을 했다.

Pete Novak 대령이 개개인의 이름과 그들이 맡은 업무, 그리고 그들의 배경에 관한 것들을 알게되는 데는 그리 오랜 시간이 걸리지 않았다. 그가 사람들의 역량에 관해 더 많은 것을 알게 됨에 따라, 그는 사람들의 기술과 경험을 가장 잘 활용할 수 있는 자리에 사람들을 배치하도록 부대를 재조직화했다. 회의에서는 불일치되는 의견들을 토의하고 해결했으며 책임이 할당되었다. 혼란과 명령의 중복을 줄이기 위해 권한은 명확하게 위임되었다. 비보직 장교에게는 그들의 부하 행동에 대한 책임을 주고 제한된 범위 내에서 그들의 의사결정은 의문없이 실행되었다.

두 달 안에 이러한 변화의 효과는 분명히 나타났다. 장교와 병사는 그들에게 개대하는 바가 무엇인지를 알게 되었고 스스로를 잘 돌아가는 조직의 핵심적인 부분으로 보기 시작했다. 그들은 힘들긴 하지만 자신들의 임무를 성취할 수 있는 능력에 대한 긍지를 갖기 시작했다. 사기와 팀워크는 향상되었다. 오래지 않아 이 부대는 한국에서 가장 효율적인 부대의 하나가 되었다.

□ **토의**

1. Pete Novak 대령이 보여 준 효과적인 리더십 행동은 무엇인가?
2. 이 사례는 효과적인 리더십에 관해 무엇을 보여 주고 있는가?
3. 이 사례에서 보여 준 리더십 행동 사례를 자신이 알고 있는 것과 비교하라.

 사례 2 일하면서 점심 먹기[18]

Susan Parks는 운동화와 액세서리를 판매하는 운동용품점인 맨하탄 스포츠사의 동업자 겸 관리자이다. 약 10명의 종업원을 고용하고 있으며 그들은 모두 대학교 재학생들로서 주중에는 시간제로 근무하며 주말에는 종일제 근무를 하고 있다. 맨하탄 스포츠사는 인구 12만 5천 명의 대학교촌에서 운동용품을 취급하는 유일한 상점이다. 맨하탄 스포츠사의 판매고는 과거 7년 동안 매년 15%씩 성장률을 보이고 있다.

Susan Parks는 맨하탄 스포츠사에 대한 애착이 매우 높고 현재 상점이미지(좋은 평판)와 지속적인 성장률을 유지하기 위해 열심히 일하고 있다. 그녀는 주당 50시간을 일하고 있으며 여러 역할을 수행하고 있다. 구매자, 근무일정 작성자, 교육훈련자, 계획과 판매업무 등을 두루 담당하고 있다. 그녀가 아무것도 하지 않고 있는 순간은 거의 없다. 소문에 따르면 그녀는 선 채로 일하면서 점심을 먹는다고 한다.

Susan Parks에 대한 종업원들의 반응은 다양하다. 어떤 종업원들은 그녀의 리더십 유형을 좋아하지만 어떤 종업원들은 그녀의 리더십 유형을 싫어한다. 그녀의 리더십 유형을 좋아하는 종업원들은 그녀가 재임하는 동안 맨하탄 스포츠사가 매우 잘 구조화되었고 능률적이 되었다고 말한다. Susan Parks는 종업원들 각각에게 과업목표를 명확하게 설정해 주고 있다. 그리고 Susan Parks는 모든 종업원들의 업무가 바쁘게 돌아가도록 했다. 그래서 종업원들은 저녁에 퇴근할 때는 성취감을 얻고 간다는 느낌을 갖게 된다. 이런 생각을 지닌 종업원들은 Susan Parks를 위해 일하는 것을 좋아한다.

그러나 Susan Parks의 리더십 유형을 싫어하는 종업원들은 그녀가 종업원들을 지나치게 몰아세운다고 불평한다. Susan Parks가 일하는 목적은 단지 업무수행과 업무완수에 있는 것에 있는 것 같다고 말한다. 휴식시간도 없고 종업원들과 함께 잠깐씩 이야기하는 경우도 없다는 것이다. Susan Parks의 리더십 유형을 싫어하는 종업원들은 Susan Parks는 가깝게 하기가 어렵고, 따라서 맨하탄 스포츠사는 즐거운 직장이 아니라고 한다.

Susan Parks는 자신의 리더십 유형에 대하여 종업원들의 찬반 반응이 있다는 것을 느끼게 되었다. 이러한 상태가 그녀를 불편하게 하고 있으나 이 상황을 해결하기 위해 그녀는 자신이 어떻게 해야 할지 모르고 있다. 그녀는 상점일 이외에도 좋은 아내, 세 자녀의 좋은 어머니가 되기 위해 노력하고 있다.

□ **토의**

1. 리더십 행동연구를 적용하여 Susan Parks의 리더십 행동을 어떻게 설명하겠는가?

2. 무엇이 Susan Parks의 부하들에게 그런 같은 반응을 보이게 했는가?

3. Susan Parks는 리더십 유형을 바꿔야 한다고 생각하는가? 만약 그렇게 한다면 그녀는 더 효과적인 리더가 될 수 있는가?

리더십 행동이론은 특성이론과 마찬가지로 리더중심적 관점에서 연구가 진행되었지만 리더십 특성이론과는 접근방법이 다르다. 1940년대 이후 등장한 행동이론은 리더십 특성이론이 효과적인 리더의 특성을 제시하지 못함에 따라 효과적인 "리더들은 어떻게 행동할까?"라는 물음을 통해 리더십 행동 유형에 연구 초점을 맞추었다.

리더십 행동에 관한 연구는 Stogdill(1948)의 연구를 바탕으로 1940년대 말 오하이오 주립대학교와 미시간 대학교에서 주도하여 시작되었다. 리더십 행동연구가 시작된 이후 50년 동안 진행된 리더십 행동에 관한 연구들은 이 두 대학교에서 실시한 연구방법을 대부분 채택했다. 1960년대 초에는 Blake와 Mouton에 의해서 관리격자 이론으로, 일본에서는 PM이론으로 발전되어 진행되었다.

리더십 행동이론 연구는 다음과 같은 특징이 있다. 첫째, 리더십 행동이론의 연구 초점은 리더의 행동과 관련된 것이다. 둘째, 리더십 행동이론의 행동 유형은 과업지향적 행동, 관계지향적 행동, 변화지향적 행동으로 분류된다. 셋째, 리더십 행동연구에 의하면 리더십 행동을 측정한 후 필요한 리더십 행동 유형을 개선할 수 있는 훈련과 개발이 가능해졌다. 넷째, 리더십 행동연구는 리더십 행동 유형이 성과와 연관성을 일관되게 보여 주지 못함으로써 한계점을 지니고 있다.

아이오와 대학교의 리더십 연구는 "리더가 자신의 권한을 어떻게 사용하는가?"에 근거하여 리더를 세 유형으로 분류하고 있다. 첫째 리더 유형은 독재적 리더로, 집단을 위해 리더가 독단적으로 의사결정하고 그 결정된 사항을 부하에게 통보한다. 둘째 리더 유형은 민주적 리더로, 부하가 스스로 의사결정을 하도록 하고 리더는 부하들을 의사결정에 도달하도록 지원한다. 셋째 리더 유형은 자유방임적 리더로, 부하와 리더 간의 상호작용 관계가 독립적이며 자율적인 의사결정을 행한다.

미시간 대학교 리더십 연구는 두 가지 리더 유형을 제시하고 있다. 첫째, 직무중심적 리더로서 과업을 중요시하고, 생산방법과 절차 등 세부사항에 관심을 가지며,

공식적 권한과 권력에 비교적 많이 의존하면서 부하들을 치밀하게 감독하는 행동 유형이다. 둘째, 종업원중심적 리더로서 부하와의 관계를 중요시하고, 권한을 위임하며, 지원적 업무환경을 조성하며, 부하의 심리적·사적인 측면을 배려하는 행동 유형이다.

오하이오 주립대학교의 리더십 연구의 두 가지 차원의 행동은 구조주도와 배려이다. 연구에 사용된 LBDQ(Leader Behavior Description Questionnaire)는 리더십 행동 측정을 위해 현재도 널리 사용되고 있다. 오하이오 주립대학교 모형에서는 2개의 유형을 병립 가능한 개념으로 보았다.

Blake와 Mouton은 리더십 행동의 차원을 '사람에 대한 관심'과 '생산에 대한 관심' 차원에 근거한 리더의 행동 유형을 관리격자 이론으로 제시했다. 관리격자 이론은 각 축을 9개로 나누어 81개의 리더십 유형을 제시하였는데, 관리격자는 리더가 목적을 달성하는 데 중요하다고 생각하는 요인이 무엇인지를 보여 준다. (1.1)형은 무관심형, (9.1)형은 과업지향형, (1.9)형은 인간관계형, (5.5)형은 중간형, (9.9)형은 이상형의 리더 유형이다.

PM 리더십 모형은 1966년 일본의 학자들이 오하이오 주립대학교 연구의 개념을 기초로 개발한 리더십 개념으로 성과지향과 유지지향이라는 용어를 사용했다. PM 리더십 모형은 pm(저 성과−저 관계지향), pM(저 성과−고 관계지향), Pm(고 성과−저 관계지향), PM(고 성과−고 관계지향)의 네 가지 유형으로 분류하고 있다.

참고문헌

1) R. M. Stogdill, Personal factors associated with leadership: A survey of the literature, *Journal of Psychology 25*, 1948, pp.35-71.
2) G. Yukl, Leadership in Organizations, 6th ed., Pearson Prentice Hall, 2006.
3) G. Yukl, Leadership in Organizations, 6th ed., Pearson Prentice Hall, 2006. pp.66-76.
4) R. Tannenbaum & W. H. Schmidt, How to choose a leadership pattern, *Havard Business*

Review, 36(March-April), pp.95-101.

5) R. Likert, New patterns of management, New York: McGraw-Hill, 1961.

6) J. C. Taylor & D. Bowers, The survey of organizations: A machin scored standardized questionnaire instrument. Ann Arbor, Institute for Social Research, University of Michigan, 1972.

7) E. A. Fleishman & E. F. Harris, Patterns of leadership behavior related to employee Grievance and turnover, *Personnel Psychology 15,* 1962, pp.599-609.

8) J. K. Hemphill & A. E. Coons, Deveolplment of the leader behavior description questionnaire. In R. M. Stogdil & A. E. Coons(Eds.), *Leader behavior: Its description and measurement.* Cooumbus: Bureau of Business Research, Ohio State University, 1957, pp. 6-38.

9) 이상호, 경영학계의 주요 리더십 이론 및 국내 연구 활동, 인사관리연구(한국인사관리학회), 24(2), 2001. pp.1-40.

10) 백기복 · 신제구 · 차동옥, 한국 경영학계 리더십 연구 30년: 문헌 검증 및 비판, 경영학 연구(한국경영학회), 27(1), 1998, pp.113-156.

11) 강혜련, 리더십과 조직적응: 남녀관리자의 비교연구, 인사조직연구(한국인사조직학회), 6(2), 1998, pp.81-124.

12) R. R. Blake & J. S. Mouton, *The managerial Grid,* Houston, TX: Gulf Publishing, 1964.

13) R. R. Blake & A. A. McCanse, *Leadership dilemmas-grid solutions,* Houston, TX: Gulf Publishing, 1991.

14) 이관희, 신조직경영론, 경문사, 1990, p.156.

15) J. Misumi, *The behavioral science of leadership: An Interdisciplianry Japanese Research Program,* Ann Arbor, Mi: University of Michan Press, 1985.

16) P. G. Northhouse, *Leadership-Theory and Practice,* 4th ed., Sage London 2007, pp.86-87.

17) G. Yukl, *Leadership in Organizations,* 6th ed., Pearson Prentice Hall, 2006. pp.81-82.

18) P. G. Northhouse, *Leadership-Theory and Practice,* 4th ed., Sage London 2007, pp.82-83.

제 4 장

리더십 상황이론 I

● ● ● ●

학습목표

1. 행동이론과 상황적합이론의 차이점을 설명할 수 있다.
2. 상황적합이론의 변수를 설명할 수 있다.
3. Fiedler의 상황적합이론을 이해할 수 있다.
4. LPC 척도에 의해 자신의 리더십 유형을 측정할 수 있다.
5. Hersey와 Blenchard의 성숙도이론을 설명할 수 있다.
6. 상황 엔지니어링을 설명할 수 있다.
7. Fiedler이론과 Hersey와 Blenchard이론의 차이점을 비교할 수 있다.

1 상황적 접근의 배경

리더십 특성이론이나 행동이론들의 공통적 과제는 조직의 효과성을 높이는 데 적합한 이상적인 리더십 유형이나 형태를 발견하려는 것이었다. 그러나 이러한 연구들 중 어느 것도 모든 상황에서 효과적인 보편적 리더십 유형을 발견하지 못했다. 특성연구에서 결정적인 리더십 특성을 찾아내지 못한 것처럼 리더십 행동연구에서도 리더십 효과성과 일관되게 관련성을 가지고 있는 보편적 리더십 행동 유형을 도출해 내는 데 실패했으며, 어떻게 상황이 리더의 행동에 영향을 주느냐는 점을 간과했다.[1]

어떤 상황에서도 효과적인 리더십 유형을 찾는 것을 포기하고 리더십의 효과성과 유효성을 상황과 연계시키고자 등장한 것이 리더십 상황이론(situation or contigency theory)이다. 리더십 상황이론이란 리더가 구성원에게 주는 영향력이나 효과는 상황에 따라 상이하다는 개념에 기초한다.[2] 즉 어떤 상황에서는 리더의 특성이나 행동 유형이 구성원의 성과나 만족에 영향을 주지만 다른 상황에서는 영향을 주지 않는 것을 의미하며, 서로 다른 개인이나 집단은 서로 다른 리더십 유형을 선호한다는 점을 강조한다.[3]

상황이론에서의 주요 관심사는 지시형과 위임형 중에서 어느 한 유형이 더욱 효과적이냐 하는 점이 아니라, 지시형은 어떤 상황에서 더욱 적합한가를 도출해 내는 것이다. 리더십 상황연구는 리더에게 초점을 두는 것이 아니라, 리더와 구성원 그리고 조직이 처해 있는 상황에 초점을 두는 것이다.[4]

상황이론은 리더의 특성이나 행동 유형이 구성원과 조직에 미치는 영향을 조절해 주는 변수들을 파악하여 상황적합 관계를 설명하는 이론이다(〈그림 4-1〉 참조).

상황조절변수(situational moderator variable)란 리더의 특성이나 행동의 영향력을 증감시키는 변수를 말한다. 일반적으로 상황이론에서 고려되는 상황변수는 리더의 특성 또는 행동 유형, 구성원의 특성, 집단 및 조직의 특성, 과업의 특성 등이다. Tannenbaum

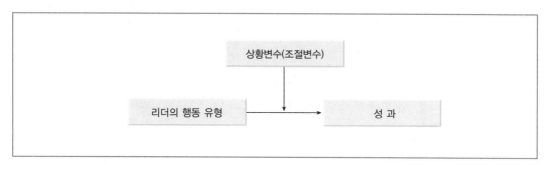

▶▷ 그림 4-1 상황적 접근의 변수 간 관계

과 Smith는 대표적 상황조절변수로 다음의 요소들을 언급하고 있다.

첫째, 리더 및 구성원의 행동특성으로 리더 및 구성원의 행동 유형에 영향을 미치는 성격, 욕구, 동기, 경험, 강화작용 등이 포함된다.

둘째, 집단 및 과업특성으로 과업의 구체성과 명확성, 집단의 규범, 구성원 간의 서열, 응집성 등 리더의 행동과, 효과에 영향을 미치는 요인들로 과업 성격과 조직의 발전단계 집단구조 등이 포함된다.

셋째, 리더의 권력기반, 조직 내 규율 절차, 조직구조, 조직의 목적 및 운영방침 의사결정 시 시간적 여유 등의 조직차원의 요소 등을 포함한다.

넷째, 리더-구성원 간의 관계 등이며 정리하면 〈표 4-1〉과 같다.

물론 주요 상황이론들이 위에서 언급한 상황요인을 공통적으로 포함하고 있지는 않다. Fiedler의 리더십 상황적합이론은 리더-구성원 관계 · 과업구조 · 지위권력

표 4-1 상황조절변수

구성원(followers)	리더(leader)	상황(situation)
능력	개인적 특성	과업
동기유발	행동	구조
	경험	환경

등을, Hersey와 Blenchard의 성숙도이론은 구성원의 유능성과 헌신성을, House 의 경로-목표 이론은 부하의 특성과 과업특성을, Vroom과 Yetton의 규범적 의사 결정 모형은 의사결정에서의 참여 정도를 상황변수로 채택하고 있다.

많은 상황이론이 존재하지만 이 책에서는 상황이론의 대표적 이론인 Fiedler의 리더십 상황적합이론, Hersey와 Blenchard의 성숙도이론, House의 경로-목표 이론, Vroom과 Yetton의 규범적 모형을 중심으로 제4장과 제5장에 걸쳐 설명하기로 한다.

2. Fiedler의 상황적합이론(1967년)

상황적합이론(contingency theory)이라 명명된 리더십 이론이 몇 가지 있지만, 그 중에서 가장 유명한 이론이 Fiedler의 리더십 상황적합이론이다.[5] 상황적합이론은 리더적합이론(leader-match theory)이라고도 부르는데, 이는 리더가 자신의 리더십을 상황에 적합시켜야 함을 의미한다.[6]

Fiedler는 1950년대 초기에 한 조사를 통해서 동료 작업자에 대한 리더의 지각이 리더십 유효성과 관련이 있을 것이라는 사실을 알게 되었다. 그는 1953년 일리노이 대학교에서 LPC라 불리는 태도 척도를 사용하여 리더 유형을 예측하려고 시도했으며, 그 후 10여 년간 동료 연구자들과 함께 다양한 집단을 대상으로 리더십 유효성 연구를 하여 상황적합 모형의 틀과 상황에 따른 효과적 리더의 가설을 도출하게 되었다.

Fiedler는 상황적합이론에서 리더십 유형과 상황변인들을 효과적으로 적합시키는 틀을 제공하고 있는데, 그는 집단의 성과가 리더십 유형과 상황의 호의성 간의 상호작용에 의해 나타나며 이에 따라 리더십의 효과성이 결정된다고 가정한다.

1) 리더십 유형

Fiedler는 리더 유형을 측정하기 위해 LPC 척도(Least Preferred Co-Worker

Scale)를 개발했다(제4장 측정도구 참조). 가장 함께 일하고 싶지 않은 동료를 생각하게 하여 18개 항목을 평가하는 기법인데, 채점 결과 가혹한 평가(57점 이하)를 하면 **과업지향적 리더**이고, 중간 정도의 평가(58~63점)를 하면 **사회독립적 리더**이며, 관대한 평가(64점 이상)를 하면 **관계지향적 리더**로 간주할 수 있다.

LPC 측정은 성격측정으로 시간이 지나도 쉽게 변하지 않는 경향이 있다. Fiedler의 LPC 설문에서 높은 점수를 받은 사람은 자신이 함께 일하기 가장 싫은 동료를 생각하고 평가했음에도 불구하고 상대적으로 관대하게 점수를 준 점에서 동료들과 좋은 관계를 형성하는 데 관심이 있는 관계지향적인 리더로 분석할 수 있으며, 반대로 낮은 점수를 받은 사람은 자신이 가장 함께 일하기 싫은 동료를 비호의적으로 기술한 점에서 과업목표와 생산성을 중시하는 과업지향적인 리더로 분류된다.[7]

낮은 LPC 점수를 받은 리더와 높은 LPC 점수를 받은 리더 중 어느 리더가 더욱 효과적인가라는 질문에 대한 답은 '상황에 따라 다르다'이다.[8] 즉 상황에 따라 과업지향적 리더가 효과적일 때도 있고, 관계지향적 리더가 효과적일 때도 있다.

2) 상황변수

Fiedler는 조직 상황이 리더에게 호의적인가 비호의적인가를 결정하는 변수로 다음의 세 가지 요인을 제시했다(〈표 4-2〉 참조).

첫째, 리더-구성원 관계(leader-member relations)이다. 이는 집단 분위기, 리더에 대한 신뢰의 정도, 호감도, 충성도 등을 가리킨다. 집단 분위기가 좋고 구성원이

표 4-2 Fiedler 이론의 상황변수

상황변수	정의
리더-구성원 관계	집단 분위기, 리더에 대한 신뢰 정도, 호감도, 충성도
과업구조	과업내용의 명확도, 수행절차의 공식화·구조화정도
지위권력	리더가 고용, 해고, 징계, 승진, 임금상승 등의 변수에 영향력을 행사하는 정도

리더를 신뢰하고 친밀하게 지내면 리더-구성원 관계는 좋은 것으로, 집단 분위기가 삭막하고 갈등과 마찰이 있으면 리더-구성원 관계는 좋지 않은 것으로 분석한다. 리더-구성원 관계가 좋을수록 상황은 더욱 호의적이다.

둘째, **과업구조**(task structure)이다. 이는 과업내용이 명확하며 수행절차가 공식화·구조화되어 있는 정도를 가리킨다. 고도로 구조화된 과업인 경우에는 과업수행 방법이나 절차가 종업원에게 명확히 이해되고 수행 여부도 명확히 파악할 수 있지만, 고도로 비구조화된 과업인 경우 과업수행 방식이나 결과 확인이 불분명해진다. 구조화된 상황에서의 리더가 영향력이 있으며, 작업이 구조화될수록 상황은 호의적이다.[9]

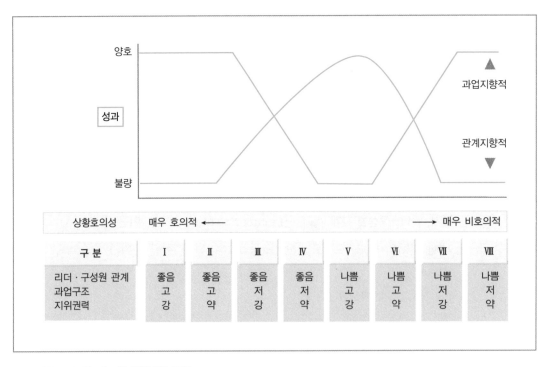

▶▷ 그림 4-2 Fiedler의 상황적합 모형

자료 : Fred E. Fiedler, The effects of Leadership and experience, a Contingency Model Interpretation, *Administrative Science Quarterly 17*, 1972, p.455.

셋째, **지위권력**(position power)이다. 이는 리더가 고용, 해고, 징계, 승진, 임금상승 같은 변수에 영향력을 행사하는 정도를 가리킨다. 만약 리더가 이에 관한 권한을 크게 가질수록 리더의 지위권력은 강력하다고 할 수 있고, 권한이 없다면 그의 지위권력은 약하다고 말할 수 있다. 권력이 클수록 상황은 더욱 호의적이다.

Fiedler 모형의 다음 단계는 이 세 가지 상황요인들이 결합된 여러 상황이 리더에게 얼마나 호의적인가를 나타내는 **상황호의성**(favorableness of the situation)을 분석하는 것이 필요하다. Fiedler는 리더-구성원 관계, 과업구조, 지위권력 각 요소를 2등분한 후 여덟 가지(I~VIII)의 상황을 도출했고, 각 상황에 맞는 리더의 유형을 제시했다(〈그림 4-2〉 참조).

리더십 효과성은 리더의 유형과 상황 호의성 간의 적합성에 의해 결정되는데, 과업지향적 리더는 매우 호의적 상황(I~III)과 매우 비호의적인 상황(VII, VIII)에서 우수한 성과를 내며, 관계지향적 리더는 다소 호의적인 중간 상황(IV~VI)에서 효과적이라는 결과를 도출했다. 예를 들어 리더-구성원의 관계가 좋고 구조화가 되어 과업 수행절차나 방법이 명확하며, 리더의 지위권력이 강한 경우(상황 I)라면 Fiedler의 연구결과는 과업지향적인 리더가 우수한 성과를 낸다고 보았다.

Fiedler의 주장에 따르면 리더십의 효과를 높이기 위해서는 두 가지 선택이 가능하다. 먼저 리더의 행동 유형을 바꾸는 것으로 리더십 개발을 위한 교육·훈련의 실행을 통해 가능하다. 다음으로 상황을 바꾸는 것이 가능한데 상황에 해당하는 리더-구성원의 관계, 과업구조, 지위권력을 변화시키는 **상황엔지니어링**(situational engineering)을 들 수 있다.

Fiedler는 두 방법 중 리더가 상황 호의성에 따라 행동 유형을 적응하는 방법을 교육하는 것은 장려하지 않으며, 오히려 리더가 처한 상황을 변화시키는 것이 쉽다고 주장한다. 그는 'leader match program'을 통해 자신의 LPC 점수에 맞도록 상황 호의성을 바꾸는 방법을 〈표 4-3〉과 같이 제시하고 있다.[10]

표 4-3 상황 호의성 변환방법

구분	내용
리더-구성원 관계 변환	구성원과 함께하는 시간을 조절함(증가 또는 감소)
	과업 이외의 활동 추진(체육대회, 등산 등)
	집단 내 믿을 만한 사람에게 자기편에 서달라고 주문함
	구성원에게 줄 보상(특별보너스 등)을 확보함으로써 사기를 높임
	구성원과 정보를 공유함
과업구조 변환	과업절차, 가이드 등을 마련함
	추가적인 훈련을 요청함
	해결할 문제를 찾아냄
직위권력 변환	직위의 잠재적 권한을 행사함
	구성원들의 과업에 전문가가 됨
	구성원들이 받는 정보의 양과 유형을 통제함
	권한위임, 의사결정에 참여시킴

자료 : F. E Fiedler & M. M. Chemers, *Improving Leadership Effectiveness,* New York: John Wiley & Sons, 1984, pp.179-184 수정.

3) 상황적합이론의 특성

(1) 상황적합이론의 강점

첫째, 상황이 리더에 미치는 영향을 강조한 리더십이론이다.[11] 이전의 리더십이론 (특성·행동연구)이 최선의 리더십이 무엇인가에 초점을 두었다면 상황적합이론은 리더십 상황을 중시했고, 리더-상황 간의 적합관계를 중시했다.

둘째, 수많은 실증연구들이 이루어졌다. Fiedler(1972), Green과 Nebeker(1977), Schneider(1978), Rice(1981) 등의 학자들뿐 아니라 우리나라에서도 한국의 문화적 특성을 고려하여 상황 호의성을 주제로 한 많은 연구들이 이루어졌다.[12]

셋째, 특정 상황에서 리더십 효과성을 예측하고 관리할 수 있는 가능성을 열어 두 었으며, 특정 리더가 모든 상황에서 효과적일 수 없다는 것을 주장한다.

넷째, LPC 척도에 의해 유용한 정보를 제공하고 있다. 리더십 유형과 적합한 상황에 리더를 배치해야 하며, 잘못된 상황에서 일하는 경우 리더의 상황을 변경하는 '상황엔지니어링'을 실시하든가, 리더를 다른 상황으로 이동시키도록 개선해야 할 것이다.

(2) 상황적합이론의 비판점

첫째, LPC 척도의 표면 타당성과 실행 가능성에서 문제점이 드러났다.[13] LPC 점수를 기초로 많은 기초 연구가 이루어졌지만, LPC 점수가 리더십 효과성과 어떻게 관련되어 있는지를 설명하는 데는 역부족이며, 단지 인지복잡성이나 리더의 동기 차이에서 기인되리라는 추측이 있을 뿐이다.

둘째, 실제로 사용하는 데 용이하지 않다. 리더의 행동 유형을 LPC 척도로 측정하고, 세 가지 상황변수로 상황을 분석하는 과정에서 주관적 판단의 한계가 나타나게 된다.

(3) 적용[14]

당신이 속한 가정을 이끄는 가장의 리더십을 우리가 배운 상황적합이론을 적용하여 다음 순서대로 분석해 보자.

① 각자 자기 집의 가장이 누구인지를 한 사람 정한다(아버지, 어머니, 언니, 본인 등).
② 가장의 리더십을 상황이론이 제시하는 유형을 중심으로 분석한다(자신의 느낌으로 분석해도 좋고 설문을 이용해도 좋다).

상황적 리더십 이론들	우리집 가장의 리더십 유형	판단 근거
Fiedler 이론		

③ 가장을 둘러싼 상황변수들을 진단해 보자. 예를들어 Fiedler의 경우 가장-가족 간 관계, 가정의 과업구조화 정도, 가장의 지위권력 등에 대해 각각 좋음-나쁨, 고-저, 강-약 등으로 진단해 보자.

상황적 리더십 이론들	가장을 둘러싼 상황변수를 진단	판단 근거
Fiedler 이론		

④ 각 이론 차원에서 ②에서의 유형이 ③에서 진단한 상황변수와 적합한지 평가해 보자. 만약 다르다면 어떤 유형이 적합한지 찾아보고, 어떻게 바람직한 상태로 만들 수 있는지 말해 보자.

- 적합 여부 :
- 적합한 리더 유형 :
- 변환방법 :

3. Hersey와 Blenchard의 성숙도이론(SLII 모형)(1977년)

Hersey와 Blenchard의 성숙도이론은 부하의 성숙도 정도에 따라 리더십 유형을 달리해야 한다는 이론이다. 이 이론은 Reddin의 3D이론(3D management style theory)을 바탕으로 개발된 이론인데 처음 발표한 이후 여러 번 개정을 거듭해 왔다(Blenchard, Zigarmi & Nelson, 1993; Blenchard, Zigarmi & Zigarmi, 1985; Hersey & Blenchard 1977, 1988).[15] 성숙도이론은 원래는 '리더십의 일생주기이론(life cycle theory of leadership)'이라고 했으나, 이후에 '상황적 리더십이론

(Situational Leadership : SL)'이라 불렸으며, 일반인들에게는 '상황적응 리더십' 또는 일명 '성숙도이론'으로 불리기도 한다.

성숙도이론은 이후에 K. Blenchard와 P. Blenchard 등에 의해 상황적 리더십 이론 II(Situational Leadership II : SLII) 모형이 완성되는데, 이는 Hersey와 Blenchard(1969)가 개발한 원래의 성숙도이론 모형을 발전시킨 이론이며, 이 책에 서는 SLII 모형을 중심으로 설명하지만 독자의 이해를 돕기 위해 이하 성숙도이론 으로 지칭하고자 한다. 성숙도이론은 다음과 같이 리더십 유형과 부하의 발달수준 으로 나누어 설명할 수 있다(〈그림 4-3〉 참조).

1) 리더십 유형

리더의 행동 유형은 오하이오 대학교 연구에서의 과업지향 행동과 관계지향 행동의 두 축을 중심으로 지시형, 코치형, 지원형, 위임형 등 네 가지 리더십 유형으로 나눌 수 있다.[16]

첫 번째 유형은 지시형(directing style : S1)이다. 이는 높은 지시−낮은 지원의 행동 유형으로, 주로 일방적 의사소통에 의존하며 의사소통의 초점이 목표 달성에 맞춰져 있다. 이 같은 유형의 리더는 구성원들이 행할 목표기준과 작업방법 등을 제 시하고 작업 활동을 감독하는 특징을 보인다.

두 번째 유형은 코치형(coaching approach : S2)이다. 이는 높은 지시−높은 지원 의 행동 유형으로, 리더는 결정된 사항을 구성원에게 알려주고 구성원의 참여를 권 장하고 아이디어 제출을 독려하는 등 쌍방적 의사소통이 이루어진다. 의사소통의 초점을 목표 달성과 사회정서적 지원 양쪽에 둔다.

세 번째 유형은 지원형(supporting approach : S3)이다. 이는 낮은 지시−높은 지원 행동 유형이다. 리더가 과업행동보다 관계행동에 더욱 집중하는데, 지원적 행 동(경청, 아이디어 제출, 독려, 칭찬, 인정, 피드백 제공 등)을 통하여 구성원들이 능

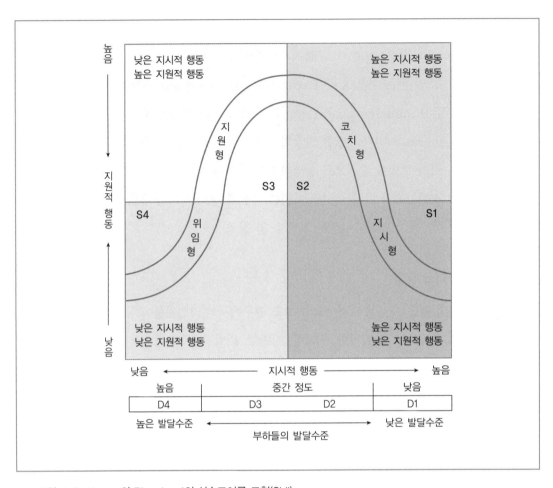

▶▷ 그림 4-3 Hersey와 Blenchard의 성숙도이론 모형(SLII)

자료 : Blanchard, *Management Corporation, Leading at a Higher Level*, Pearson Prentice Hall, 2007, p.187 수정.

력을 발휘하도록 동기유발에 힘쓴다.[17] 정형적 의사결정은 부하에게 위임하고 참여를 통해 구성원들이 성장하고 개발할 수 있도록 한다.

　네 번째 유형은 위임형(delegating approach : S4)이다. 이는 낮은 지시-낮은 지원의 행동 유형이다. 리더는 과업완수를 위한 지시나 불필요한 사회적 지원을 줄이고, 과업수행 방법과 책임을 부하에게 위임한다.

2) 상황변수(부하 발달수준, 부하 성숙도)

Hersey와 Blenchard의 상황요인은 **구성원의 발달수준**(maturity, readiness)이다. 초기 연구에서는 능력과 의지를 가지고 구성원의 성숙도를 측정했으나, 이후 SLII 모형에서는 유능성(competence)과 헌신성(commitment) 정도로 측정했다. 유능성은 특정 과업을 수행하기 위해 필요한 기술이나 역량을 가지고 있는 정도로, 헌신성은 과업수행을 하는 긍정적 태도와 자신감 그리고 동기유발 여부로 설명할 수 있다.[18] 유능성과 헌신성을 중심으로 구성원들은 네 가지 범주의 발달수준으로 분류될 수 있다.

〈그림 4-3〉의 아래 부분에 있는 D1~D4는 성숙도 또는 발전단계를 나타낸다. 즉 어떤 특정한 과업수행에서 구성원들은 낮은 발달수준 D1에서 높은 발달수준 D4까지 네 가지로 정리할 수 있다(〈표 4-4〉 참조).

D1에서의 구성원은 **유능성은 낮고 헌신성은 높은 경우**이다. 주어진 과업에 미숙하고 과업의 수행방법을 정확하게 모르지만 과업수행에 도전감과 흥미를 갖고 있다. 이러한 경우 높은 지시-낮은 지원의 지시형 리더가 적합하다.

D2에서의 구성원은 **약간의 유능성과 낮은 헌신성을 갖고 있는 경우**이다. 직무수행 방법을 배워 약간의 유능성은 있지만 처음의 일에 대한 도전감과 흥미를 잃고 동기 유발 수준이 낮은 상태이다. 이러한 경우는 높은 지시-높은 지원의 코치형 리더가 적합하다.

D3에서의 구성원은 **중간 정도에서 높은 정도의 유능성은 있으나 아직 헌신성이 부족한 경우**이다. 직무수행 기술 수준은 높으나 과업완성에의 자신감은 결여되어 있다. 이

표 4-4 구성원의 발달수준

D4	D3	D2	D1
유능성 높음 헌신성 높음	유능성 중간~높음 헌신성 낮음	약간의 유능성 헌신성 낮음	유능성 낮음 헌신성 높음

러한 경우에는 낮은 지시-높은 지원의 지원형 리더가 적합하다.

D4에서의 구성원은 최고 수준의 유능성과 직무완성을 위한 높은 헌신성을 갖고 있는 경우이다. 이러한 경우에는 낮은 지시-낮은 지원의 위임형 리더가 적합하다.

리더가 효과적인 리더십을 발휘하려면 구성원들의 발달단계가 어느 정도인가를 진단하여 자신의 리더십 유형을 발달수준에 적합시키는 것이 중요하다. 즉 상황의 특성을 진단하여 그의 리더십 유형을 SLII 모형에서 처방하고 있는 리더십 유형에 적응시키는 것이다.[19]

개념적용

성숙도이론(SLII)의 리더 유형

각 상황에 가장 적합한 리더 유형은 무엇이겠는가?

a. 지시형   b. 코치형   c. 지원형   d. 위임형

1. 직무수행 방법을 배워 약간의 유능성은 있지만 처음보다 일에 대한 도전감과 흥미를 잃고 동기 유발 수준이 낮은 상태 (   )
2. 최고 수준의 유능성과 직무완성을 위한 높은 헌신성을 갖고 있는 경우 (   )
3. 과업에 미숙하고 과업의 수행방법을 정확하게 모르지만 과업수행에 도전감과 흥미를 갖고 있다. (   )
4. 직무수행 기술 수준은 중간 또는 높으나 과업완성에의 자신감은 결여되어 있다.(   )

정답 1. 코치형   2.위임형   3.지시형   4.지원형

---

3) 성숙도이론의 특성

(1) 성숙도이론의 강점

첫째, 강한 실용성이다. 기업뿐 아니라 학교, 가정 등 다양한 상황에서 쉽게 응용될 수 있다는 점이다.

둘째, 리더 행동의 융통성과 적응성을 강조하고 있다. 리더가 구성원의 발달수준

을 알아내고 상황에 따라 리더 행동을 적응시켜야 한다는 점을 강조하고 있다.

셋째, 리더 행동을 처방하고 있다. 여러 상황에서 지향해야 할 행동과 지양해야 할 행동을 말해 주고 있다. 유능성이 낮을 경우에는 지시적 행동을, 헌신성이 낮은 경우에는 지원적 행동을 제시하고 있다.

(2) 성숙도이론의 비판점

첫째, 성숙도라는 단지 하나의 상황변수에 의존한 점과 구성원들의 성숙도에 대한 모호한 개념화이다. 유능성과 헌신성을 기준으로 어떻게 네 가지 발달수준이 형성되는가에 대한 명확한 설명이 없다. 각각의 요소에 가중치가 어떻게 부여되고, 또 그 요소들이 어떻게 결합되었는지에 관한 기준이 없다.

둘째, 이 접근법의 가설이나 명제를 증명하기 위한 실증연구가 부족하다.

셋째, 네 가지 리더십 유형과 구성원의 발달단계의 결합에 대한 타당성 문제이다. 이후 Vecchio의 연구결과는 리더십 모형에서 제시하는 기본적 적합의 타당성을 입증하는 데 실패하고 있다.

넷째, 많은 상황요인과 교육, 경험, 나이, 성별 등의 인구통계적 변수를 무시하고 있다.

참고로 초기의 상황적 리더십이론은 구성원의 성숙도와 그에 적합한 리더십 행동 유형을 다음과 같이 설명하고 있다.

D4	D3	D2	D1
능력 높음 의지 높음	능력 높음 의지 낮음	능력 낮음 의지 높음	능력 낮음 의지 낮음

(3) 적용[20]

당신이 속한 가정을 이끄는 가장의 리더십을 우리가 배운 Hersey와 Blenchard의 성숙도이론을 적용하여 다음 순서대로 분석해 보자.

① 각자 자기 집의 가장이 누구인지를 한 사람 정한다(아버지, 어머니, 언니, 본인 등).

② 가장의 리더십을 상황이론이 제시하는 유형을 중심으로 분석한다(자신의 느낌으로 분석해도 좋고 설문을 이용해도 좋다).

상황적 리더십 이론들	우리집 가장의 리더십 유형	판단 근거
Hersey & Blanchard 이론		

③ 가장을 둘러싼 상황변수들을 진단해 보자. 예를 들어 Hersey와 Blenchard 경우 가족 구성원의 유능성과 헌신성 등에 대해 진단해 보자.

상황적 리더십 이론들	가장을 둘러싼 상황변수들	판단 근거
Hersey & Blanchard 이론		

④ 각 이론 차원에서 ②에서의 유형이 ③에서 진단한 상황변수와 적합한지 평가해 보자. 만약 다르다면 어떤 유형이 적합한지 찾아보고, 어떻게 바람직한 상태로 만들 수 있는지 말해 보자.

- 적합 여부 :
- 적합한 리더 유형 :
- 변환방법 :

측정도구[21)

[LPC 척도]

항 목	척 도								항 목
쾌활한	8	7	6	5	4	3	2	1	쾌활하지 못한
친절하고 다정	8	7	6	5	4	3	2	1	불친절하고 다정하지 못한
거부적인	1	2	3	4	5	6	7	8	수용적인
긴장하고 있는	1	2	3	4	5	6	7	8	여유가 있는
거리가 있는	1	2	3	4	5	6	7	8	친근한
냉담함	1	2	3	4	5	6	7	8	다정한
지원적인	8	7	6	5	4	3	2	1	절대적인
따분해하는	1	2	3	4	5	6	7	8	흥미가 있는
싸우기 좋아하는	1	2	3	4	5	6	7	8	조화로운
우울한	1	2	3	4	5	6	7	8	즐거워하는
개방적인	8	7	6	5	4	3	2	1	폐쇄적인
험담 잘하는	1	2	3	4	5	6	7	8	관대한
신뢰할 수 없는	1	2	3	4	5	6	7	8	신뢰할 만한
사려 깊은	8	7	6	5	4	3	2	1	사려 깊지 못한
심술 굿고 비열한	1	2	3	4	5	6	7	8	신사적인
마음에 맞는	8	7	6	5	4	3	2	1	마음에 맞지 않는
성실하지 않는	1	2	3	4	5	6	7	8	성실한
친절한	8	7	6	5	4	3	2	1	불친절한

[측정요령]

우선 자신이 다른 사람과 함께 목표 달성을 위해 일한 경험(직장, 동아리, 교회, 봉 사 단체, 운동경기 등)을 떠올린다. 어떤 동료나 부하와는 함께 일하는 것이 즐겁고 유쾌 했지만, 어떤 동료나 부하와는 어렵고 불유쾌한 경험이 있을 것이다. 그중 가장 함께 일하고 싶지 않은 사람을 생각해 보자. 감정적으로 가장 싫은 사람이 아니라, 다만 일하기가 가장 어려웠던 사람을 생각하고 각 문항을 빠른 속도로 답하기로 한다.

[결과해석]

57점 이하(낮은 LPC 점수) : 자신이 과업지향적임을 의미

58~63점(중간 정도 LPC 점수) : 자신이 독립적임을 의미

64점 이상(높은 LPC 점수) : 자신이 관계지향적임을 의미

[자신의 결과]

① LPC 점수 : (　　　)점

② 나의 리더십 행동 유형 : (　　　)

③ 다른 사람과 비교해 보자.

 사례 1　통제력 부재의 학생회(Fiedler이론 적용)[22]

Tamara Popovich는 그녀가 다니는 지방대학 학생회 회장으로 당선되었다. 그녀는 학생회 멤버들을 좋아하고 그들도 그녀를 좋아하는 것 같다. 회장으로서 그녀의 첫 번째 일은 학생들의 컴퓨터 사용료에 대한 새로운 정책을 개발하는 것이다. 컴퓨터 요금에 대한 일은 이번이 첫해이고, 정책에 포함되어야만 하는 특별한 가이드라인이 존재하지 않는다. 학생회 멤버들은 학생대의원회에 의해 선출되었기 때문에 Tamara는 그들이 일하는 방식에 대해 통제권이 없다. 그녀는 그들에 대해 보상이나 처벌할 방법이 없다. Tamara가 수강했던 리더십강좌에서 LPC 설문지를 한 결과는 98점이었다.

□ 토의

1. 학생회장으로서 Tamara는 어떻게 할 것인가?

2. LPC 점수 결과에 따르면 그의 일차적 욕구는 무엇인가?

3. 이와 같은 욕구는 컴퓨터 사용료 정책개발을 위한 그녀의 능력에 어떤 영향을 미치게 될 것인가?

4. Tamara는 그녀의 리더십 유형에 적합시키기 위해 상황을 어떻게 변화시킬 수 있을까?

 사례 2 이세진 씨의 고민

이세진 씨는 대학캠퍼스 라디오방송국(SMR) 프로그램 진행자이다. SMR은 긴 역사와 교수 학생들의 사랑을 받고 있다. 학생들은 SMR에서 일하는 것을 가장 선호하며 SMR에서 일하도록 채용된 신입생들은 거의 유능성도 높고 고도로 동기유발된 학생들이다. 그들은 사회에 나가기 전에 직접 미디어매체에서 실습도 하고 어느 정도 라디오 방송의 업무능력에 자신하고 있다.

그러나 그들은 대부분 방송의 법률적 책임이나 사회적 책임에 대한 충분한 이해가 부족한 상태이다. 이세진 씨는 매 학기 신입생들을 훈련시키고 있다. 방송 중에 뉴스, 음악, 스포츠, 그 외 라디오 프로그램을 진행할 때 SMR 규칙과 절차를 따르도록 교육하나, 매 학기마다 학생 아나운서들이 이 규칙을 위반하는 많은 경우가 생기고 있다. 예를 들어 1학년 학생이 오후프로의 디스크자키를 하면서 '학교앞 모 음식점이 오늘 개업을 하며 특별할인을 하니 누구나 한번 가보라'는 식의 방송을 하였다. 이는 SMR 규칙의 위반이고 문제 발생의 소지가 있다.

이세진 씨는 이런 일이 생길 때마다 매우 곤혹스럽다. 왜 이런 일이 계속 일어나는가? 자신이 SMR 규칙을 준수하는 것이 필수적이라는 메시지를 학생들에게 잘 전달하지 못하는 것은 아닌가? 자신의 리더십 스타일에 대해 곰곰이 생각하게 된다.

매 학기 그녀는 학생들에게 SMR 정책과 업무절차에 관한 인쇄물을 나누어 주고, 신임 DJ를 돕는 데 많은 노력을 기울이고 있다. 또한 방송국 내에서 좋은 분위기와 인간관계를 조성하는 데 중점을 두며, 학생들의 능력과 동기수준을 알기 때문에 그들이 방송국에서 원하는 것을 대부분 허용한다. 학생들은 매번 이세진 씨가 훌륭한 조언자라고 말한다.

□ 토의

1. SMR의 문제점은 무엇인가?
2. SL II에 기초하여 귀하가 이세진 씨에게 다르게 행동하라고 조언한다면?
3. SMR 규칙 위반횟수를 줄이기 위해 채택할 수 있는 행동계획은 무엇인가?

요약

리더십의 효과성을 상황과 연계시키고자 등장한 것이 리더십 상황이론이다. 리더십 상황연구는 리더에게 초점을 두는 것이 아니라, 리더와 부하 그리고 조직이 처해 있는 상황에 초점을 두는 것이다.

상황이론은 리더의 특성이나 행동 유형이 구성원이나 조직에 미치는 영향을 조절해 주는 변수들을 파악하여 상황적합 관계를 설명하는 이론인데, 상황조절변수란 리더의 특성이나 행동의 영향력을 증감시키는 변수를 말한다. 상황이론에서 고려되는 상황변수는 리더의 특성 또는 행동 유형, 구성원의 특성, 집단 및 조직의 특성, 과업의 특성 등이다.

이 책에서는 상황이론의 대표적 이론으로서 Fiedler의 상황적합이론, Hersey와 Blenchard의 성숙도이론(SLII 모형), House의 경로−목표 이론, Vroom과 Yetton의 규범적 의사결정 모형을 설명한다.

Fiedler의 상황적합이론은 리더십 유형과 상황변수들을 효과적으로 적합시키는 틀을 제공하고 있는데, 집단의 성과는 리더십 유형과 상황 호의성 간의 상호작용에 의해 나타나며 이에 따라 리더십의 효과성이 결정된다고 가정한다.

Fiedler는 리더 유형을 측정하기 위해 LPC 척도(Least Preferred Co-Worker Scale)를 개발했고, 가혹한 평가(57점 이하)를 하면 과업지향적 리더이고, 관대한 평가(64점 이상)를 하면 관계지향적 리더로 간주했다.

Fiedler는 세 가지 상황요인들이 결합된 여러 상황이 리더에게 얼마나 호의적인가를 나타내는 상황 호의성을 분석했는데, 리더-구성원 관계·과업구조·지위권력 등 세 요소를 각각 2등분한 후 여덟 가지(I~VIII)의 상황을 도출했다. 리더십 효과성은 리더의 유형과 상황 호의성 간의 적합성에 의해 결정되는데, 과업지향적 리더는 매우 호의적 상황(I~III)과 매우 비호의적인 상황(VII, VIII)에서 우수한 성과를 내며, 관계지향적 리더는 다소 호의적인 중간상황(IV~VI)에서 효과적이라는 결과를 도출했다.

Hersey와 Blenchard의 성숙도이론(SLII 모형)은 구성원의 성숙도 정도에 따라 리더십 유형을 달리해야 한다는 이론이다. 이 이론은 구성원의 성숙도를 상황변수로 보았으며, 리더의 행동 유형은 지시형, 코치형, 지원형, 위임형 등 네 가지 리더십 유형을 제시했다.

유능성과 헌신성을 중심으로 구성원들은 다음 네 가지 범주의 발달수준으로 분류될 수 있다.

D1에서의 구성원은 유능성은 낮고 헌신성은 높은 경우로 높은 지시-낮은 지원의 지시적 리더가, D2에서의 구성원은 약간의 유능성과 낮은 헌신성을 갖고 있는 경우로 높은 지시-높은 지원의 코치형 리더가, D3에서의 구성원은 중간 정도에서 높은 정도의 유능성과 낮은 헌신성의 경우로 낮은 지시-높은 지원의 지원형 리더가, D4에서의 구성원은 최고 수준의 유능성과 직무완성을 위한 높은 헌신성을 갖고 있는 경우로 낮은 지시-낮은 지원의 위임형 리더가 적합하다.

리더가 효과적인 리더십을 발휘하려면 구성원들의 발달단계가 어느 정도인가를 진단하여 자신의 리더십 유형을 발달수준에 적합시키는 것이 중요하다.

참고문헌

1) Jennifer M. George& G. R. Jones, *Understanding and Managing Organizational Behavior*, 5th ed., Pearson Prentice Hall, 2008, p.397.

2) Rae Andre, *Organization Behavior,* Pearson Prentice Hall, 2008, p.294.

3) J. C. Satora, *Managing Open Employees: Do Resources and Leadership Style Matter?,* Academy of Management Perspectives 21(3), 2007, p. 83.

4) Richard L. Daft, *The Leadership Experience,* Tomson South-Western, 4th ed, 2008, p.64.

5) F. E. Fiedler & M. M. Chemers, *Improving Leadership Effectiveness: The leader Match Concept,* 2nd ed., 1984.

6) P. Hersey & Blenchard, *Management of Organizational behavior,* Englewood Cliffs, NJ: Prentice-Hall, 1988.

7) S. P. Robbins, *Organizational Behavior,* 11th ed. Pearson Prentice-Hall, 2005, p.339.

8) Jerald Greenberg & Robert A. Baron, op, cit, 2008, p.521.

9) Achau & Lussier, *Effective Leadership.* South-Western Cengage Learning, 4th ed. 2010, p.142.

10) F. E. Fiedler & M. M. Chemers, *Improving Leadership Effectiveness,* New York: John Wiley & Sons. 1984, pp.179-184.

11) F. E. Fiedler, *A Theory of Leadership Effectiveness,* New York: McGrari-Hill, 1967.

12) 이상호, 경영학계의 여러 리더십이론 및 국내연구동향, 한국인사관리학회, 2001, p.9.

13) D. Hosking, *A Critical Evaluation of Fiedler's Contingency Hypotheses,* Progress in Applied Psychology, 1981, p.103.

14) 백기복, 리더십리뷰, 창민사, 2005, pp.133-134 수정.

15) P. G. Northouse, *Leadership,* SAGE Publications, 4th ed, 2007, p.91.

16) P. G. Northouse, op. cit., p.93.

17) Ken Blanchard, Management Corporation, *Leading at a Higher Level,* Pearson Prentice Hall, 2007, p.188.

18) P. G. Northouse, op. cit., p.94.

19) Ken Blanchard, Management Corporation, op. cit., p.89.

20) 백기복, 리더십리뷰, 창민사, 2005, pp.133-134 수정.

21) F. E. Fiedler, *Improving Leadership Effectiveness,* New York, John Wiley & Sons, Inc., 1976, pp.6~24 수정

22) Peter G. Northouse, *Leadership.* Sage Publication, Inc., 2007, p.121.

제 5 장

리더십 상황이론 Ⅱ

학습목표

1. House의 경로–목표 이론을 이해할 수 있다.
2. 경로–목표 이론의 네 가지 리더 유형을 말할 수 있다.
3. 부하특성에 따라 효과적인 리더십 유형을 알 수 있다.
4. 환경특성에 따라 효과적인 리더십 유형을 알 수 있다.
5. 경로–목표 이론 설문지를 통해 자신의 리더 유형을 파악할 수 있다.
6. Vroom과 Yetton의 규범적 의사결정론을 설명할 수 있다.
7. 의사결정 나무를 설명할 수 있다.

1. House의 경로-목표 이론

House의 경로-목표 이론(path-goal theory)은 어떻게 리더가 구성원들을 동기 유발시켜 설정된 목표에 도달하도록 할 것인가에 관한 이론이다. Evans 이론을 기초로 하여 R. House에 의해 개발된 이론이며,[1] 목표설정이론과 Vroom의 기대이론을 근거로 완성되었다.

경로-목표라는 용어는, 효과적 리더는 구성원들의 목표(보상)와 목표 달성 경로를 분명히 하여 목표에 대한 기대를 높여 주고, 목표를 향한 가장 효과적이며 빠른 경로를 제시하며, 목표 달성을 용이하게 하는 상황적 조건을 조성함으로써 그 경로를 보다 쉽게 따라갈 수 있게 해 준다는 데서 유래되었다.

House는 구성원들이 효과적으로 목표에 도달하기 위해서는 목표를 명확하게 제시하고, 도달할 수 있는 경로를 분명하게 하며, 목표 달성 과정에 나타나는 장애물을 제거해 주고, 지시나 지원 등을 제공하는 것이 리더의 직무라고 강조했다(〈그림 5-1〉 참조).

경로-목표 이론은 기대이론(expectancy theory)의 가정을 근거로 한다.[2]

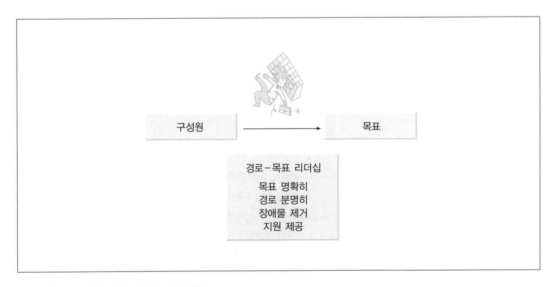

▶▷ 그림 5-1 경로-목표 이론의 기본개념

Vroom은 기대이론에서 "동기부여의 정도는 행위의 결과에 대한 매력의 정도(유의성)와 결과의 가능성(기대) 그리고 성과에 대한 보상 가능성(수단성)의 함수에 의해 결정된다"고 주장했다. House는 리더의 노력 → 성과, 성과 → 보상에 대한 기대감, 유의성 관계를 중심으로 리더십 과정을 설명한다.[3]

이 이론이 리더에게 주는 지침은 구성원들의 동기부여를 위해 그들의 필요에 적합한 리더십 유형을 적용하는 것이다.

리더 행동 유형과 3개의 상황변수 간의 적합을 강조하는 상황적합이론(Fiedler 이론)과는 달리, 그리고 리더 행동을 구성원들의 성숙도에 적용시켜야 한다는 성숙도이론(Hersey와 Blenchard 이론)과는 다르게, 경로−목표 이론은 리더의 행동 유형과 상황변수로서의 부하의 특성 및 과업환경 간의 관계를 강조하고 있다.

House는 〈그림 5−2〉에서 리더십 유형을 네 가지(지시적, 지원적, 참여적, 성취지향

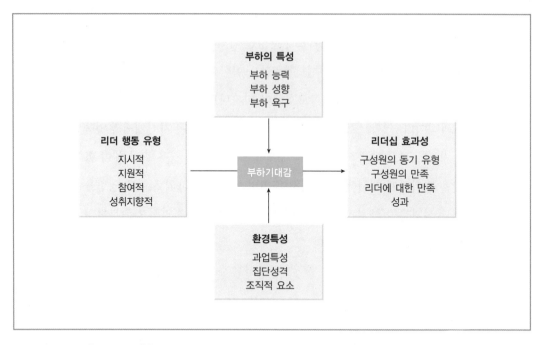

▶▷ 그림 5-2 경로−목표 이론

자료 : S. L. McShane & M. A. Von Glinow, *Organizational Behavior*, Irwin, McGraw-Hill, 2000, p.444.

적)로 구분하고, 구성원들이 리더에게 바라는 두 가지 상황적 요인(부하특성, 과업환경)을 결합시켜 리더십의 효과성을 결정짓는 경로모형을 제시하고 있다.

1) 리더 행동 유형

경로-목표 이론에서 중요시되는 리더 행동은 이 이론의 초기에 검증되었던 다음의 네 가지 행동을 들 수 있다.[4] 초기 이론에서는 지시적 · 지원적 행동만을 다루었으나, House와 Mitchel(1974)의 수정 이론에서 참여적 · 성취지향적 리더 행동이 추가되었다.

(1) 지시적 행동

지시적 행동(directive behavior)은 오하이오 주립대학교 연구에서의 구조주도 행동 또는 성숙도이론에서의 지시적 행동 유형과 유사하다. 리더의 지시적 행동은 구성원들에게 과업수행에 대한 지시를 하고, 기대되는 목표치와 과업수행 방법을 말해 주며, 과업 완성시기를 제시하고, 분명한 업적기준을 정해 주며, 구성원들이 지켜야 할 규칙 등을 명확히 알려 주는 행위를 포함한다.[5]

예를 들어, 조직에서 역할모호성이 나타나면 리더의 지시적 행동은 구성원에게 효과적이다. 역할모호성이 존재하는 경우에 구성원은 자신에게 무엇을 기대하고 있는지 모르므로 효과적인 과업을 수행할 수 없다. 이 경우 그가 해야 할 구체적인 역할을 명확하게 제시해 주는 지시적 리더 행동은 부하의 노력에 영향을 주고 노력의 결과 성과를 이룰 수 있다는 기대감을 증대시키며, 결과적으로 부하의 직무만족 등에 긍정적 영향을 줄 수 있다.

(2) 지원적 행동

지원적 행동(supportive behavior)은 오하이오 주립대학교 연구에서의 배려행동과 유사하다.[6] 구성원의 복지와 욕구에 관심을 보이며, 리더의 행동은 개방적이고 친절하다.[7] 리더는 팀 분위기를 창조하며 부하를 동등하게 취급한다.

예를 들어, 부하가 단조로운 과업을 수행하는 경우나 과업이 어렵고 실패에 대한 두려움을 느낄 때, 리더의 지원적 행동은 두려움을 극복하고 자신감을 갖게 함으로써 노력 → 성과 → 직무만족이라는 긍정적 결과를 가져오게 될 것이다.

(3) 참여적 행동

참여적 행동(participative behavior)은 구성원들을 의사결정에 참여시키는 것을 포함한다.[8] 구성원들의 의견이나 제안을 요구하며, 집단토론을 촉진하는 등의 행동을 말하며 Hersey와 Blenchard 이론(초기 SL 이론)의 참여적 유형과 유사하다.

예를 들어, 비구조화된 과업을 수행하는 과정에서 구성원을 과업목표·과업절차 등의 의사결정 과정에 참여시키는 리더의 행동은 구성원의 직무만족 수준을 높이는 데 영향을 준다. 또한 부하가 자존의 욕구와 성장의 요구가 강할 때도 참여적 리더 행동은 부하의 동기유발에 긍정적 영향을 미치게 한다.[9]

(4) 성취지향적 행동

성취지향적 행동(Achievement-oriented behavior)은 구성원들에게 탁월한 목표를 제시하고 도전적 자세를 요구한다.

높은 수준의 직무수행을 독려하고, 고도의 목표 달성 방법을 배울 수 있도록 도우며, 부하들에게 신뢰를 보여 준다.[10]

예를 들어, 부하에게 탁월하게 설정된 목표를 달성할 수 있다는 확신을 각인시키고 부하에게 목표 달성에 대한 의지와 책임감을 갖게끔 동기부여시키면, 부하는 목표 달성에 대한 자신감이 증대되면서 노력 → 성과 → 직무만족이라는 긍정적 결과를 가져오게 될 것이다. 그러나 이런 경우는 과업이 모호하거나 비구조화된 과업의 경우에서 가능하며, 반복적이고 구조화된 과업의 경우는 영향을 주지 못한다.

House는 처음 모형에 대해 약 50여 회의 실증연구를 거친 후 1996년 리더의 행동 유형을 여덟 가지로 확장하는 수정모형을 제시하고 있으나, 확장 이론은 너무 복잡하기 때문에 실무자가 활용하기엔 여의치 않아 이 책에서는 초기 이론을 중심으

개념적용[11]

경로-목표 이론의 리더 유형

각 상황에 적합한 리더 유형은 무엇이겠는가?

a. 지시적   b. 지원적   c. 참여적   d. 성취지향적

1. 경영자가 부서에 새롭고 복잡한 과업이 있는데, 어떻게 해야 할지 알지 못한다. 그녀의 부하는 그 일을 경험한 사람이고, 의사결정에 개입하고 싶어 한다. (   )
2. 경영자가 과업수행을 잘하는 어떤 종업원에게 새로운 과업을 위임하려 한다. 그러나 그 종업원은 아주 쉬운 과업이라도 새로운 일에 대해 두려워하는 경향이 있다. 경영자는 그 종업원이 그 작업을 수월하게 할 수 있다는 확신이 있다. (   )
3. 부서원들이 방금 생산할당량을 쉽게 달성했다. 경영자는 강력한 직위권력을 갖고 있고 더욱 도전적인 작업을 위해 할당량 증가를 결정했다. (   )
4. 정확한 이유 없이 작업에 지각하는 어떤 직원이 있다. 경영자는 그 작업자가 정시에 오게 하기 위한 몇 가지 교정적 행동을 취하려고 결정했다. (   )

정답 : 1. 참여적   2. 지원적   3. 성취지향적   4. 지시적

로 설명한다. 기본적으로 리더는 한 가지 이상의 행동 유형을 지니고 있다는 가정을 전제로 상황에 따라 각각 상이한 행동 유형을 적합시키는 것이 효과적이라고 주장하고 있다.

2) 상황변수

경로-목표 이론은 동일한 리더가 상황에 따라 리더 행동을 변경할 수 있음을 제시하고 있는데, 이 점은 리더십을 고정적으로 본 Fiedler의 상황적합이론과 다른 점이다. House가 리더 행동과 결과의 관계를 조절하는 상황요인으로 제시한 두 요인은 〈그림 5-2〉에서 보듯이 부하의 특성과 환경특성이다.

(1) 부하의 특성

리더십 유형에 영향을 미치는 부하의 특성은 부하의 능력, 부하의 성향, 부하의 욕

구 등 세 가지 측면으로 나누어 설명할 수 있다.

- **부하의 능력** : 부하가 자신의 능력을 높이 평가할수록 지시적 리더십은 거부되는 경향이 있다. 부하의 능력은 주로 과업능력과 경험 등으로 평가된다.
- **부하의 성향** : 내재론자일수록 참여적 리더십을, 외재론자일수록 지시적 리더십 선호한다. House는 부하의 성향을 통제위치로 설명하고 있다.
- **부하의 욕구** : 하위욕구가 강할수록 지시적 리더십을, 친교욕구가 강할수록 후원적 · 참여적 리더십을, 상위욕구가 강할수록 후원적 리더십의 수용도가 높다.

(2) 환경특성

리더십 유형에 영향을 미치는 환경적 요인에는 과업의 구조화 정도, 작업집단의 성격, 조직체 요소 등이 있다.

- **과업특성** : 과업이 구조적일수록 후원적 · 참여적 리더십이 바람직하며, 과업이 비구조적이면 지시적 리더십이 바람직하다.
- **집단성격** : 형성기에는 지시적 리더십이, 정착 · 안정기 이후라면 후원적 · 참여적 리더십이 더욱 바람직하다.
- **조직적 요소** : 긴급 상황에서는 지시적 리더십이, 불확실성이 수반되는 경우에는 참여적 리더십이, 리더―구성원 간 상호작용이 요구될 때는 후원적 리더십이 바람직하다.[12]

3) 경로―목표 이론의 특성

(1) 경로―목표 이론의 강점

첫째, 개념적으로 뚜렷이 구분되는 네 가지 리더십 행동 유형(지시, 지원, 참여, 성취지향)을 강조한 리더십이론이다. 이전의 접근은 리더십 행동을 과업지향적 행동과 관계지향 행동만을 주로 다루었지만, House는 네 가지로 확장했으며 추가적인 연구를 통해 여덟 가지 리더십 행동으로 확장했다. 이는 리더의 다원적 개념을 통하여 경영자의 직무성격을 명확하게 구분할 수 있게 해 준다.

둘째, 부하에게 목표로 가는 경로를 명확히 하고, 장애물을 제거하고, 필요한 것을 지원하는 등 그들이 하위자를 도울 수 있는 개념적 틀을 제시하고 있다.

셋째, 리더는 처한 상황에 적합하도록 자신의 행동을 유연하게 변화시켜야 한다는 점을 제공한다.

(2) 경로-목표 이론의 비판점

첫째, 개념적으로 너무 복잡하여 실제적으로 활용하기가 어렵다. 특히 상황변수가 많고 복잡하여, 특정 상황에 맞는 리더십 유형을 활용하기가 난해하다.

둘째, 타당성의 문제이다. 타당성 검증을 위해 실시된 실증연구에서 부분적 검증만 지지되었다. 지시적·지원적 리더십 연구는 많이 이루어졌으나 상대적으로 참가적·성취지향적 리더십 연구는 미미한 수준이다.[13]

셋째, 구성원 동기유발과 리더십 행동과의 관계를 명확하게 설명하지 못한 점이다.

경로-목표 이론이 기대이론의 내용을 근거로 했다고 주장하고 있으나, 어떻게 연관되었는지에 대한 설명이 부족하다. 예를 들어, 구조화된 과업을 수행하는 상황에서 지원적 리더십이 구성원들의 동기유발에 어떻게 영향을 미치는가에 대한 설명이 부족하다는 점 등이다.

2. Vroom과 Yetton의 규범적 모형

Vroom과 Yetton의 규범적 모형(Normative model)은 의사결정 상황에 따라 리더의 개입과 참여 정도가 달라져야 한다는 이론으로, 리더십 유형 다섯 가지가 상황변수 여덟 가지와 상호 조화를 이룰 때 효과적이라고 주장했다[14](〈그림 5-2〉 참조). 규범적 모형은 조직의 핵심활동인 의사결정과 리더와의 관계를 의사결정이론과 리더십이론을 연결하여 설명하고 있다.

다른 학자들에 의해 의사결정 참여 모형으로 불리는 이 모형은 1973년 Vroom과 Yetton에 이해 처음 제시되었고, 1988년 Vroom과 Jago에 의해 수정되었다.[15]

1) 리더십 유형

Vroom과 Yetton는 리더가 부하를 참여시키는 정도에 따라 다섯 가지로 리더 유형을 나누어 설명했다. 이 이론에서 말하는 참여의 정도(degree of participation)란 다른 이론에서의 리더 행동에 해당하며, 리더가 의사결정을 할 때 구성원을 참여시키는 정도를 구분해 놓은 것이다(〈표 5-1〉 참조).

- **A1형**(autocratic 1, 독재 1형 또는 순수독재형)은 리더가 자신이 가진 정보를 이용하여 단독으로 결정하거나 문제를 해결하는 유형이다.
- **A2형**(autocratic 2, 독재 2형 또는 참고독재형)은 리더가 부하로부터 정보를 얻어 단독으로 결정하거나 문제를 해결하는 유형이다.
- **C1형**(consultative 1, 자문 1형 또는 개별협의형)은 리더는 부하와 일대일의 관계에서 문제를 공유하고 의견을 들은 후 결정한다. 최종 결정에는 부하의 의견이 반영될 수도 있고 반영되지 않을 수도 있다.
- **C2형**(consultative 2, 자문 2형 또는 집단협의형)은 리더는 집단토론을 통해

표 5-1 의사결정 시 리더 참여 정도에 따른 리더십 유형

리더십 유형	A1	A2	C1	C2	G2
의사결정 참여자	리더	리더 부하(개인)	리더 부하(개인)	리더 부하(집단)	리더 부하(집단)
리더 참여 정도	리더 단독 결정	부하와 개별적으로 묻고 답함	개별적으로 부하의 제언을 받음	부하들과 정보공유	부하와 정보공유 공동결정

자료 : V. H. Vroom & Yetton, *Leadership and Decision Making*, PA: The University of Pittsburgh Press, 1973, p.13.

아이 디어나 제안을 얻고 문제를 공유하나, 결정은 리더가 단독으로 행하는 경우이다. 최종 결정에는 부하의 의견이 반영될 수도 있고 그렇지 않을 수도 있다.

- G2형(group 2, 집단 2형 또는 위임형)은 리더는 부하 그룹과 문제를 공유하고 모든 토론자는 대안을 제시하고 평가할 수 있다. 리더는 압력을 가하지 않으며 공동 결정된 사항을 이행한다.

그러면 이러한 리더십 유형 중 어느 것이 가장 효과적일까? Vroom과 Yetton은 효과성은 문제나 상황에 의존하게 된다고 설명하며, 상황 진단과 관련하여 2개 기준과 8개의 규칙으로 상황요인을 설명하고 있다.

2) 상황변수

〈그림 5-3〉의 하단부분에서 상황파악을 위한 질문내용을 보면 두 부분으로 나누어져 있는 것을 알 수 있다. 하나는 의사결정의 성격과 관련된 항목(1, 3, 4, 8)이고, 다른 하나는 의사결정의 수용성과 관련된 항목(2, 5, 6, 7)이다.

첫째 기준인 의사결정의 성격(질)과 관련한 속성은 의사결정의 중요성, 리더의 정보수준, 문제의 구조화 여부, 부하의 정보수준과 관계된다. 둘째 기준은 의사결정의 수용과 관련된 속성으로 부하 수용의 필요성, 리더 결정의 수용 가능성, 부하의 조직목표 공유, 부하 간 갈등으로 구성된다.

리더의 개입과 부하들의 참여 정도를 결정하는 데 고려해야 할 상황파악을 할 때, 의사결정 나무(decision-making tree)를 활용하면 특정 상황에 가장 적합한 최적의 리더십 유형에 도달할 수 있다. 상황을 파악하고 그에 맞는 정도로 부하들을 의사결정에 참여시키라는 뜻으로 리더·참여(leader·participation) 모형이라고도 불리게 되었다.

이 방식은 신속하게 의사결정에 이르게 하는데, 리더는 질 높은 대안을 선택하고 선택된 대안을 부하들이 잘 수용할 수 있도록 노력해야 한다.

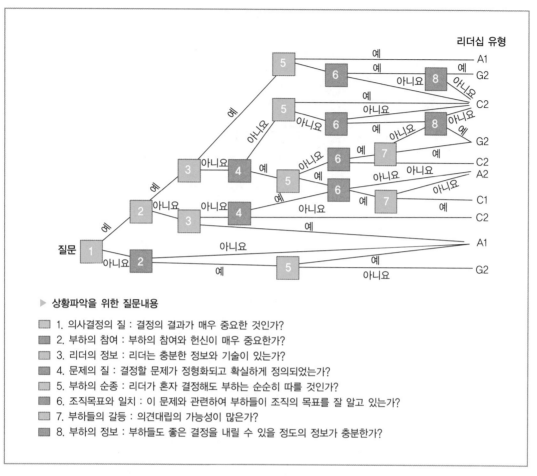

▶ 상황파악을 위한 질문내용

☐ 1. 의사결정의 질 : 결정의 결과가 매우 중요한 것인가?
■ 2. 부하의 참여 : 부하의 참여와 헌신이 매우 중요한가?
☐ 3. 리더의 정보 : 리더는 충분한 정보와 기술이 있는가?
■ 4. 문제의 질 : 결정할 문제가 정형화되고 확실하게 정의되었는가?
☐ 5. 부하의 순종 : 리더가 혼자 결정해도 부하는 순순히 따를 것인가?
■ 6. 조직목표와 일치 : 이 문제와 관련하여 부하들이 조직의 목표를 잘 알고 있는가?
☐ 7. 부하들의 갈등 : 의견대립의 가능성이 많은가?
■ 8. 부하의 정보 : 부하들도 좋은 결정을 내릴 수 있을 정도의 정보가 충분한가?

▶▷ 그림 5-3 Vroom과 Jago의 규범적 모형

자료 : V. H. Vroom & A. G. Jago, *The New Leadership,* Englewood Cliffs, NJ. : Prentice-Hall, 1988, p. 184.

Vroom과 Jago는 기존 모형을 일부 수정한 수정모형을 발표했는데, 과거 모형(〈그림 5-4〉)과 비교하여 크게 변화된 두 가지 사항은 다음과 같다.

하나는 하급자 정보수준과 시간의 제약 등 상황변수를 추가한 점이고, 다른 하나는 Vroom과 Yetton의 모형에서는 상황분석 결과 여러 가지 의사결정안을 제안했으나 수정모형에서는 각 상황에 하나의 의사결정안을 제시한 점이다.

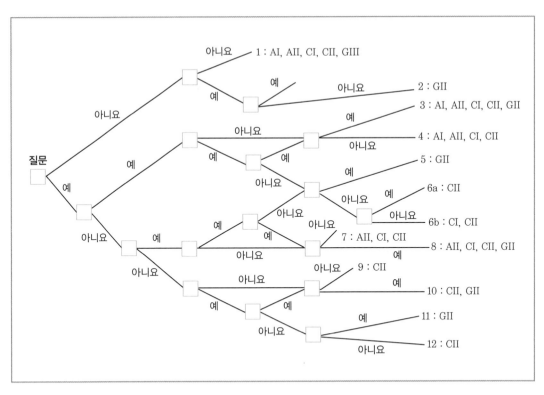

▶▶ 그림 5-4 Vroom과 Yetton의 초기 모형

3) 규범적 모형의 특성

(1) 규범적 모형의 강점

첫째, 리더가 특정 상황에서 효과적으로 의사결정하기 위해 고려해야 할 상황을 체계적으로 제시했다. 의사결정 나무를 통해 합리적인 의사결정을 할 때 고려해야 할 필수적 상황을 신중하게 검토할 수 있다.

둘째, 부하들이 의사결정 과정에 참여함으로써 문제해결 능력 및 상황분석 능력 등 조직활동에 필요한 능력들을 학습하게 된다.

(2) 규범적 모형의 비판점

첫째, 의사결정 나무는 리더의 의사결정 행동만을 강조하고 리더-부하의 상호작용을 고려하지 않고 있다.

둘째, 의사결정의 효용성 문제이다. 의사결정 나무가 체계적이라는 강점이 있지만 실제 상황에서 의사결정 나무를 활용할 때 더욱 많은 시간이 필요하다.

측정도구[16]

경로-목표 리더십 설문지

이 설문지는 경로-목표 이론의 상이한 리더십 유형에 관한 문항이다. 당신의 행동 정도에 해당하는 숫자(1~7)를 점수 칸에 적어 넣는다.

　1. 결코 그런 적 없음　2. 거의 그런 적 없음　3. 좀처럼 그렇지 않음

　4. 때때로 그렇게 함　5. 가끔 그렇게 함　6. 보통 그렇게 함　7. 항상 그렇게 함

설문내용	점수
1. 나는 하위자들에게 '그들에게서 기대하고 있는 것이 무엇인지'를 알려 준다.	
2. 나는 하위자들과 우호적인 '작업상의 관계'를 유지하고 있다.	
3. 나는 어려운 문제에 봉착했을 때 나는 하위자들과 상의한다.	
4. 나는 수용적인 자세로 하위자들의 아이디어나 제안을 경청한다.	
5. 나는 하위자들에게 무슨 일을 어떻게 수행해야 하는지에 대해서 알려 준다.	
6. 나는 하위자들에게 최고 수준의 업무수행을 기대한다고 말한다.	
7. 나는 나의 하위자들과 상의 없이 내 나름대로 결정하고 행동한다.	
8. 나는 우리 집단의 구성원이된 것을 즐겁고 행복하게 느끼도록 하기 위해 노력한다.	
9. 나는 하위자들에게 표준적인 규칙이나 규정을 따르도록 요구한다.	
10. 나는 꽤 도전적인 '하위자들의 업적목표'를 설정하고 있다.	
11. 나는 하위자들의 개인감정을 상하게 할 만한 말들을 하곤 한다.	
12. 집단 과업을 어떻게 수행할 것인지에 관한 아이디어를 제출하도록 하위자들에게 요청한다.	

설문내용	점 수
13. 나는 하위자들에게 그들의 업무수행에서 계속적인 개선을 위해 노력하도록 고무한다.	
14. 나는 하위자들에게 '기대하고 있는 업적수준'이 어느 정도인가에 대해 설명해 준다.	
15. 나는 하위자들을 도와 그들의 과업수행에 방해가 되는 문제들을 극복하도록 해 준다.	
16. 나는 하위자들에게 그들의 목적 달성 능력에 대한 나의 의심을 나타내 보인다.	
17. 나는 하위자들에게 업무할당을 어떻게 해야하면 좋은지에 대한 제안을 하도록 요청한다.	
18. 나는 하위자들에게 직무상 기대하고 있는 것이 무엇이라고 적당하게 설명해 준다.	
19. 나는 일관되게 하위자들에게 도전적인 목표를 설정해 준다.	
20. 나는 하위자들의 개인적인 욕구(요구)의 충족을 위해 한결같이 마음을 쓴다.	

[채점]

1. 문항 7, 11, 16, 18의 점수는 역계산한다(1과 7, 2와 6, 3과 5)

2. 지시적 리더유형 : 문항 1, 5, 9, 14, 18 점수 합산

   지원적 리더유형 : 문항 2, 8, 11, 15, 20 점수 합산

   참여적 리더유형 : 문항 3, 4, 7, 12, 17 점수 합산

   성취지향적 유형 : 문항 6, 10, 13, 16, 19 점수 합산

[결과해석]

구 분	낮음	중간	높음
지시적 리더 유형	18 이하	23	28 이상
지원적 리더 유형	23 이하	28	33 이상
참여적 리더 유형	16 이하	21	26 이상
성취지향적 리더 유형	14 이하	19	24 이상

받은 점수는 당신이 어느 유형을 가장 자주 사용하고 어느 유형을 가장 덜 사용하는지의 정보를 제공해 준다.

예를 들어, 채점결과 귀하의 점수가 지시적 리더 유형에서 28점(높음), 지원적 리더 유형에서 22점(낮음), 참여적 리더 유형에서 21점(중간), 성취지향적 리더 유형에서 24점(높음)이 나왔다면, 귀하는 다른 리더와 비교하여 더욱 지시적이고 성취지향적인 경향이 있고, 다른 리더보다 지원적이지 않으며, 부하를 참여시키는 정도는 다른 리더와 비슷하다고 분석할 수 있다.

[자신의 결과]

---

① 경로-목표 이론 설문지 결과

　지시적 유형 : (　　점)

　지원적 유형 : (　　점)

　참여적 유형 : (　　점)

　성취지향적 유형 : (　　점)

② 나의 리더십 행동 유형 분석

③ 다른 사람과 비교해 보자.

David Aburuzzo는 MSTC(The Matrocity Striders Track Club)의 신임회장이다. 그의 임무 중 하나는 뉴욕시 마라톤 코스를 완주하고 싶은 주자들에게 코치역할을 제공하는 것이다. David는 많은 마라톤과 비정규 마라톤대회에서 완주 경험이 있기 때문에 마라톤주자들을 위한 코치로서의 역할을 기꺼이 받아들이고 책임감도 느끼고 있다.

뉴욕 마라톤을 뛰려는 주자들의 훈련기간은 16주이다. 첫 두 주 동안 David는 주자들의 주력향상에 만족했고 코치역할에 별 어려움이 없었다. 그러나 주자들은 8주, 즉 훈련의 반이 되었을 때, 어떻게 하면 주자들을 가장 잘 도울 수 있을까 생각하는 David의 마음에 의문을 갖게 하는 일들이 일어나기 시작했다. 주자들의 관심사는 David가 마라톤 훈련프로그램에서 주자들로부터 듣기를 기대했던 것과는 아주 다른 것이었다. 주자들의 관심사를 종합해 보면 서로 다른 세 그룹으로 분류할 수 있다.

첫 번째 그룹은 마라톤 경험이 없는 그룹으로, 코치에게 다양한 질문 공세를 했다. 마라톤을 어떻게 하는지 ,성공적으로 완주할 능력이 있는지 여부, 훈련 중에 얼마나 많은 거리를 뛰어야 하는지, 무엇을 먹고, 얼마나 마셔야 하는지, 어떤 종류의 신발을 신어야 하는지 등이었다. 한 주자는 마라톤대회 전날엔 무엇을 먹어야 하는지 질문했고, 다른 주자는 결승점을 밟을 때 기절하지는 않는지를 질문하기도 했다. 질문들은 끝없이 이어졌으며 매우 기초적인 질문이었다.

두 번째 그룹의 사람들은 훈련의 효과에 대하여 가장 관심이 있는 것처럼 보였다. 예를 들어, 매주 주행거리와 마라톤 완주시간이 어떤 관련성이 있는지 알고 싶어 했다. 오랜 주행연습이 20마일 벽을 통과할 때 도움을 줄지? 탄소부하가 마라톤 하는 동안 성과를 향상시키는지? 훈련기간 동안 하루 쉬는 것이 실제로 전반적 컨디션에 도움을 주는지? 기본적으로 이 그룹의 모든 주자들은 그들이 뉴욕 마라톤을 위해 올바른 방법으로 훈련해 왔는지를 David로부터 확인하길 원하는 것처럼 보였다.

세 번째 그룹은 이미 경험이 있는 주자들로, 그들 대부분이 여러 차례 마라톤을 했으며, 그중 많은 사람들은 각 연령집단에서 10위권 내로 완주했다. 경험에도 불구하고 이들 주자들 역시 어려움을 겪는 것 같았다. 그들은 훈련에 대해 지루하고 우울하고 힘 빠진 듯한 기분을 불평하고 있었다. 그들은 완주하고 잘 끝낼 수 있는 자신들의 능력을 신뢰하고 있을지라도, 뉴욕 마라톤대회에서 뛰는 것에 대한 흥분은 결여되어 있었다. 그들이 가끔 제기한 질문은 다음과 같다.

전반적 훈련전략이 적절했는지 여부, 또는 그들의 훈련이 뉴욕 마라톤 이외의 다른 경기에도 도움이 될 수 있는가에 관한 질문들이었다.

□ 토의

1. David는 세 그룹 각각에 어떤 리더십 유형을 보여야 하는가?

2. David는 주자들의 목표 달성에 도움을 주기 위해 무엇을 해야 하는가?

3. David가 제거하고 도울 수 있는 장애물은 무엇인가?

4. 일반적으로, David는 세 그룹 각각을 어떻게 동기유발할 수 있는가?

사례 2 성공하는 리더의 여섯 가지 조건[18]

사기업에서 성공하는 리더란 사기업이 추구하는 경영목표를 달성하는 데 효율적인 리더십을 수행할 수 있는 사람으로서 그러한 점에서 공기업이나 비영리조직에서도 효율적인 리더가 존재한다고 볼 수 있다.

그렇다면 세계 최대이며 최고의 다국적기업인 GE가 추구하는 성공하는 리더의 조건은 무엇일까? 잭 웰치가 40대 초반의 나이로 CEO로 발탁되었을 때 사업부를 정리하면서, 필요로 하는 혁신적인 사내리더를 육성하고자 리더의 여섯 가지 조건을 제시했는데, 그것은 제조업 현장뿐만 아니라 다양한 조직에서도 매우 필요로 하는 것이다.

첫째는 타인의 의견을 적극적으로 경청하는 사람이다(L. listening).

둘째는 부하나 상사, 고객에게 잘 설명할 수 있는 표현력이다(E. explain).

셋째는 타인의 업무를 잘 지원하는 능력이다(A. assist).

넷째는 타인과 잘 토의할 수 있는 능력이다(D. discuss).

다섯째는 부하나 상사에 대한 공정한 평가이다(E. evaluate).

여섯째는 업무와 환경에 잘 반응할 수 있는 능력이다(R. response).

재직하는 동안 초우량 기업 GE의 자산규모를 50배 이상 키운 잭 웰치 전 회장은 퇴직 후 자서전에서 그동안의 경험을 바탕으로 리더 여부를 결정하는 4E(energy, energizer, edge, executive)와 1P(passion)을 제시하고, 기본적으로 리더로서 반드시 검증되어야 할 2I를 강조했는데, 그것은 지식(intelligence)과 신의 충성(integrity)이다.

잭 웰치의 리더의 결정 요건

충분요건 : Passion
필수요건 : Energy, Energizer, Edge, Executive.
기본소양 : Intelligence, Integrity

기본적으로 리더가 갖추어야 할 자질로서 2I를 제시한 것은 매우 시사하는 바가 크다고 할 수 있다. 우리가 간혹 무시하거나 잊을 수 있는 점을 지적했기 때문이다. 다양한 지식을 깊게 이해할 수 있고, 약속을 잘 지킬 수 있는 리더란 흔하지 않다. 그만큼 기본에 충실한 리더가 진정한 리더라고 볼 수 있다. 그 밖에 한국 조직의 리더에게 필요한 네 가지 기본적인 소양을 더한다면 세계 어디서나 통할 수 있는 리더가 되리라고 생각한다. 이를 리더십 시스템의 재편성이라고 부른다.

첫째는 지혜로운 리더이다. 많은 정보를 모으고 체계를 세워 지식을 추출해 낸다. 이러한 지식들이 많은 시행착오를 거치고 경험을 통하여 생겨나는 것이 지혜이다. 지혜로운 리더들은 함부로 감원하거나 공장을 폐쇄하거나 노사관계를 악화시키지 않는다. 경쟁사가 새로운 경영방식을 도입한다고 해서 곧바로 같은 방식을 도입하지 않는다.

지혜로운 리더의 특징은 통합적인 사고를 한다는 것이다. 전통적인 리더의 특징은 분리 및 분류하고 각각의 해결방안을 찾는 것이다.

그러나 지혜로운 리더는 전체적인 관점에서 사고를 하고 조화로운 해결방안을 찾는 데 있다.

둘째는 용기이다. 용기 있는 리더는 창의적인 발상을 통하여 아이디어를 내놓고 이를 실현한다. 또한 진취적인 자세로 새로운 것을 받아들이고 활동의 영역을 넓혀나간다. 용기 있는 리더는 모험을 마다하지 않고 실패를 두려워하지 않는다. 실패를 통하여 성공을 배운다. 남들이 기피하는 3D 산업을 새로운 3D(Digital, Design, Display) 산업으로 바꾸어 나간다.

용기 있는 리더의 특징은 윤리적인 사고를 한다는 것이다. 산업사회와 국가를 위해서 올바른 가치관을 추구한다. 전통적인 리더는 이익을 위해서 산업상의 도덕을 무시하고, 국가관의 건전성을 침해한다.

그러나 용기 있는 리더는 사회적 책임과 공헌을 중시한다.

세 번째는 성실한 리더이다. 리더라고 해서 늦게 출근하고, 함부로 옷을 입고, 자리에서 이탈하고, 말과 행동을 함부로 해서는 안 된다.

창업자나 중소기업 경영자가 3년간 24시간 근무하면 성공한다는 말이 있다. 리더는 3년이 아니라 10년 이상 같은 마음으로 같은 사업장에서 근무할 수 있어야 한다. 성실한 리더의 특징은 의식이 열린 사고를 한다는 것이다. 계층이나 연령, 학력에 불문하고 오픈 마인드를 견지한다. 전통적인 리더들은 계급이나 학력, 연령 등을 중시하여 차별적인 관리를 한다. 그러나 성실한 리더는 신입사원들의 행동을 주시하고, 여직원들의 고충을 중시한다.

네 번째는 정직한 리더이다. 네 가지 중에서도 가장 중요한 소양이라고 할 수 있다. 리더가 대의를 위하여 거짓말을 하는 경우가 있다.

그런 경우는 구성원들이 리더의 그런 심경을 이해한다. 그러나 사적인 이해로 거짓말을 하거나 대외적으로 왜곡된 정보를 노출시킨다면 조직의 이미지에 큰 타격을 줄 수 있다. 리더는 처음부터 끝까지 최선을 다하여 정직해야 하며, 그렇지 않은 경우 조직에 악영향을 줄 수 있다는 사실에 주의해야 한다. 정직한 리더의 특징은 건전한 조직문화를 중시한다는 것이다. 전통적인 리더는 많은 거짓말과 행동으로 조직문화를 흐려 놓았다. 불투명한 조직문화는 경쟁력을 잃고, 역사의 저편으로 사라졌다.

잭 웰치가 강조하는 두 가지 I(Intelligence, Integrity)와 더불어 네 가지 리더의 소양(지혜, 용기, 성실, 정직)은 전통적인 리더들의 가치관과 차별되어 리더십 유형의 재편성을 가져와 새로운 역사를 기록하게 될 것으로 보인다.

□ 토의

1. 잭 웰치의 4E, 1P, 2I 중 당신에게 부족한 요건은 무엇인가?
2. 자신이 속한 조직의 리더를 위 요건을 중심으로 분석해 보라.

요약

House의 경로-목표 이론은 어떻게 리더가 구성원들을 동기유발시켜 설정된 목표에 도달하도록 할 것인가에 관한 이론이다.

경로-목표 이론에서 효과적 리더는 목표에 대한 기대를 높여 주고, 목표를 향한 빠른 경로를 제시하고, 목표 달성을 용이하게 하는 상황적 조건을 조성하는 것을 강조했다. 경로–목표 이론은 리더의 행동 유형과 상황변수로서의 부하특성 및 환경특성 간의 관계를 강조하고 있다.

경로–목표 이론을 이해하려면 네 가지 리더 행동 유형(지시적, 지원적, 참여적, 성취지향적)을 이해하고, 각 리더 행동 유형을 상황(부하특성, 환경특성)에 적합시키는 과정이 필요하다. 리더십 유형에 영향을 미치는 부하특성은 부하의 능력·부하의 성향·부하의 욕구를 들 수 있으며, 리더십 유형에 영향을 미치는 환경특성은 과업특성·집단성격·조직적 요소 등을 들 수 있다.

경로–목표 이론의 강점은 첫째, 개념적으로 뚜렷이 구분되는 네 가지 리더십 행동 유형(지시, 지원, 참여, 성취지향)을 강조한 최초의 리더십이론이며, 둘째, 부하에게 목표로 가는 경로를 명확히 하고, 장애물을 제거하고, 필요한 것을 지원하는 등 그들이 하위자를 도울 수 있는 개념적 틀을 제시하고 있고, 셋째, 리더는 처한 상황에 적합하도록 자신의 행동을 유연하게 변화시켜야 한다는 점을 제공한다.

경로–목표 이론의 비판점은 첫째, 개념적으로 너무 복잡하여 실제적으로 활용하기가 어렵다는 점과 둘째, 타당성 검증을 위해 실시된 실증연구에서 부분적 검증만 지지되었고, 셋째, 구성원 동기유발과 리더십 행동과의 관계를 명확하게 설명하지 못한 점이다.

Vroom과 Yetton의 규범적 모형은 의사결정 상황에 따라 리더의 개입과 참여 정도가 달라져야 한다는 이론으로, 리더십 유형 다섯 가지가 상황변수 여덟 가지와 상호조화를 이룰 때 효과적이라고 주장했다.

Vroom과 Yetton는 리더가 부하를 참여시키는 정도에 따라 다섯 가지로 리더 유형을 나누어 설명했다.

A1형은 리더가 자신이 가진 정보를 이용하여 단독으로 결정하거나 문제를 해결하는 유형이며, A2형은 리더가 부하로부터 정보를 얻어 단독으로 결정하거나 문제를 해결하는 유형이고, C1형은 리더는 부하와 일대일의 관계에서 문제를 공유하고 의견을 들은 후 결정하는 유형이다. C2형은 리더는 집단토론을 통해 아이디어나 제

안을 얻고 문제를 공유하나, 결정은 리더가 단독으로 행하는 경우이다. G2형은 리더는 부하 그룹과 문제를 공유하고 모든 토론자는 대안을 제시하고 평가할 수 있다. Vroom과 Yetton는 효과성은 문제나 상황에 의존하게 되는데, 상황 진단과 관련하여 2개 기준과 8개의 규칙으로 상황변수를 설명하고 있다.

리더의 개입과 부하들의 참여정도를 결정할 때 고려해야 할 상황을 파악할 때, 의사결정 나무를 활용하면 특정 상황에 가장 적합한 최적의 리더십 유형에 도달할 수 있다.

참고문헌

1) R. J. House, *A Path-Goal Theory Of Leader Effectiveness,* Administrative Science Qouarterly 16(2) ,1971, pp.321-329.

2) Achau/Lussier, *Effective Leadership,* 4th ed., South-Western Cengage Learning, 2010 p.147.

3) S. L. Mcshane & M. A. Von Glinow, *Organizational Behavior,* Irwin, McGraw-Hill, pp.442-443

4) R. J. House & T. R. Mitchell, Path-Goal Theory of Leadership, *Journal of contemporary Business ,* Autumm 1974, p.81.

5) Stephen P. Robbins & Timothy A. Judge, *Essentials of Organizational Behavior,* 9th ed., Pearson Prentice Hall, 2008, p.184.

6) Jennifer M. George& Gareth R. Jones, *Understanding and Managing Organizational Behavior,* 5th ed., Pearson Prentice Hall, 2008, p.402.

7) Richard L. Daft, *The Leadership Experience,* Tomson South-Western, 2008, 4th ed., p.76.

8) Jerald Greenberg & Robert A. Baron, *Behavior in Organization,* Pearson Prentice Hall, 2008, pp.525.

9) George Manning & Kent Curtis, *The Art of Leadership*, 3rd ed., McGraw-Hill International ed., 2009, p.440.

10) Stephen P. Robbins & Timothy A. Judge, op. cit., p.185.

11) Achau & Lussier, Effective Leadership, 4th ed., South-Western Cengage Learning, 2010,

p.150 수정.

12) J. R. Gordon, *Organizational Behavior, A Diagnostic Approach,* 6th ed., NJ: Prentice Hall, 1999, p.230.

13) P. G. Northouse, *Leadership,* SAGE Publications, 4th ed., 2007, p.136.

14) V. H. Vroom & Yetton, *Leadership and Decision Making,* PA: The University of Pittsburgh Press, 1973.

15) V. H. Vroom & A. G. Jago, *The New Leadership : Managing Participation in Organization,* Englewood Cliffs, New Jersey: Prentice Hall, 1988, p.184.

16) P.G. Northouse, op.cit., pp.146-147. R. J. House, *A path-Goal Theory of Leader Effectiveness,* Administrative Science Quarterly, vol.16, 1971, pp. 321-329 수정.

17) Peter G. Northouse, *Leadership.* op. cit., 2007, p.143 수정.

18) Seri 사례리더십 수정.

제 6 장

카리스마적 리더십

학습목표

1. 카리스마의 개념을 설명할 수 있다.
2. 카리스마의 두 가지 관점을 비교할 수 있다.
3. 카리스마적 리더십의 세 가지 접근방법을 파악할 수 있다.
4. 카리스마적 리더십의 네 가지 연구를 구분할 수 있다.
5. Yukl의 카리스마적 리더로 인정받는 여섯 가지 척도를 적용할 수 있다.

1. 카리스마적 리더십의 개념

카리스마적 리더십은 다른 리더십 분야에 비해 비교적 최근에 관심받게 된 이론이다. 1980년대 들어서면서 급변하는 기업환경 하에서 조직의 변화와 혁신이 화두로 등장하면서 구성원에게 지대한 영향을 주고 기대 이상의 행동을 유도할 수 있는 새로운 형태의 리더십이 필요하게 되었다. 카리스마적 리더십(charismatic leadership)은 구성원에게 사명의식과 리더에 대한 강한 몰입 등을 표출하는 능력으로 볼 수 있다. 이는 비전 제시와 근본적인 변화 추구를 핵심내용으로 다루고 있다는 점에서 리더십의 효율성을 증대하기 위한 방안으로 중요성을 갖는다.

1) 카리스마의 개념

카리스마(charisma)란 신이 주신 재능(endowed gift)이라는 뜻의 그리스어 *Kharisma*에서 유래한 말이다. 본래 기독교 교리에서 사용한 개념으로 성령의 특별한 은혜로서 주신 능력(예언의 능력, 가르치는 재능, 치유의 은사, 다스림과 섬김의 능력 등)이라는 의미로 사용되기도 했다.[1] 이러한 신학용어를 사회과학 분야로 확장하여 사용한 학자는 Weber였다.

Weber가 처음으로 사회과학 분야에서 카리스마의 개념을 탐구한 이래, 정치학, 사회학, 심리학 등에서 카리스마의 다양한 측면을 연구해 왔다.

현대 경영조직에서의 카리스마의 효용과 역할에 대한 연구는 1970년대 중반(House, 1977)에 처음 등장, 1980년대 말과 1990년대(Conger & Kanungo, 1987; Bryman, 1992)에 이르러 주목받기 시작했다.

카리스마에 대한 최초 연구자인 독일의 사회학자 Weber는 카리스마를 권력의 정당화 측면에서 정의하고 있다. 특정인이 갖는 권력(power)이 정당하다고 다른 사람들에 의해 인정되면 권한(authority)이 된다.

권한의 세 가지 유형으로 법적 권한, 전통적 권한과 함께 카리스마적 권한을 든 데서 일반화한 말이다. 카리스마적 권한은 대중을 마음으로 복종시켜 따르게 하는 능력, 자질의 뜻으로 널리 쓰인다. 카리스마를 초인간적이거나 혹은 비범한 힘이나 능력에 대한 경외심이 자발적 복종의 근거가 되는 권한 유형이라고 보았다. 그리고 카리스마적 리더는 일종의 사명과 소명을 느끼기 때문에 카리스마적 권한은 과거의 전통을 타파하는 혁명적인 힘을 갖고 있다는 것이다.

Ezioni는 카리스마의 개념을 처음으로 제시하진 않았지만, Weber의 개념을 기본으로 조직 상황에서 카리스마를 고려했다. 즉 카리스마란 구성원의 규범적 지향에 대하여 광범위하고 강력한 영향력을 행사할 수 있는 리더의 능력이라고 정의했다.

카리스마에 대한 다양한 정의의 공통점은 카리스마를 개인이 소유하고 있는 예외적인 자질로 파악한 것이다.

2) 카리스마의 두 가지 관점

일반적으로 카리스마에 대한 연구는 **사회학적 관점**과 **심리학적 관점**으로 나눌 수 있다.

(1) 사회학적 관점

사회학적 관점은 Weber의 이론 중 사회 구조와 관련된 것에 초점을 두는 것이다. 즉 어떤 사회적 상황에서 카리스마적 리더가 등장하고, 이러한 카리스마적 리더가 사회 구조의 변동에 어떤 영향을 주는가에 대한 연구이다.

(2) 심리학적 관점

심리학적 관점은 주로 리더의 개인적 특성이나 카리스마적 리더의 행동 등에 초점을 두는 것이다. 주로 조직 행동 분야에서 발전했는데, 일반적으로 신 카리스마적 리더십 패러다임이라고 한다.

이러한 두 가지 관점은 각각 자기 고유 영역을 지키면서 연구되었다. 사회학적 관점은 대부분 카리스마적 리더의 구체적인 특성이나 행동 유형에는 관심을 가지지 않았고, 심리학적 관점은 구조적 상황이나 카리스마적 리더가 등장하게 되는 상황요인 등은 소홀히 하였다.

3) 카리스마적 리더십의 세 가지 접근방법

카리스마적 리더십에 대한 접근방법은 카리스마적 리더의 특성을 탐색하는 연구, 사회 교환 관계적 관점의 연구, 카리스마적 리더에 대한 인식론적 연구로 나누어진다.

(1) 카리스마적 리더의 특성을 탐색하는 연구

카리스마를 개인의 특성으로 보는 관점은 리더십 특성론과 연결된다.

Weber는 카리스마적 리더의 특성을 예외적, 혁명적, 신비적, 영웅적인 것으로 파악했으며, 원대한 목표, 능력, 결단력 등을 제시했다.

House는 카리스마적 리더십에 영향을 주는 개별 특성으로 고도의 자기 확신, 지배 경향이나 다른 사람들에게 영향을 주고자 하는 욕구, 자기 믿음에 대한 강한 확신 등을 들었다.

카리스마 형성에 관계되는 다양한 심리적 또는 신체적 특성들이 지적되었다. 남다른 자신감, 뛰어난 웅변력, 지칠 줄 모르는 에너지, 열정 등이 제시되는가 하면, 지배 성향과 끈기를 내세우는 학자들도 있었다. 또한 외모에서 풍기는 위용이나 매력 같은 것도 카리스마 형성에 작용한다고 주장하는 학자들도 있었다. 하지만 구체적으로 어떤 특성이 카리스마와 관계되는가에 대한 엄격한 검증 결과나 뚜렷한 한계는 없다.

(2) 사회 교환 관계적 관점의 연구

카리스마적 리더와 구성원은 상호 의존적인 관계를 갖게 된다. 리더는 구성원의 지원과 적극적 복종을 필요로 하고, 구성원은 리더가 자신의 욕구를 해결해 주고 혜택을 가져다줄 것으로 기대하므로 카리스마적 리더의 영향력을 수용한다는 것이다.

House는 카리스마를 리더와 구성원의 특수한 관계에서 발생한다고 했다. 즉 구성원이 리더의 사상을 옳다고 생각하고 애정을 갖게 되며, 리더가 내세우는 조직의 사명에 감정적으로 몰입하게 되면 리더가 카리스마를 갖게 된다는 관점이다.

(3) 카리스마적 리더에 대한 인식론적 연구

Conger와 Kanungo는 카리스마가 귀인 현상의 하나라는 가정에 근거한 카리스마적 리더십을 주장했다. 구성원이 리더 행동의 관찰에 근거하여, 어떤 카리스마적 특징들을 리더에게 귀인한다는 것이다. 이들은 카리스마적 리더와 비카리스마적 리더를 비교한 연구를 통해 귀인에 관계된 리더의 행동 측면들을 확인했다. 이 행동들은 모든 카리스마적 리더에게서 같은 정도로 나타나는 것으로 가정하지 않았으며, 각 행동의 카리스마 귀인에 관한 상대적 중요성은 어느 정도 리더십 상황에 의존한다

표 6-1 카리스마적 리더와 비카리스마적 리더의 행동 요인

행동 요인	카리스마적 리더	비카리스마적 리더
현상에 대한 태도	현 상태 반대에 의한 변화 노력	현 상태 동의에 의한 유지 노력
미래의 목표	현 상태와 크게 차이가 나는 이상적 비전 제시	현 상태와 크게 차이가 나지 않는 목표 제시
호감성	관점과 비전의 공유를 통해 모방, 동일시의 대상으로 호감, 존경하게 함	관점 공유를 통한 호감을 갖게 함
신뢰성	개인적 위험과 손실을 감수하고 사욕 없는 주장	설득하기 위한 사욕 없는 주장
전문성	현존 과정을 초월하는 혁신적 수단 사용의 전문가	정형화된 과정에 의한 목표 수행을 위한 수단 사용의 전문가
행동 기준	혁신적이고 현존의 규칙에 배치	보수적이고 현존의 규칙에 동조
환경 민감성	현 상태 변화의 필요에 따른 환경 민감성에 대한 높은 욕구	현 상태 유지에 따른 환경 민감성에 대한 낮은 욕구
명확성	비전과 리더십 동기의 명확	목표와 리더십 동기의 불명확
권력 기반	개인 권력(전문성, 존경, 영웅에 대한 경외심에 근거)	직위 권력과 개인 권력(보상, 전문성, 유사한 개인에 대한 호감에 근거)
리더-구성원 관계	엘리트, 기업가, 모범적(급진적 변화 공유를 위해 개인을 혁신시킴)	평등주의, 합의추구, 지시적(자신의 관점 공유를 위해 명령과 지시)

자료 : J. A. Conger & R. Kanungo, Toward a behavioral theory of charismatic leadership in organizational settings, *Academy of Management Review 12*(4), 1987, pp.637-647 수정인용.

고 보았다.

〈표 6-1〉는 Conger와 Kanungo가 구분한 카리스마적 리더와 비카리스마적 리더의 행동 요인이다.

2. 카리스마적 리더십 연구

카리스마적 리더십 연구로 Weber의 연구, House의 연구, Conger와 Kanungo의 연구, Shamir의 연구에 대해 살펴보자.

1) Weber의 카리스마적 리더십 연구

(1) 권한의 유형

Weber는 카리스마를 권력의 정당화 측면의 세 가지 유형 중 하나로 정의했다. 특정인이 갖는 권력(power)이 정당하다고 다른 사람들에 의해 인정되면 권력은 권한(authority)이 된다. 이러한 권한을 세 가지 유형으로 구분하여 설명하였는데, 법적(합리적) 권한, 전통적 권한, 카리스마적 권한이다.

- **법적(합리적) 권한** : 공식적인 규범, 즉 법률이 정한 정부 등을 거역할 수 없다는 신념 때문에 복종이 이루어지는 권한을 말한다.
- **전통적 권한** : 현존하는 사회 질서가 신성시되야 한다는 신념 하에 복종이 이루어지는 권한을 말한다.
- **카리스마적 권한** : 리더가 특출한 능력을 지니고 있다는 신념 때문에 복종이 이루어지는 권한을 말한다. 초인적 · 초자연적 상식을 뛰어넘는 특성을 갖고 있다는 믿음이 명령을 따르고 본받으려고 하고, 리더가 세운 규칙을 지키고 받들게 된다. Weber는 이런 비범한 속성을 가진 사람이 리더로 인정받는다고 주장했다.

한편 카리스마적 리더와 구성원과의 관계는 표현적이고 감정적인 측면에 초점을 두고 있어 근본적으로 불안정하다고 보았다. 따라서 카리스마적 리더십의 효과를 지속시키기 위해서는 제도화된 유형의 변화를 통해 카리스마의 관례화를 강조했다.

(2) 카리스마의 시각

카리스마를 바라본 Weber의 시각은 다섯 가지로 압축될 수 있다. 다음과 같이 사명에 대한 구성원의 신뢰, 비범한 성과의 입증, 카리스마 집단 형성, 카리스마의 일상화, 가치 중립적이다.

- **사명에 대한 구성원의 신뢰** : 리더는 항상 숭고한 사명을 내세우며 구성원이 자신을 믿도록 하는 능력이 뛰어나다. 자신의 운명과 사명을 동일시하고 구성원의 욕구와 꿈을 내용으로 사명 달성을 위한 복종을 요구한다.

- **비범한 성과의 입증** : 리더는 비범한 성과나 사건을 창출함으로써 자신의 카리스마를 구성원에게 수시로 입증해야 한다. 리더에 대한 능력과 힘을 적절히 공급하고, 구성원에게 사명 달성에 대한 혜택을 줌으로써 카리스마적 리더라는 인식이 소멸되지 않도록 해야 한다.

- **카리스마 집단 형성** : 리더가 이끄는 집단의 구성원 중 일부는 리더에 준하는 카리스마를 갖게 된다. 카리스마적 리더를 중심으로 질서를 유지하며 카리스마 집단을 형성한다.

- **카리스마의 일상화** : 리더의 영향력은 시간이 지나면서 카리스마의 일상화를 통해 대체된다. 신비스런 리더의 존재에 대한 집단적 흥분이 시간의 흐름에 따라 일상적 과업 속으로 침전된다.

- **가치 중립적** : 카리스마의 결과는 긍정적일 수도 부정적일 수도 있다. 간디, 알렉산더뿐만 아니라 히틀러, 무솔리니 역시 카리스마적 리더의 범주에 포함시키고 있고, 이런 부정적인 측면을 구체적으로 지적하고 있다.

(3) 카리스마의 발생

Trice와 Beyer는 Weber의 카리스마 발생이라는 현상에 포함된 다섯 가지 요소를 설명했다.

- 카리스마적 리더는 특출한 능력을 보유하고 있어야 한다.
- 사회적 위기 또는 절망적인 상황이 존재해야 한다.
- 리더는 사회적 위기에 대한 획기적 해결책, 즉 사명을 제시할 수 있어야 한다.
- 리더가 초월적인 능력을 지니고 있다고 구성원이 믿어야 한다.
- 리더는 지속적인 성공을 통하여 자신의 능력을 입증할 수 있어야 한다.

2) House의 카리스마적 리더십 연구

House는 카리스마적 리더십이란 구성원에게 카리스마적 효과를 주는 리더십이라 정의했다.[2]

House의 연구는 리더의 특성 및 행동이 구성원의 카리스마 효과에 미치는 영향, 카리스마 효과를 증폭시키는 상황적 조건 등 모든 요인을 담고 있어서 다른 연구와는 달리 시각이 상당히 포괄적이다. 특히 House는 리더의 카리스마적 행동을 강조하고 있는데, 각각의 행동은 각각의 카리스마적 효과에 차별적으로 영향을 준다고 했다. 즉 House의 카리스마적 리더십 연구는 리더가 구성원의 가치, 정서, 무의식적 동기 및 자존심에 영향을 주는 효과를 주로 다루고 있다.

이러한 관점에서 House는 리더가 카리스마를 형성하는 데 영향을 주는 구체적인 변수들과 카리스마의 효과를 포함하는 〈그림 6-1〉의 모형을 제시했다.

(1) 카리스마적 리더의 특성

카리스마적 리더는 강한 우월감, 강한 권력 욕구, 강한 자신감, 자신의 믿음과 이상에 있어 강한 확신을 가진다. 강한 권력 욕구는 리더가 구성원에게 영향력을 발휘하도록 동기부여한다. 또, 강한 자신감과 강한 확신은 리더를 판단함에 있어 구성원의 신뢰를

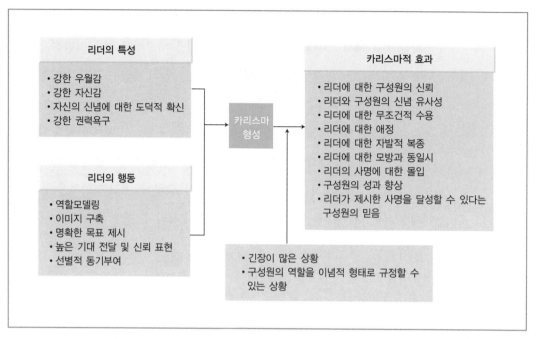

▶▷ 그림 6-1 House의 카리스마적 리더십 모형

자료 : R. J. House, A 1976 theory of charismatic leadership, In J. G. Hunt and L. L. Larson(Eds.), *Leadership: The Cutting Edge*, Carbondale: Southern Illinois University Press, 1977.

증가시킨다.

(2) 카리스마적 리더의 행동

House는 리더의 카리스마적 행동을 강조하고 있다. 카리스마적 리더의 다섯 가지 행동으로는 역할모델링, 이미지 구축, 명확한 목표 제시, 높은 기대 전달 및 신뢰 표현, 선별적 동기부여가 있다.

- **역할모델링** : 카리스마적 리더는 역할모델링을 통해 구성원이 매진해야 할 가치관과 신념을 전달한다. 구성원이 리더의 가치체계를 모방하고 수용하는 과정을 통해 성과를 향상시킨다.
- **이미지 구축** : 카리스마적 리더는 자신이 능력 있고 성공을 거둘 수 있는 사람이

라는 인상을 구축함으로써 구성원이 자신을 호의적으로 지각하게 만든다.

- **명확한 목표 제시** : 카리스마적 리더는 도덕성을 내포하고 있는 이념적 목표를 명확히 제시한다. 미래에 대한 비전 제시와 구성원의 과업 수행에 의미를 부여하는 행동을 통해 카리스마적 효과를 얻는다.
- **높은 기대 전달 및 신뢰 표현** : 카리스마적 리더는 구성원이 높은 성과를 달성할 것이라는 기대감을 전달함과 동시에 구성원이 자신에게 부여된 높은 목표를 달성할 수 있는 능력을 지니고 있다는 신뢰감을 표출한다. 이러한 행동은 구성원에게 직무에 대한 자신감과 자기 효능감을 증대시키며, 결국 성과 향상으로 이어진다.
- **선별적 동기부여** : 카리스마적 리더는 자신이 제시한 사명의 완수와 관련된 동기를 선별하여 동기 요인을 자극한다.

House는 카리스마적 리더십을 공식 조직에서 검증 가능한 포괄적 모형을 제시함으로써 공식 조직에서 카리스마적 리더십을 적용하는 연구들을 촉발시키는 계기를 마련했다는 점에서 의의가 있다.

(3) House 연구의 비판

카리스마적 리더십을 구성원에게 미치는 효과 또는 영향으로 정의해 종속변수로 채택하고 있는데, 이는 종속변수를 통해 독립변수를 정의하는 셈이기 때문에 논리적 모순이다.

또한 카리스마적 리더십 효과를 발생시키는 카리스마적 리더의 행동이 구체적으로 어떤 과정을 통해 카리스마적 리더십 효과에 영향을 주는지를 설명하지 못하고 있다.

3) Conger와 Kanungo의 카리스마적 리더십 연구

Conger와 Kanungo는 카리스마를 특정 상황에서 구성원이 리더의 행동을 관찰하여 카리스마라고 귀인한 결과로 나타나는 현상이라 했다.[3] 조직행동론적 관점에서 행동의 관찰을 통하여 행동의 원인을 이해하고 찾아가는 과정을 귀인이라 말한다. 이들의 연구는 이러한 전제 하에 리더에게 카리스마를 귀인하게 만드는 리더십 행동 유형을 밝히는 데 초점을 맞추었다.

(1) 카리스마적 리더십

Conger와 Kanungo의 연구는 특성 이론적 관점에서 카리스마의 특성을 강조하기 보다는 카리스마 귀인을 가져오는 행동적 선행조건을 강조함으로써 카리스마가 제한적인 개인만이 발휘할 수 있는 리더십이 아니라고 주장했다.

- **구성원이 관찰한 리더의 행동을 카리스마적 리더로 표현** : 조직의 목표를 달성하는 과정에서 구성원은 각자가 수행하는 역할이나 행동의 관찰을 통하여 나름대로 누가 리더의 역할을 수행했는지를 선별해 낼 수 있다. 특정한 역할과 행동을 보이는 사람을 리더십이 있다고 귀인하게 된다. 카리스마의 경우에도 같은 논리를 적용할 수 있는데, 현상에 불만을 가지며 이상적 비전을 제시하고 변화를 주도하는 등의 행동을 보이는 사람들을 카리스마적이라고 평가하게 된다.
- **비범한 재능이나 특별한 특성이 아닌 훈련에 의한 터득 가능** : 리더가 정해진 행동을 보이기만 하면 카리스마적이라고 다른 사람들로부터 평가받을 수 있는 것으로, 카리스마적 행동이라는 것은 참여적 리더십 행동이나 배려 행동 등과 같이 누구나 적절한 행동 훈련을 통해 터득할 수 있다는 주장이다.

(2) 카리스마적 리더십 과정

카리스마적 리더십 과정을 〈그림 6-2〉와 같이 비전 창출, 비전 전달, 신뢰 구축, 비전 달성의 4단계로 보여 준다.

- **1단계 – 비전 창출** : 리더는 현 상태에서 부족한 것을 찾아 창출한다. 비전은 구성원이 조직체의 일원으로서 자아가치를 느끼고, 목적 의식을 갖게 되어 높은

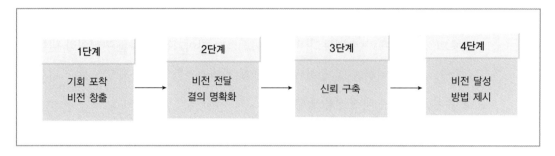

1단계		2단계		3단계		4단계
기회 포착 비전 창출	→	비전 전달 결의 명확화	→	신뢰 구축	→	비전 달성 방법 제시

▶▷ 그림 6-2 **카리스마적 리더십의 4단계**

자료 : J. A. Conger & R. N. Kanungo, *Charismatic leadership*, San Fransisco: Jossey-Bass, 1988, p.27 수정.

동기가 유발된다.

- **2단계 – 비전 전달** : 리더가 구성원에게 비전에 전념해야 한다는 확신을 갖게 한다. 카리스마적 리더는 효과적으로 강력한 언변을 구사하고, 자신이 주장하는 가치관과 신념을 확대시켜 전달한다.
- **3단계 – 신뢰 구축** : 리더가 비전을 달성할 수 있는 능력, 비전의 달성에 전념하는 인상의 구축이 구성원에게 신뢰감을 갖도록 하는 것이다. 카리스마적 리더는 리더 자신의 업적에 대한 부각, 뛰어난 전략적 통찰력의 제공, 전문성을 갖추고 있다는 이상의 표출, 자신감과 인습에 얽매이지 않는 전술의 구사, 구성원과 공통된 가치관, 태도, 포부를 보유하고 있다는 인상의 창출 등의 행동이 필요하다.
- **4단계 – 비전 달성** : 리더는 구성원의 역량강화를 통하여 구성원이 비전을 달성하는 데 적극적인 역할을 하고 있다는 자기 효능감을 증가시켜야 한다.

이와 같이 카리스마적 리더가 구성원에게 영향을 주는 과정을 구체적으로 분석함으로써 카리스마의 귀인 과정을 규명했다는 점에서 연구의 의의가 있다.

(3) 카리스마적 리더십의 특징

이러한 모형에 입각하여 Conger와 Kanungo는 카리스마적 리더십 유형을 측정하는 설문을 개발했다. 거듭되는 타당성 검증 결과, 카리스마적 리더는 **전략적 비전** (vision and articulation), **환경 민감성**(environment sensitivity), **구성원 욕구 민감성**(sensitivity of members' needs), **위험감수 행동**(personal risk), **비관습적 행동** (unconventional behavior) 등 다섯 가지 차원의 행동을 보이는 것으로 나타났다.

- **전략적 비전** : 구성원이 수용할 만한 전략적 비전을 제시하고 구체화하는 행동
- **환경 민감성** : 주변 환경이 부여하는 제약조건과 기회를 현실적으로 평가하는 행동
- **구성원 욕구 민감성** : 구성원에게 호소력 있고 혁신적으로 비춰지는 비전을 제시하기 위한 전제조건으로 구성원의 욕구와 가치관 및 포부에 대한 관심을 보이는 행동
- **위험감수 행동** : 자신이 주장하는 비전을 달성하기 위해 위험을 감수하며 값비싼 대가를 치르는 것을 마다하지 않는 행동
- **비관습적 행동** : 과거의 관행을 타파하고 혁신적인 방식을 추구하는 행동

한편 카리스마의 귀인에 영향을 미치는 상황요인을 제시했는데, 대대적인 변화를 요구하는 상황이나 구성원이 현 상태에 불만족을 느끼는 상황에서 카리스마의 귀인이 이루어질 가능성이 높다고 보았다. 여기서 객관적 위기 상황은 중요하지 않으며, 리더가 현 상황에 불만을 고조시켜 더 나은 미래를 위한 비전을 제시할 수 있다. 또한 리더가 위기 상황을 의도적으로 조성한 후, 기존의 방식과는 다른 방식으로 위기를 해결함으로써 자신의 능력을 보여 줄 수도 있다.

Conger와 Kanungo는 이러한 일들을 해내는 리더가 카리스마로 인식될 가능성이 높다고 보았다.

(4) Conger와 Kanungo 연구의 비판

모든 계층의 리더에게 카리스마적 리더십의 적용이 가능한가의 문제이다. 비록 비

전 만들기가 조직 구성원의 자발적 참여와 개입 정도에 달려 있지만, 변화를 창조하는데 직접적으로 관여하고 비전을 만들어 내는 일은 어떻게 보면 최고경영층의 역할일 경우가 많다. 특히 새로운 방향을 지향하는 것은 구성원과는 별개의 독립적인 행동으로 비춰질 수도 있다는 점이다. 하지만 최근 비전 만들기에 대한 많은 연구 결과들이 조직 구성원의 참여를 통해 공유 비전이 개인 비전에서 조직 비전으로 변화되어야 함을 강조하고 있고, 이를 위한 실천 방안을 제시하고 있다는 점을 감안하면 이러한 문제는 어느 정도 해소될 수 있을 것이다.

4) Shamir의 카리스마적 리더십 연구

Shamir는 자아개념이론을 사용하여 카리스마적 리더십을 설명했다. 카리스마적 리더가 어떻게 구성원에게 영향을 주고 성과를 내는지에 대한 심리적 과정에 관심을 두었다.

(1) 카리스마적 리더십

Shamir의 연구는 1993년 Shamir, House, Authur에 의해 정교화되었는데, 〈그림 6-3〉과 같이 기존의 카리스마적 리더십 및 변혁적 리더십에서 제시된 것보다 포괄적인 자아개념이론을 사용하여 카리스마적 리더십을 설명했다.

Shamir 등의 연구는 카리스마적 리더십은 구성원의 자아개념을 변화시킴으로써 리더가 가지고 있는 가치관 및 목표를 내면화시키고 리더가 제시한 사명에 몰입하도록 동기부여시킨다는 것이다.[4]

〈그림 6-3〉을 간단히 설명하면 다음과 같다.

첫째, 카리스마적 리더의 행동이 구성원의 자아개념에 영향을 주게 되고, 카리스마적 리더의 행동으로 영향을 받은 구성원의 자아개념이 구성원에게 추가적인 영향까지 주게 된다는 것이다.

둘째, 카리스마적 리더의 행동이 동기부여의 메커니즘에 의해 구성원의 자아개

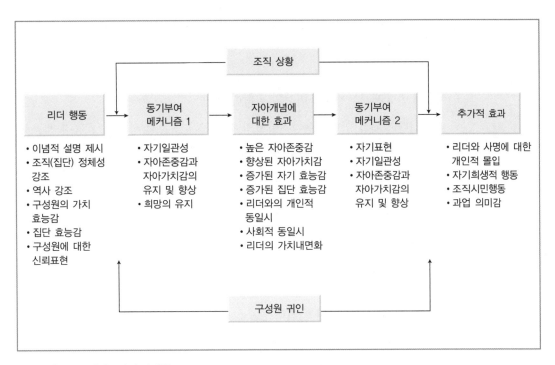

▶▷ 그림 6-3 **카리스마적 리더십**

자료 : B. R. Shamir, R. J. House & M. Arthur, The motivational effects of charismatic leadership: A self-concept based theory, *Organization Science,* 4(4), 1993, pp.1-17.

념에 영향을 준다. 카리스마적 리더의 행동으로 영향을 받은 구성원의 자아개념이 동기부여의 메커니즘에 의해 구성원에게 추가적인 영향까지 주게 된다는 것이다.

셋째, 카리스마적 리더의 행동이 동기부여를 일으키는 과정과 동기부여가 구성원의 추가적인 영향을 줄 때 상황요소로서 조직 상황이나 구성원 귀인을 고려했다.

(2) 동기부여의 메커니즘

- 개인의 감정이나 가치를 스스로 표현하는 자기표현과 관련
- 자아존중감과 자아가치감을 유지하고 향상
- 자기일관성에 대한 인식을 유지하고 향상

- 자아개념 내에 부각되는 정체성일수록 동기부여적 중요성이 커진다.

(3) 리더의 행동

- **이념적 설명 제시** : 이념적 비전의 명확한 제시
- **조직(집단)정체성, 집단 효능감** : 비전의 가치 공유를 통한 정체성, 효능감 제공
- **역사 강조** : 역사적인 사건들을 인용하여 과거의 사건과 현재의 행동을 연결
- **구성원의 가치 효능감** : 높은 성과에 대한 기대 표현
- **구성원에 대한 신뢰 표현** : 목표 달성의 능력에 대한 신뢰감 표현

(4) 구성원의 자아개념에 대한 영향

- **개인적 동일시** : 리더의 행동을 모방하고 리더의 요구 이상의 과업을 수행한다.
- **사회적 동일시** : 카리스마적 리더는 구성원의 자아개념을 집단의 공유가치와 역할 정체성에 관련시킴으로써 사회적 동일시를 높인다.
- **가치 내면화** : 카리스마적 리더는 비전을 구성원의 가치를 반영하는 이념적 용어로 명확하게 제시한다.

(5) 구성원에 대한 추가적인 영향

- **개인적 몰입** : 카리스마적 리더는 구성원의 자아개념과 리더의 사명 간에 연결관계의 형성을 통해 개인적 몰입을 증가시킨다.
- **자기희생적 행동** : 구성원은 리더가 제시한 집단적 사명을 위해 개인적인 희생을 기꺼이 감수하려고 한다.
- **조직시민 행동** : 자신에게 주어진 역할뿐 아니라 그 외의 일까지 기꺼이 하려한다.
- **과업 의미감** : 카리스마적 리더의 구성원은 과업에 대한 높은 의미감을 가진다.

Shamir의 자아개념 모형은 카리스마적 리더십이 구성원에게 주는 영향의 매개과정을 구체화했다는 측면에서 의의가 있다. 권력 행사에 대한 피권력자의 반응을 다루는 문헌에서 많이 연구되었던 동일화, 내면화 등의 개념과 최근에 개인과 집단

의 성과 향상에 크게 기여하는 효능감 개념을 카리스마적 리더십의 과정을 설명하는 데 활용한 것은 매우 창의적인 접근이라고 할 수 있다.

(6) Shamir 연구의 비판

카리스마적 리더 행동이 자아개념에 별도로 다양한 영향을 줄 수 있다는 점을 간과했다. 분석수준을 고려할 때 카리스마적 행동이 집단 지향적이라는 주장과 함께 비록 리더의 행동에 대해 구성원이 각각 다르게 지각할 수 있지만 리더 행동 자체는 전체 집단에 대해 동질적인 것으로 가정하고 있다는 점이다.

3. 카리스마적 리더십의 최근 연구

1) Yukl의 연구

Yukl이 말한 특정한 인물이 카리스마적 리더로 인정받는 여섯 가지 척도는 다음과 같다.[5]

첫째, 리더의 신념이 옳다는 구성원의 신뢰
둘째, 리더의 신념과 구성원의 신념과의 유사성
셋째, 리더에 대한 구성원의 무조건적인 수용
넷째, 리더에 대한 구성원의 애착
다섯째, 리더에 대한 구성원의 자발적인 복종
여섯째, 조직의 사명에 대한 구성원의 감정적 몰입

2) 기타 연구

House, Spangler와 Woycke의 미 대통령들의 종합적인 연구를 통해, 카리스마적 지도력은 경제, 사회, 국제사회와 관계된 다섯 가지 대통령 실적에 대한 척도와 긍정적으로 일맥상통한다고 했다. 최근에 Waldman, Ramirez, House와 Puranam 의 연구는 폭넓은 산업종목에 걸친 Fortune 500회사들을 샘플로 삼아 카리스마적 최고경영자와 회사의 영업운영 목표 달성과의 관계에 적용하고자 했다.

Conger와 Jay는 지속적인 이론 확립과 실증적인 연구가 필요하다고 했다. Jacobson과 Chanoch는 카리스마적 리더십은 리더의 자질이 있어도 발생률이나 결과가 모두 예측불허하다고 평가했다.

카리스마적 리더십의 측정도구[6]

다음은 카리스마적 리더십에 관한 설문내용을 담고 있다. 각 설문내용을 읽고 본인 의 리더십을 평가해 보자. 숫자의 척도는 다음을 의미한다.

    1. 전혀 그렇지 않다   2. 거의 그렇지 않다   3. 보통이다
    4. 조금 그렇다   5. 매우 그렇다

설문내용	척 도				
1. 구성원에게 진취적인 전략과 조직의 목표를 제시한다.	1	2	3	4	5
2. 구성원이 하는 직무의 중요성을 효율적으로 명료하게 표현함으로써 동기부여시 킨다.	1	2	3	4	5
3. 조직의 실현 가능한 비전을 달성시키려 노력한다.	1	2	3	4	5
4. 조직목표를 저해하는 물리적 환경(기술적 한계, 자원부족 등)에 대해 쉽게 인지 한다.	1	2	3	4	5
5. 조직목표에 해가 될 수 있는 사회적 · 문화적 환경(규범, 기본 자원 부족 등)에 대 해 쉽게 인지한다.	1	2	3	4	5
6. 구성원의 직무에 대한 한계를 인지한다.	1	2	3	4	5
7. 구성원을 존중하며 호의로 대한다.	1	2	3	4	5
8. 구성원의 욕구와 감정에 민감하다.	1	2	3	4	5
9. 구성원의 욕구와 감정에 개인적인 관심을 보인다.	1	2	3	4	5
10. 조직 발전을 위해서라면 개인적인 위험도 감수한다.	1	2	3	4	5
11. 조직목표를 달성하기 위해서는 자신의 안전을 위협하는 일에도 솔선수범한다.	1	2	3	4	5

설문내용	척 도				
12. 조직 발전을 위해서는 개인적인 비용도 부담한다.	1	2	3	4	5
13. 조직목표를 달성하기 위해서는 기존의 행동을 버리고 새로운 행동도 한다.	1	2	3	4	5
14. 조직목표를 달성하기 위해서 기존의 관습을 깨는 방법도 이용한다.	1	2	3	4	5
15. 구성원을 놀라게 하는 매우 특이한 행동을 종종 한다.	1	2	3	4	5

[결과해석]

요인	해 석
전략적 비전	구성원이 수용할 만한 전략적 비전을 제시하고 구체화하는 행동
환경 민감성	주변 환경이 부여하는 제약조건과 기회를 현실적으로 평가하는 행동
구성원 욕구 민감성	구성원에게 호소력 있고 혁신적으로 비추어지는 비전을 제시하기 위한 전제조건으로 구성원의 욕구와 가치관 및 포부에 대한 행동
위험감수 행동	자신이 주장하는 비전을 달성하기 위해 위험을 감수하며 값비싼 대가를 치르는 것을 마다하지 않는 행동
비관습적 행동	과거의 관행을 타파하고 새로운 방식을 추구하는 행동

각 요인에 대한 자신의 점수는 설문지상의 세 가지 설문의 점수를 합산함으로써 결정된다.(예, 전략적 비전은 설문 1, 2, 3에 대한 자신의 응답을 합산하면 된다.)

요인	설문내용			합 계
전략적 비전	1	2	3	
환경 민감성	4	5	6	
구성원 욕구 민감성	7	8	9	
위험감수 행동	10	11	12	
비관습적 행동	13	14	15	

[자신의 결과]

 사례 1 A은행의 변화

데미안은 A은행의 은행장으로 발령이 났다. 이 은행은 기대보다 낮은 사기와 수익성 부진을 나타내고 있었기에 그동안의 성과기록을 점검하고 지점장들과 회의를 통해 새로운 변화가 필요하다는 결론에 다다랐다.

데미안은 새로운 목표를 달성하기 위해 필요한 비전 진술서를 만들어 은행 전체에 배포했다. 이 진술서는 수준 높은 고객서비스를 제공하면서 경영능력을 최대한 발전시킬 수 있는 세계 최고의 은행이 되자라는 A은행의 전반적인 목적과 방향을 담고 있다.

데미안은 전략적 목표를 말과 행동으로 반복적으로 강조했다. 직원들에게 고객서비스 향상을 위한 교육 프로그램을 시작했다. 최고의 고객서비스를 실천하는 직원들을 위한 평가시스템을 구축하고, 보상시스템을 만들어 내는 등 겉으로 보기에는 중요한 결과를 얻는 것으로 보였다.

그러나 데미안이 시도한 거침없는 조직구조 설계에 따른 갑작스런 변화로 직원들 사이에는 불안감이 조성되었다. 불필요한 통제를 비롯하여 직원들은 자신들에게 주어진 책임과 권한 그리고 회사의 목표와 비전을 위해 자신들이 어떻게 기여할 것인가에 대한 확신을 갖지 못했다.

결국 데미안이 세운 비전은 변화의 중심에서 점점 의미가 사라지고 있다. 뿐만 아니라 사람을 다루는 방식이나 은행 경영에 있어서 일관성을 유지하고 못하고, 직원들의 말과 관심사에 경청하지 않고 있다. 그는 개방적인 쌍방향커뮤니케이션을 거의 하지 않았다.

A은행에 부임한 지 3년 후, 데미안은 글로벌 금융위기에 잘 대처하지 못해 A은행에 재정적 손실을 끼치게 되었다.

□ 토의

1. 데미안이 부임 후 A은행의 변화를 위해 기울인 노력에는 어떤 것들이 있는가?
2. A은행의 직원 입장에서 변화에 대해 어떤 기분이 들었겠는가?
3. 자신이 데미안의 뒤를 이어 A은행을 경영하게 된다면 어떤 점을 개선·보완하겠는가?

 사례 2 B여행사의 비전

마테오는 B여행사를 2002년에 설립했다. 마테오의 비전은 고객의 욕구를 반영해 불필요한 요소들을 제외한 최적의 서비스를 제공하고, 직원들에게는 일하기 좋은 다양한 방법을 제공하는 유연한 조직형태를 통해 창의력과 생산성을 향상시키는 것이었다.

마테오는 비전을 명확하게 하고 가르칠 수 있는 모든 수단과 기회를 활용했다. 많은 직원들은 마테오가 자신들로 하여금 무엇이든 할 수 있다는 믿음을 불어넣어 주는 영적인 리더라고 생각했다.

B여행사의 조직 분위기는 열정이 넘쳤고, 역동적이면서 긍정적이었다. 그로 인해 빠른 성공을 거두었고, 이용 고객 또한 급속도로 많아지기 시작했다.

그러나 B여행사는 빠른 성장과 초기 성공에도 불구하고 몇몇 심각한 조직문제가 발생했다. 초기와는 달리 직원들의 업무량은 계속 늘어나고, 의사소통의 문제가 생겨났으며, 많은 의사결정이 최고경영진에 의해 결정되어 오랜 시간이 걸렸다. B여행사의 고객들이 늘어갈수록 운영문제는 더욱 복잡해져 갔다.

그럼에도 불구하고 공식적으로 문제를 효과적으로 다루는 데는 진전이 없었다. 마테오의 직원들이 불만과 현 상황의 문제점을 제기했으나 경영진에게 필요한 변화는 적용되지 못했고, 무엇보다 마테오는 안정화된 조직의 모습을 갖추어 가는 데 필요한 단계를 밟으려는 개선의 의지가 없어 보였다.

마테오는 직면한 문제에 집중하는 것보다 새로운 성장 동인을 찾아 해결하려 했고, 직원들을 자극할 더 큰 비전이 필요하다고 믿었다. 마테오는 새로운 여행루트를 개발하고 새로운 인력을 고용했다. 아울러 재정적으로 약한 다른 여행사를 인수하기로 결정했다. 마테오의 빠른 확장 전략은 과도하게 긍정적이었고, 외부의 경영환경 변화와 같은 중요한 변화에 대해서는 무시해 버렸다.

그 이후 조직 내부적인 문제는 더욱 악화되었다. 잘못된 대우와 마테오의 행동에 의문을 제기하고 불평하며 퇴사하는 직원들이 점점 늘어나기 시작했다. 다른 많은 직원들 사이에 마테오는 독재자였고, 어느 누구도 말릴 수 없었다.

마테오는 자신에게 도전하고 듣기 싫어하는 질문을 했다는 이유로 창립 멤버인 몇몇 관리자들을 해고했다. 이후 계속된 운영 손실로 마테오는 초기의 전략을 다시 시도했지만 때는 이미 늦은 상황이었다.

□ 토의

1. 마테오가 보여 준 리더십의 특성에는 어떤 것들이 있는가?
2. 직원들이 기대하는 사항에는 어떤 것들이 있는가?
3. 마테오에게 해 주고 싶은 조언에는 어떤 것들이 있는가?

요약

카리스마는 개인에게 초인간적이거나 혹은 비범한 힘이나 능력에 대한 경외심이 자발적 복종의 근거가 되는 권한 유형으로, 구성원의 규범적 지향에 대해 광범위하고 강력한 영향력을 행사할 수 있는 리더의 능력이다.

카리스마의 두 가지 관점은 사회학적 관점과 심리학적 관점이다.

카리스마적 리더십은 구성원에게 사명의식과 리더에 대한 강한 몰입 등을 표출하는 능력으로 볼 수 있다.

카리스마적 리더십의 세 가지 접근방법은 카리스마적 리더의 특성을 탐색하는 연구, 사회 교환 관계적 관점의 연구, 카리스마적 리더에 대한 인식론적 연구이다.

카리스마적 리더십 연구는 Weber의 카리스마적 리더십 연구, House의 카리스마적 리더십 연구, Conger와 Kanungo의 카리스마적 리더십 연구, Shamir의 카리스마적 리더십 연구가 있다.

Weber의 연구에서는 카리스마를 바라보는 다섯 가지 시각을 제시했다.

House의 연구에서는 카리스마적 리더의 다섯 가지 특징적 행동으로 역할모델링, 이미지 구축, 명확한 목표 제시, 높은 기대 전달 및 신뢰 표현, 선별적 동기부여를 제시했다.

Conger와 Kanungo의 연구에서는 카리스마적 리더십의 과정은 비전 창출, 비전 전달, 신뢰 구축, 비전 달성이라고 했다. 또 리더의 다섯 가지 차원의 행동으로 전략적 비전, 환경 감수성, 구성원 욕구 민감성, 위험감수 행동, 비관습적 행동을 들 수 있다.

Shamir의 연구는 카리스마적 리더십은 구성원의 자아개념을 변화시킴으로써 리더가 가지고 있는 가치관 및 목표를 내면화시키고 리더가 제시한 사명에 몰입하도록 동기부여시킨다는 것이다.

Yukl의 카리스마적 리더로 인정받는 여섯 가지 척도는 리더의 신념이 옳다는 구성원의 신뢰, 리더의 신념과 구성원의 신념과의 유사성, 리더에 대한 구성원의 무조건적인 수용, 리더에 대한 구성원의 애착, 리더에 대한 구성원의 자발적인 복종, 조직의 사명에 대한 구성원의 감정적 몰입이다.

참고문헌

1) J. A. Conger, *The Charismatic Leader: Behind the Mystique of Exceptional Leadership*, San Francisco: Jossey-Bass, 1989.

2) R. J. House, A 1996 theory of charismatic leadership, In J. G. Hunt & L. L. Larson(Eds.), *Leadership : The cutting edge*. Car bondale, IL: Southern Illinois university Press, 1977.

3) J. A. Conger & R. N. Kanungo, Toward a behavioral theory of charismatic leadership in organizational settings, *Academy of Management Review* 12(4), 1987.

4) B. R. Shamir, R. J. House & M. Arthur, The motivational effects of charismatic

leadership: A self-concept based theory, *Organization Science,* 4(4), 1993, pp.1-17.

5) G. Yukl, *Leadership in organizations,* 3rd ed., Englewood Cliffs, New Jersey: Prentice-Hall, 1994.

6) J. A. Conger, R. N. Kanungo, S. T. Menon & P. Mathur, Measuring charisma: Dimensionality and validity of the conger-kanungo scale of charisma leadership, *Canadian Journal of Administration science,* 14(3), 1997, pp.290-302 수정.

제 7 장

변혁적 리더십

1. 거래적 리더십의 개념과 구성요소를 이해할 수 있다.
2. 변혁적 리더십의 개념과 구성요소를 이해할 수 있다.
3. 변혁적 리더십과 카리스마 리더십의 공통점과 차이점을 비교할 수 있다.

21세기에 "변화해야 생존한다"를 부정하는 조직 구성원은 없을 것이다. 급변하는 환경에 적응 대처하기 위해서 변화가 필수인 시대이다. 이런 시대에 요구하는 변혁적 리더십은 최근 급격하게 변화하는 환경에서 중요한 리더십의 개념으로 강조되고 있다.[1]

최근 우리나라 조사에서도 직장인 1,289명에게 일곱 가지 리더 유형을 기준으로 '경기 불황을 극복하는 데 필요한 리더 유형'을 물어본 결과, 응답자의 32.1%가 '변혁적 리더'를 선택했다.[2] 변혁적 리더를 선호하는 이유로는 40.5%가 구성원을 잘 이끌 것 같아서라고 지적했다. 반면 꺼리는 리더 유형으로는 독불장군 리더가 27.1%로 1위를 차지했다. 변혁적 리더십은 교육기관, 군 조직, 정부조직, 산업조직 등 다양한 조직의 전 계층에서 성공적인 리더들로 자주 관찰된다.[3]

'새로운 리더십(the new leadership) 패러다임'[4]으로 그 중요성과 관심이 높아가고 분명히 많은 학자들이 연구하며[5] 리더십의 중심부에 서 있다. 이러한 변혁적 리더십의 대중적 호응은 구성원의 내재적 동기부여와 개발을 강조하기 때문이다.[6]

변혁적 리더십(transforming leadership)은 이름 그대로 구성원의 정서, 가치관, 윤리, 행동규범, 장기적 목표를 변화(change)하고 변혁(transforming)시키는 과정이다. 이 과정에는 구성원의 동기를 평가하고, 요구를 충족시키며 구성원들을 완전한 인격체로 대우하는 것을 포함한다. 또한 기대 이상의 업적을 성취하도록 하는 특별한 형태의 영향력이다.[7]

변혁적 리더십이라는 용어는 1973년 Downton[8]이 처음 제시했으며, 미국의 정치사회학자 James MacGregor Burns가 1978년 미국을 변화시킨 리더들을 분석한 저서 『변혁적 리더십』[9]을 통해 변혁적 리더십이 새로운 접근법으로 대두되었다.

변혁적 리더십의 핵심은 리더가 조직 구성원의 사기를 고취시키기 위해 미래의 비전과 공동체적 사명감을 강조하며, 조직의 장기적 목표를 달성하는 것이다. 변혁적 리더는 구성원에게 개인의 이익보다 조직 전체의 이익을 우선하여 영감을 불어넣어 주며, 엄청난 영향을 미칠 수 있는 것이다.[10]

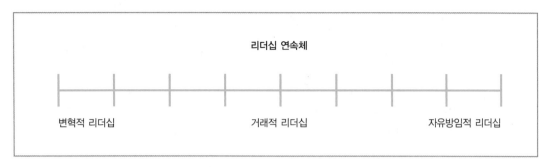

▶▷ 그림 7-1 변혁적 리더십부터 자유방임적 리더십까지 단일선상의 리더십 연속체

자료 : Peter G. Northouse, *Leadership*, 4th ed., London : Sage, 2007, p.180.

앞 장에서 제시된 리더십 이론 중 오하이오 주립대학교 연구, Fiedler의 상황적합 모형, House의 경로-목표 이론 등이 거래적 리더에 관한 것이다. 변혁적 리더십의 예로는 Avon사의 리더인 Andrea Jung, Virgin Group의 최고경영자인 Jim Mcerney를 들 수 있다.[11] 또한 Burns는 M. Gandhi를 전형적인 변혁적 리더로 보 았다.[12]

Burns는 정치적 리더십의 과정을 거래적 리더십과와 변혁적 리더십으로 구별했 다.[13] 거래적 리더십은 경제적 교환관계로 구성원의 행동을 이끄는 것으로, 리더와 구성원의 상호 욕구가 만족되는 한 지속된다. Burns는 거래적 리더십과 변혁적 리 더십을 단일선상에서 서로 극단적으로 개념화했고, Bass는 거래적 리더십과 변혁 적 리더십을 상호 배타적이 아니며 상호 독립적이라 하여 〈그림 7-1〉과 같이 구별 했다.[14]

1985년 Bass는 변혁적 리더십을 확대 발전시켰다. 정치적 리더십을 연구한 Burns 와 달리 Bass는 비즈니스 리더들을 집중 연구했다.

이 장의 제1절과 제2절에서 설명하게 될 거래적 리더십과 변혁적 리더십의 구성 요소[15]를 〈표 7-1〉로 나타내고 각 해당 절에서 자세히 설명하고자 한다.

표 7-1 변혁적 리더십과 거래적 리더십의 구성 요소

변혁적 리더십	거래적 리더십	자유방임 리더십
요소 1 이상적인 영향력 카리스마 (idealized influence charisma)	요소 5 조건적 보상 (contingent reward)	요소 7 자유방임적 (laissez-faire)
요소 2 영감적 동기부여 (inspirational Motivation)	요소 6 예외 관리 (Management-by-exception)	비거래적 (nontransactional)
요소 3 지적 자극 (intellectual stimulation)		
요소 4 개별적 배려 (individualized consideration)		

자료 : Peter G. Northouse, *Leadership*, 4th ed., London: Sage, 2007, p.181.

1. 거래적 리더십

1) 거래적 리더십의 개념과 특징

전통적인 리더십으로 본 거래적 리더십은 리더가 조건적 보상을 근거로 하여 구성원에게 영향력을 행사하는 과정이다. Burns는 거래적 리더십이란 리더가 행동, 보상, 인센티브를 사용해 구성원들로부터 바람직한 행동을 하도록 만드는 과정이며,[16] 이러한 예로는 교수가 학생이 제출한 과제를 채점하여 성적을 부여한다든가, 경제를 살리겠다는 공약으로 당선된 정치인들이 해당한다. Burns의 거래적 리더십은 리더가 원하는 것이 바로 구성원 자신에게도 이익이 된다고 보기 때문에 영향력을 행사하는 것이다.[17]

Bass는 Burns의 거래적 리더의 개념에 근거하여 거래적 리더십을 교환하는 노력을 발휘하도록 동기부여시키는 리더십이라고 정의했다. Bass가 제시한 거래적

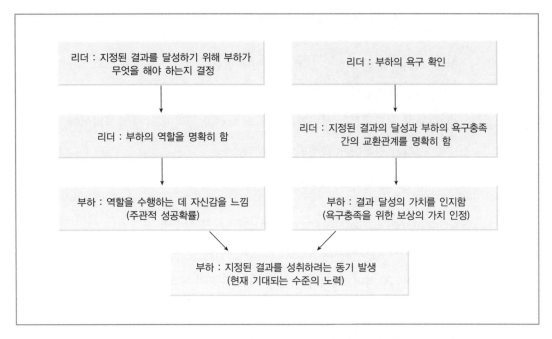

▶▷ 그림 7-2 거래적 리더십 모형
자료 : B. M. Bass, *Leadership and Performance Beyond Expectations*, N.Y., Free Press. 1985, p.12 .

리더십 모형은 〈그림 7-2〉와 같다.

2) 거래적 리더십의 구성요소

Bass는 거래적 리더십의 구성요소로 조건적 보상과 예외관리를 들었다. 조건적 보상은 리더가 제시한 기준에 달성하는 경우에 보상하는 적극적인 반면, 예외관리는 기준에 미치는 못한 경우에만 피드백을 하는 소극적인 성격을 지니고 있다.

(1) 조건적 보상

조건적 보상(contingent reward) 상황적 보상이라고도 하며, 리더가 제시한 수준에 맞게 구성원이 성과를 도달했을 때 동기부여를 위해 인센티브나 보상을 제공하는 것이다. 조건적 보상은 바람직한 성과에 대한 시기적절한 긍정적인 보상이며, 지식 창출보다는 주로 효율적 관리 과정에 초점을 맞춘다.

조건적 보상이 효과를 발휘하기 위해서 다음과 같은 상황이 수반되어야 한다.

첫째, 리더가 강한 권한을 보유하고 있어야 한다.
둘째, 구성원이 보상을 받기 위해 리더에게 의존해야 한다.
셋째, 보상을 기대하는 성과가 구성원의 노력과 능력에 의해 달성되어야 한다.
넷째, 성과가 정확하게 측정되어야 한다.

(2) 예외관리

예외관리(Management-by-exception)는 예외적 사건이 발생했을 때 리더가 개입하며, 이 개입활동은 때때로 부정적 피드백이나 부정적 강화가 따른다. 조건적 보상이 긍정적 피드백이며, 예외에 의한 관리는 부정적 피드백에 해당된다. 대체적으로 부정적 피드백은 조건적 보상에 비해 비효과적이다. 예외관리의 대상은 구성원 자신이 아닌 업무수행에 관한 것이며, 잘못된 것이 구체적으로 무엇인지를 제시하고, 리더가 원하는 것을 분명히 전해 주어야 한다.

Hater와 Bass는 예외관리를 적극적 예외관리와 소극적 예외관리로 구분했다.[18] 적극적 예외관리는 문제가 발생하지 않도록 미리 리더가 구성원을 점검하여 효율

 영화 보기 거래적 리더십

영화 〈국가대표〉의 내용은 대강 이렇다. 1996년 전라북도 무주, 동계올림픽 유치를 위해 정식 종목 중 하나인 스키점프 국가대표팀이 급조된다. 이에 전 어린이 스키교실 강사 방종삼(배우 성동일)이 국가대표 코치로 임명되고, 그의 온갖 감언이설에 정예멤버들이 모인다.

4명의 청년이 힘든 훈련을 겪어낼 수 있었던 것도 방 코치의 리더십이었다. 미국으로 입양된 후 성인이 되어 친엄마를 찾기 위해 한국으로 온 '밥'에게는 엄마와 같이 살 아파트를 제공하겠다고, 사랑 때문에 또는 부양가족 때문에 그들과 함께 있어야 하는 홍철, 칠구-봉구 형제, 그리고 재복에게는 군 면제를 약속한다. 단, 금메달을 따면! 이라는 조건으로 혹독한 훈련을 시킨다. 즉 조건적 보상인 것이다.

적 과업을 수행하도록 수정조치를 한다. 소극적 예외관리는 수용 가능한 성과기준에서 명백하게 이탈했을 때 개입, 처벌, 교정한다. 그러므로 적극적 예외관리는 잘못을 찾고 구성원의 성과를 과정 중에 점검하며, 소극적 예외관리는 문제가 심각해진 후에야 개입한다.

요약하면, 거래적 리더는 현재에 초점을 두고 조직을 순조롭게 능률적으로 운영하는 데 탁월하다. 즉 기획 및 예산과 같은 전통적 관리기능에 익숙하며 일상적인 업무성과 측면에 관심을 집중한다. 이러한 상황에서 거래적 리더는 아주 효과적이다. 거래적 리더십은 규칙을 준수하기 때문에 변화하는 것보다는 오히려 안정을 추구하려 한다.[19]

(3) 자유방임적 리더십

자유방임적 리더십은 '손을 떼고 일이 돌아가는 대로 두고 본다'는 의미의 불어로 'laissez-faire'라고 표현한다. 즉 리더는 책임을 포기하고, 의사결정을 연기하며, 구성원들에게 피드백을 제공하지 않고, 구성원들의 욕구를 충족시키거나 지원하는 데에도 특별한 노력을 하지 않는다.

자유방임적 리더십은 소극적 예외관리와 이론적으로 중복되며, 이 둘을 합쳐 비리더십(non-leadership) 또는 소극적 리더십(passive leadership)이라고 한다. 이것은 리더십이 없는 상태를 의미하며, 효과성과 만족도 측면에서 부정적인 결과를

만화 보기 『슬램덩크』의 강백호 기억 속의 안 선생

이노우에 다케히코의 인기만화 『슬램덩크』에서 실제로는 유능한 농구감독인 '안 선생'이 주인공 '강백호'에게는 자유방임적 리더로 인식되어 그려진다. 늘 안 선생을 무시하고 살 많은 턱을 잡아당기며 놀리고, 안 선생을 감독보다는 무능하고 도움이 안 되는 옆집 할아버지 정도로 인식하기 때문이다. 호칭도 주로 '영감님'이라고 하며, 실제로 이웃집 영감님 대하듯 한다.

산출한다.

Bass는 성과－보상체계를 바탕으로 하는 기존 거래적 리더십이론들의 한계점들에 대해 다음과 같이 지적하고 있다.

첫째, 순응형 하급자를 양산하기 쉽다.

둘째, 양적 목표에 집착하여 질적인 과정이나 목표가 희생될 우려가 있다.

셋째, 복잡한 보상체계는 모호성을 유발하며 의미 없는 기록갱신에 집착할 수 있다.

넷째, 구성원들이 적의를 갖게 되거나 이탈하게 되는 결과를 가져올 수 있다.

다섯째, 불공평하다는 분위기가 만연될 수 있다.

여섯째, 상과 벌로 위협하는 방법은 구성원들이 자기중심을 잃고 비참한 기분을 가질 수 있다.

2. 변혁적 리더십

1) 변혁적 리더십의 개념과 특징

Bass는 구성원들로 하여금 개인적 이해관계를 넘어서 기대 이상의 성과를 달성하도록 하는 과정이 변혁적 리더십이라고 했다.

변혁적 리더십은 구성원들이 기대 이상의 과업을 달성하도록 하기 위하여 첫째, 구성원들이 인식한 특정하고 이상적인 목표의 가치와 중요성을 높이고 둘째, 구성원들이 자신의 조직과 집단을 위해 개인의 이익을 초월하도록 하고 셋째, 구성원들의 성취 욕구를 만족시키고 더 높은 차원의 욕구에 관심을 갖도록 하는 것이다.

Bass는 변혁적 리더십이 위기 상황이나 사회적 변화가 일어날 때 효과적이며, 유기적 구조를 가진 조직이기 때문에 기계적인 조직보다 더 효과적이라고 했다.

2) 변혁적 리더십의 구성요소

● **카리스마** : 카리스마는 변혁적 리더십의 가장 핵심적인 구성요소이다. 즉 **구성원들이 리더가 제시한 비전을 따르도록 하는 특별한 능력**을 의미한다. Bass는 카리스마 리더란 구성원에게 직무에 몰입하고 조직에 충성심을 갖도록 만드는 것이라고 정의했다. 그러나 카리스마가 변혁적 리더십의 필수 구성요소이기는 하지만 변혁적 리더십 자체를 모두 설명하지는 못한다. 변혁적 리더는 구성원들에게 강한 감정적 동일시를 유발하여 영향력을 행사하고, 구성원들을 발전적으로 변화시킨다.

● **영감적 동기부여** : 영감적 동기부여란 구성원에게 비전을 제시하고 열정을 불러일으키며 격려를 통해 에너지를 북돋우고 업무에 매진하도록 만드는 행동이다. 영감적 동기부여는 카리스마와 별개로 자발적으로 일어난다. 만약 구성원들이 리더와 일치하는 감정이 없고, 리더 개인에 이끌리는 것이 아니라 리더의 목표에 이끌린다면 이는 영감적 동기부여이다.

● **개별적 배려** : 개별적 배려란 구성원들이 가지고 있는 개인적인 욕구 및 능력의 차이를 인정하는 것이다. 개인을 그들의 욕구수준보다 높은 수준으로 끌어올리며, 구성원들로 하여금 높은 성과를 올릴 수 있도록 잠재력을 개발해 주는 행동이다.

● **지적 자극** : 지적 자극이란 구성원들로 하여금 업무수행의 과거 관습에 대해 의문을 제기하고 새로운 방식을 사용하도록 지원한다. 구성원의 가치관, 신념, 기대뿐만 아니라 리더나 조직의 가치관, 신념, 기대에 대해서도 끊임없이 의문을 제기하도록 지원해 주는 행동이다.

Bennis와 Nanus는 변혁적 리더의 모습을 다음과 같이 설명한다.[20]

● 리더는 구성원의 실수를 포용한다.
● 리더는 구성원의 진지한 조언을 장려한다.
● 리더는 반대 의견을 장려한다.
● 리더는 낙관, 신념, 희망을 소유하고 있다.

표 7-2 거래적 리더와 변혁적 리더의 특징

	거래적 리더
조건적 보상	노력과 보상을 교환하기로 계약하고, 좋은 성과에 대한 보상을 약속하며 성취를 인정함
적극적 예외관리	규칙과 표준으로부터의 이탈을 지켜보고 조사하며 수정 조치를 취함
소극적 예외관리	표준이 충족되지 않을 경우에만 개입함
자유방임	책임을 포기하고 의사결정을 회피함
	변혁적 리더
카리스마	비전과 사명감을 제공하여 긍지심을 불어넣어 주며, 존경과 신뢰를 얻음
영감적 동기부여	기대를 전달하고, 노력 집중을 위해 상징을 사용하며, 중요 목적을 단순하게 표현함
지적 자극	지능, 합리성, 그리고 세심한 문제해결을 촉진시킴
개별적 배려	개인적 관심을 보이고, 각 종업원을 개별적으로 다루며, 코치하고 조언함

자료 : Stephen P. Robbins & Rimothy A. Judge, *Essentials of Organizational Behavior*, 9th ed., Pearson Prentice, New Jersey, 2008. p.189.

- 리더들은 일종의 감을 가진다.
- 리더는 장기적인 안목이 있다.
- 리더는 이해 집단의 갈등과 요구를 균형 있게 조정한다.
- 리더는 전략적인 동맹과 협력관계를 만든다.

Yukl은 변혁적 리더가 실천할 전략적 지침을 제시했다.[21]

- 명확하고 호소력 있는 비전을 개발하라.
- 비전을 달성할 수 있는 전략을 개발하라.
- 확신 있고 긍정적으로 행동하라.
- 구성원들에게 확신을 표명하라.
- 핵심 가치를 강조하기 위해서 극적이고 상징적인 행동조치를 개발하라.
- 본보기에 의해서 리드하라.

히틀러(Adolf Hitler)는 과연 변혁적 리더일까?

히틀러와 같은 리더를 설명할 때 변혁적 용어를 사용하는 것은 곤란하다. 그 까닭은 그들은
변혁을 시도했으나 바람직하지 못한 방식을 사용했다.
Burns는 변혁적 리더십의 개념에 도덕적 수준향상을 포함시켰으며, Bass는 유사 변혁적 리
더십(pseudo Transformational leadership)이라는 새로운 용어를 만들었다. 이 유사 변혁적
리더는 자기 파괴적이고 착취적이며 권력 지향적이고 도덕적 가치를 왜곡시키는 리더이다.[22]

거래적 리더십과 변혁적 리더십이 어떤 일을 수행하는 데 있어서 상반된 접근방법이라고 생각해서는 안 된다. 변혁적 리더십과 거래적 리더십은 상호 보완적이다.

변혁적 리더십은 거래적 리더십 상위의 개념이며, 거래적 리더십이 만들어 내는 이상의 수준으로 구성원의 노력과 성과를 이끌어 낸다. 반면에 거래적 리더십은 변혁적 리더십이 만들어 낼 수 있는 것 이상으로 이끌어 내지 못한다. 따라서 당신이 좋은 거래적 리더이지만 변혁적 리더의 특성을 가지고 있지 않다면, 당신은 보통의 리더가 될 것이다. 최고의 리더는 거래적이면서 변혁적인 리더이다.[23]

표 7-3 거래적 리더십과 변혁적 리더십의 차이점

구 분	거래적 리더십	변혁적 리더십
목표지향성	현상과 너무 괴리되지 않는 목표 지향	보통 현상보다 매우 높은 이상적인 목표지향
시간	단기적 전망	장기적 전망
동기부여	구성원들에게 즉각적이고도 가시적인 보상으로 동기부여	구성원들에게 자아실현과 같은 높은 수준의 개인적 목표를 동경하도록 구성원을 격려
행위표준	구성원들은 규칙과 관례를 따르기를 좋아함	변혁적이고도 새로운 시도에 도전하도록 구성원을 격려
문제해결	구성원들을 위해 문제를 해결하거나 해답을 찾을 수 있는 곳을 알려 줌	질문을 하여 구성원들이 스스로 해결책을 찾도록 격려하거나 함께 일함

거래적 리더와 변혁적 리더의 차이는 〈표 7-3〉과 같다.

3) 리더십 종합모형

〈그림 7-3〉은 리더십 종합모형(full range of leadership model)을 보여 준다. 자유방임적 리더는 가장 소극적이고 효과가 가장 낮은 리더의 행동으로 비효과적이다. 적극적이든 소극적이든 예외관리는 자유방임보다는 조금 낮지만, 여전히 비효과적인 리더십이다. 예외관리를 실행하는 리더들은 어떤 문제가 발생했을 때만 리더십을 발휘하므로 흔히 리더십 발휘가 늦어진다. 때로는 보상연계 리더십은 효과적인 리더십 유형이 될 수 있다. 그렇지만 이러한 리더십 유형을 사용하는 리더들은 주어진 임무 이상의 것을 하지 못한다.

변혁적 리더십만이 리더가 구성원에게 기대 이상의 성과를 도출하고 조직을 위해 개인 이익을 초월하게 동기부여할 수 있다. 개별적 배려, 지적 자극, 영감적 동기유발, 카리스마 모두가 구성원들로 하여금 많은 노력, 높은 생산성, 높은 사기와 만족, 높은 조직효과성, 낮은 이직률, 낮은 결근율, 높은 조직 적응력을 이끌어 낼 수 있다. 이러한 모형의 관점에서 볼 때, 일반적으로 리더가 네 가지 변혁적 리더 행동을 적절하게 사용할 때 가장 효과적이다.

지난 몇 년 동안 변혁적 리더십의 작동원리에 대해 많은 연구가 수행되었다. 변혁적 리더는 구성원들에게 더 혁신적이고 창조적인 사람이 되라고 장려한다. 예를 들어, 미 육군의 Leonard Wong 장군은 이라크 전쟁에서 군대가 적극적인 사고 대신에 수동적인 사고를, 창조성 대신에 순응을, 대담함 대신에 충실함을 장려하고 있음을 알게 되었다. 이에 대응하여 Wong 장군은 하급 장교들에게 창조적이고 더 많은 위험을 추구하도록 권한 위임을 했다. 변혁적 리더들은 그들 스스로가 창조적이기 때문에 효과적인 리더가 되는 것이다.[24]

목표는 변혁적 리더십이 어떻게 작동하는지를 설명하는 주요 메커니즘 중 하나이다. 변혁적 리더의 추종자들은 야심적인 목표를 추구하며 조직의 전략적 목표를 알

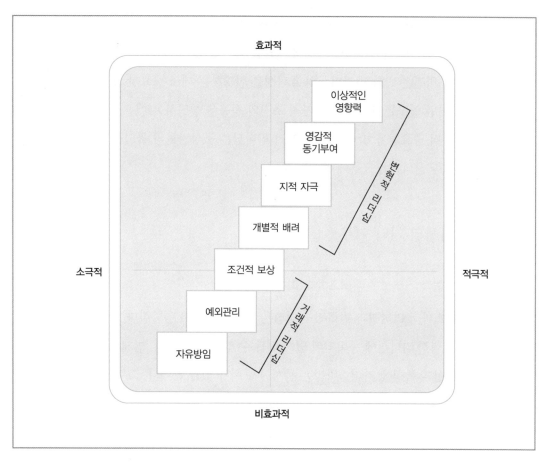

효과적

이상적인
영향력

영감적
동기부여

지적 자극

개별적 배려

변혁적 리더십

소극적   적극적

조건적 보상

예외관리

거래적 리더십

자유방임

비효과적

▶▷ 그림 7-3 리더십 종합모형

자료 : Stephen P. Robbins & Rimothy A. Judge, *Essentials of Organizational Behavior*, 9th ed., Pearson Prentice, New Jersey, 2008, p.190.

고 있고 공감하며, 그들이 추구하는 목표는 개인적으로 중요한 것이라고 믿는 경향이 있다. VeriSign의 최고경영자 Stratton Sclavos는 다음과 같이 말했다. "그것은 앞으로 나아갈 방향을 계획하는 것이라고 할 수 있다. 그것은 당신이 어디로 가야 되는지, 거기에 가기 위해 당신이 어떻게 할 것인지를 당신의 구성원에게 명확하게 알려 주는 능력을 갖는 것이다. 더 중요한 것은 동일한 목표를 추구하고, 같은 수준의 열정, 몰입, 두려움, 경쟁력을 가진 사람을 함께 일할 사람으로 선택하는 것이다."

목표에 대한 Sclavos의 말은 비전을 말하는 것이다. 기존의 연구가 카리스마적 리더십이 어떻게 작동하는지를 설명하는 데에 비전이 중요하다는 사실을 보여 주었듯이, 비전은 변혁적 리더십의 효과성을 설명하는 데도 중요한 요인임을 보여 주었다. 어떤 연구는 비전이 기업가적 조직의 성공을 설명하는 데 카리스마적 의사소통보다 더 중요함을 밝혀냈다. 변혁적 리더십은 구성원들의 몰입을 유발시키고 리더에 대한 신뢰감을 그들에게 심어 준다.

3. 변혁적 리더십의 기타 연구

1) 변혁적 리더십과 카리스마적 리더십

카리스마적 리더십과 변혁적 리더십은 같은 맥락에서 출발한다. 카리스마적 리더십이 변혁적 리더십에 종속되어 있다고 볼 수 있는데, 이 둘은 별개의 이론이며 변혁적 리더십의 특성에 카리스마라는 특성이 들어가 있을 뿐이다. 그런데 Bass는 남들이 갖고 있지 못한 천부적인 특성 또는 사람의 마음을 끄는 개인적인 독특한 힘(personal idiosyncratic)(Conger & Kanungo, 1987) 등으로 정의되는 '카리스마'라는 용어의 사용 대신 '이상적 영향'으로 쓰는 편이 보다 바람직하다고 주장했다. 왜냐하면 카리스마는 각종 매체나 사람들 사이에서 열광이나 축복 등 너무나 다양한 의미로 사용되고 있으며, 때로는 권력자나 독재자와 관련되어 사용되는 경우도 있기 때문이라는 것이다.

두 리더십의 **공통점**은 현상을 변화시켜 좀 더 나은 미래를 원하는 것과 장기적이며 이상적인 **목표**, 진보적인 성향 등이 있다. 하지만 영향력의 행사를 보게 되면 카리스마적 리더는 개인적인 자질들을 통해서 행사한다. 변혁적 리더의 경우에는 권한의 부여를 통하여 구성원들의 자존 욕구를 달성하도록 도와주며, 지속적인 의사소통으로 구성원들이 능력과 가치를 증대하도록 개인적인 지원을 아끼지 않은 리더의 의지에 의해 구성원들은 리더를 따르게 된다.

카리스마적 리더십은 벤처기업이나 중소기업의 경영자에게 적절한 리더십이다. 카리스마 리더십은 최근 위기관리와 관련하여 연구되기도 했다. 벤처기업이나 중소기업 같은 경우 여러 가지 위험 요소가 존재한다. 조직은 위기에 처했을 때 그것을 극복할 수 있는 하나의 수단으로 카리스마적 리더십을 내세우게 된다. 위기 상황에서 꼭 필요한 강인함과 분명한 태도 그리고 자신감을 카리스마적 리더는 제시해 줄 수 있다. 하지만 조직이 일단 안정권에 들어서면 카리스마적 리더는 오히려 부담이 될 수 있다. 이들의 통치 방식이나 자기 판단에의 확신 등은 위기 사항을 헤쳐 나가는 데 도움이 되지만 일상적 상황에서는 역효과를 낼 수 있다.

특히 Jim Collins가 『Good to Great』에서 밝힌 것처럼, 예상과 다르게 위대한 기업에는 카리스마적인 리더가 거의 없다. 위대한 기업에서도 대부분 개인적으로는 수줍음이 많고 다른 사람 앞에 잘 나서지 않는, 하지만 회사의 장기적 성공에 관계되는 일이라면 절대로 포기하지 않는 변혁적 리더가 존재한다는 공통점이 있다.

변혁적 리더십의 경우에는 미래지향적이며 이상적인 목표지향, 장기적인 목표와 구성원들의 자아실현 같은 높은 수준의 개인적 목표를 달성하도록 동기를 부여하며, 진보적인 성향과 문제해결을 위해 구성원들이 스스로 해결책을 찾도록 격려하거나 함께 일하는 것이 조직의 발전과 경쟁에서 유리하다고 본다.[25]

(1) 변혁적 리더십과 카리스마적 리더십의 차이점

변혁적 리더십과 카리스마적 리더십은 신 카리스마적 리더십이론의 분류에 속하는 것으로 많은 공통점을 가지고 있다. 몇몇 연구들은 변혁적 리더십과 카리스마적 리더십을 같은 이론으로 취급하기도 한다.[26] 현재까지 수행된 많은 연구결과들 중 변혁적 리더십이 다양한 행동 중 카리스마의 효과가 가장 지배적이며 일관되게 성과에 영향을 미치는 것으로 나타나고 있다.

그러나 비록 변혁적 리더십과 카리스마적 리더십이 공통점을 가지고 있지만 이

두 리더십은 명확하게 구별된다. 우선 변혁적 리더십은 카리스마 이외에 다른 행동 요소를 포함하고 있다. 따라서 **변혁적 리더십은 카리스마적 리더십 이상의 다른 의미를** 가지고 있다.

- **Graham** : 변혁적 리더십을 카리스마 리더십의 충실화 모델로 보고 그들 간의 차이를 설명했다. 즉 변혁적 리더십은 카리스마에 개별화된 배려와 지적 자극을 추가하고 있기 때문에 몇 가지 차이를 만들어 낸다는 것이다.
- **Yukl** : 카리스마적 리더십과 변혁적 리더십의 차이를 구성원의 역량강화 측면에서 구분하고 있다. 즉 카리스마의 본질은 구성원들에게 특출한 사람으로 비춰짐으로써 구성원들이 리더로부터 영감을 얻고 지도를 받으며 리더에 의존하게 만든다. 반면에, 변혁적 리더십의 본질은 리더가 제시한 새로운 비전과 가치관에 구성원들이 몰입하도록 하며 구성원들의 자신감을 배양시켜 조직 내 변화를 유도한다.
- **Trice와 Beyer** : 카리스마적 리더는 일반적으로 새로운 조직을 창조하고 그에 따라 새로운 조직문화를 형성하는 것과 관련이 있지만, 변혁적 리더는 기존의 조직과 조직문화를 변화시키는 것과 관련이 있다고 했다. 또한 카리스마적 리더는 공동의 대의명분을 내세워 구성원들을 유인하고 결집시켜 목표를 달성해 나간다는 점에서 사회운동의 지도자와 같은 이미지를 갖는 반면, 변혁적 리더는 그런 이미지를 풍기지는 않는다.

Rowold와 Heinitz는 Bass의 변혁적 리더십과 Conger와 Kanungo의 카리스마적 리더십을 중심으로 이들 간의 공통점을 제시했다.[27]

- 변혁적 리더와 카리스마 리더는 모두 변화의 대리인이다.
- 구성원들의 신념체계와 태도를 바꾸기 위해서는 비전을 만드는 것 이외에 리더와 구성원 간의 정서적 유대가 필요하다.

- 만일 리더가 신뢰할 만한 모델이고 행동규칙을 대표한다면 변혁이 좀 더 쉽게 나타날 것이다.
- 리더의 카리스마적 자질과 행동의 결과로서 구성원들은 리더와 동일시하게 되고, 그럼으로써 가치와 성과기준은 구성원에게 더 잘 받아들여진다.
- 변혁적 리더와 카리스마적 리더는 기대 이상의 성과를 촉진시킨다.

Rowold와 Heinitz는 변혁적 리더십과 카리스마 리더십의 차이점을 각각의 측정도구를 바탕으로 제시했다(〈표 7-4〉 참조).

Rowold와 Heinitz는 MLQ-5X와 CKS를 바탕으로 변혁적 리더십과 카리스마적 리더십의 공통점과 차이점을 검토한 결과 다음과 같이 결론 내렸다.

- 변혁적 리더십과 카리스마적 리더십은 주관적 성과에 대해 거래적 리더십의 영향력을 추가적으로 증폭시켰다. 게다가 변혁적 리더십과 카리스마적 리더십은 모두 성과에 대해 각각의 영향력을 통제하고도 독특한 차이를 만드는 데 기여했다.
- 변혁적 리더십은 거래적 리더십의 효과를 넘어 추가적으로 이익에 영향을 주었다. 이익에 대한 이러한 증폭효과는 카리스마적 리더십에서는 입증되지 않았다. 더군다나 변혁적 리더십은 거래적 리더십과 카리스마적 리더십이 이익에 주는 영향력을 증폭시켰다.

따라서 변혁적 리더십과 카리스마 리더십은 공통점도 있으나, 각각이 독특하게 기여하는 차이점도 존재한다는 것을 알 수 있다.

표 7-4 MLQ-5X와 CKS의 하위요인 비교

	MLQ 변혁적 리더십		CKS 카리스마 리더십
영감적 동기부여	비전을 구체적으로 제시한다. 리더는 열정을 갖는다.	환경 민감성	리더는 해당 조직의 기회와 위협을 탐색하기 위해 환경을 평가한다. 조직의 목표를 달성하기 위해 현상을 비판하고 급진적인 변화를 제안한다.
이념적 영향력 귀인	리더에 대한 자부심을 갖고 존경한다. 구성원은 리더와 동일시한다.	구성원 욕구 민감성	리더는 구성원들의 욕구를 주의 깊게 관찰한다.
이념적 영향력 행동	리더는 구성원들에게 신뢰하고 활동적인 역할모델을 제시한다.	전략적 비전	리더는 해당 조직의 전략적 비전을 만든다. 그 비전을 제시하고 구성원들에게 격려한다.
지적 자극	구성원에게 문제해결을 위한 관습적인 방식에 대한 의문을 제기하도록 장려한다.	위험감수 행동	자신감을 보여 주고 비전의 잠재적 결과에 대한 신념을 입증한다.
개별적 배려	구성원의 욕구와 능력을 이해한다. 개개의 구성원을 욕구와 능력을 개발하고 임파워먼트시킨다.	비관습 행동	리더는 구성원에 대해 과거의 관습을 타파하고 혁신적인 방식을 구축한다. 리더는 구성원에게 역할모델을 제공한다.
거래적 리더십	구성원으로부터 기대되는 것과 그 대가로 구성원이 받을 것 간에 교환관계를 정의한다.		
적극적 예외관리	현행 성과상태를 유지하기 위해 실수, 문제, 불평을 탐색하고 시정조치한다.		
소극적 예외관리	문제가 심각해진 후에만 그 문제를 다룬다.		
비리더십	리더십 행동의 결여		

2) Tichy와 Devanna의 변혁적 리더십 모형

Tichy와 Devanna는 조직이 어떻게 변화하고, 리더들이 그 변화의 과정을 어떻게 관리하는지에 관심을 두었다. Tichy와 Devanna는 급속한 환경변화에 대한 리더의 대처방식을 바탕으로 변혁적 리더의 특징을 설명하고자 했다.[28] 그들은 대기업에 근무하는 CEO 12명의 변혁적 리더들을 대상으로 인터뷰를 실시하고 자료를 수집, 분석했다. 연구결과에 따르면, 변혁적 리더는 3단계 행동 과정을 통해 조직의 변화를 관리한다. 3단계 행동 과정은 첫째, 변화의 필요성을 인식하고 둘째, 환경에 적합한 비전을 만든 후에 셋째, 그에 적절한 새로운 조직구조로의 변화를 이끌어 가는 것이다.

첫 번째 단계의 행동 과정은 변화의 필요성 인식이다. 조직과 구성원들은 일반적으로 현재의 상태에 만족하고, 변화에 저항하려는 경향이 있다. 그러나 변화하는 환경에서 조직의 변화는 필수다. 이에 리더는 조직 구성원들이 변화를 수용할 수 있도록 다양한 방안을 제안해야 하며, 구성원들로 하여금 변화와 관련된 의견을 제시할 수 있어야 한다. 즉 단순히 변화를 주도하는 세력을 키우기만 하는 것이 아니라 변화에 대한 저항세력을 줄이는 일도 함께 해야 한다. 이를 위해서는 모든 구성원들에게 변화의 필요성을 인식 및 이해시키는 것이 중요하다.[29]

Tichy와 Devanna는 조직이 변화에 대한 개방성을 향상시킬 수 있는 몇 가지 방안을 다음과 같이 제시하고 있다.

- 구성원들로 하여금 다른 의견을 제시하고 주장하도록 허용하라.
- 조직이 목표를 얼마나 잘 달성하고 있는지에 대해 객관적인 평가를 받도록 하라.
- 조직의 구성원들을 조직 내부의 타 부서나 외부 조직들에 방문하도록 하여 타 조직들이 어떻게 하고 있고, 문제를 어떻게 해결하고 있는지에 대한 대안적 관점을 체득하도록 하라.
- 조직의 성과를 다른 조직들의 성과와 비교 가능하도록 광범위한 경제적·비경제적 지표에 근거하여 평가하도록 촉진하라.

두 번째 단계의 행동 과정은 비전을 창출하는 것이다. 비전은 조직이 미래에 나아갈 방향에 대한 개념적인 지도의 역할을 한다. Tichy와 Devanna에 의하면 비전은

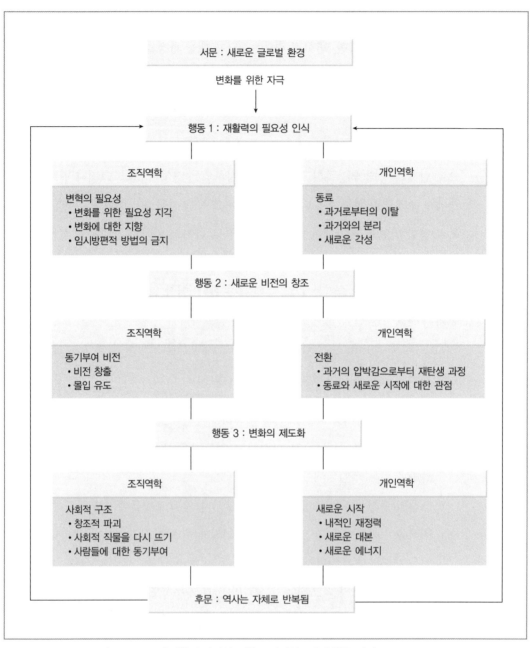

▶▷ 그림 7-4 Tichy와 Devanna의 변혁적 리더십 모형 조직변화 3단계 행동 과정

자료 : N. M. Tichy & M. A. Devanna, *The Transformational Leader,* New York, John Wiley & Son, 1990.

리더 혼자서 만드는 것이 아니다. 비전은 조직 내의 다양한 구성원들의 상이한 관점과 시작들, 그리고 환경을 고려하여 만들어져야 한다. 그리고 비전은 리더와 구성원 간의 공유가 중요하기 때문에 그 내용과 가치가 무엇인지를 명확히 표현하는 사명 진술서가 개발되어야 한다.

세 번째 단계의 행동 과정은 변화를 실행하고 제도화하는 것이다. 리더는 기존의 조직구조를 해체하고, 새로운 조직구조를 정립하여 변화를 실행한다. 리더는 이러한 변화의 실행을 위해 새로운 아이디어를 실행할 수 있는 적합한 자격을 갖춘 구성원들을 찾아내고, 그들의 지원을 받아야 한다. 또한 기존의 구조를 해체하고 새로운 비전을 실천하는 데 적합한 구성원들의 새로운 연합체를 형성해야 한다. 이러한 과정에서 모든 구성원들이 변화된 조직에서 새로운 역할을 찾도록 도움을 주어야 한다.

3) 변혁적 리더십의 평가

변혁적 리더십이 거래적 리더십보다 우월함을 지지하는 연구결과는 인상적이다. 변혁적 리더십은 상이한 국가(한국, 러시아, 이스라엘, 인도, 케냐, 노르웨이, 대만), 상이한 직업(학교 교장, 해군 지휘관, 목사, 경영자협회 회장, 사관 생도, 유니언 숍의 사무사장, 교사, 영업사원), 상이한 직무수준에서 지지되고 있다. 미국, 캐나다, 독일의 군 장교에 대한 많은 연구는 모든 계층에서 변혁적 리더십이 거래적 리더십보다 더 효과적인 것으로 평가되었다. 변혁적 리더십을 조사한 87개 연구에 대해 고찰한 한 연구는 변혁적 리더십이 구성원의 동기유발, 만족, 높은 수준의 성과, 리더의 지각된 효과성과 관련되어 있음을 제시했다.

변혁적 리더십은 완벽하지 않다. 보상연계 리더십이 오로지 거래적 리더십의 특성에만 해당되는 것인지에 대한 논의가 제기되고 있다. 또한 리더십 종합모형과 반대로, 보상연계 리더십은 때때로 변혁적 리더십보다 더 효과적이다.

요약하면, 전반적인 증거는 변혁적 리더십이 거래적 리더십보다 낮은 이직률, 높은 생산성, 높은 종업원 만족과 강한 상관관계가 있음을 보여 준다. 카리스마와 같이 변혁적 리더십은 학습될 수 있는 것으로 나타난다. Canadian 은행 경영자에 대한 연구는 변혁적 리더십 훈련을 받은 경영자가 관리하는 은행지점의 성과가 훈련을 받지 않은 경영자가 관리하는 지점보다 훨씬 높았으며, 다른 연구들도 비슷한 결과를 보여 준다.

변혁적 리더십 측정도구[30]

이 설문지는 당신의 리더십 유형에 대해 기술하고 있다. 21개 문항들이 아래에 제시되어 있다. 각각의 문항들이 귀하에게 해당되는 정도를 평가해 보라(당신의 리더십 상황에서 각 문항이 말하고 있는 것을 어느 정도로 자주 그렇게 하는지를 생각해 보라). 다른 사람들이라는 말은 귀하의 구성원나 고객 혹은 집단 구성원을 의미한다.

0. 전혀 그렇지 않다   1. 이따금씩 그렇게 한다   2. 때때로 그렇게 한다
3. 꽤 자주 그렇게 한다   4. 항상은 아니지만 빈번하게 그렇게 한다

설문내용	척 도
1. 나(또는 리더)는 다른 사람들이 내(자기) 주위에 있는 것을 기분 좋게 느끼도록 한다.	0 1 2 3 4
2. 나(또는 리더)는 우리가 무엇을 할 수 있고 또 무엇을 해야 하는지를 몇 마디 짧은 말로 명확하게 표현한다.	0 1 2 3 4
3. 나(또는 리더)는 다른 사람들이 지금까지 해오던 문제들을 새로운 방식으로 생각하고 새로운 시각으로 보도록 한다.	0 1 2 3 4
4. 나(또는 리더)는 다른 사람들이 자신을 스스로 개발해 가도록 돕는다.	0 1 2 3 4
5. 나(또는 리더)는 다른 사람들이 자신의 업무성과에 따른 보상을 받기 위해 무엇을 해야 하는지를 말해 준다.	0 1 2 3 4
6. 나(또는 리더)는 다른 사람들이 합의된 업적기준을 충족시켰을 때 만족한다.	0 1 2 3 4
7. 나(또는 리더)는 다른 사람들이 항상 같은 방식으로 계속 일하도록 하는 것에 만족한다.	0 1 2 3 4
8. 다른 사람들은 나(나의 리더)를 완전히 신뢰한다.	0 1 2 3 4
9. 나(또는 리더)는 우리가 할 수 있는 가능성에 대해 호소력 있고 감동적인 표현을 한다.	0 1 2 3 4

설문내용	척 도
10. 나(또는 리더)는 다른 사람들에게 복잡하고 어려운 문제를 새로운 시각으로 보는 방법을 제공한다.	0 1 2 3 4
11. 나(또는 리더)는 다른 사람들로 하여금 자신들이 하고 있는 일에 대해 내가(자신이) 어떻게 생각하고 있는지를 알게 한다.	0 1 2 3 4
12. 나(또는 리더)는 다른 사람들이 그들의 목표에 도달했을 때 그 목표 달성을 인정해 주고 보상을 제공한다.	0 1 2 3 4
13. 일들이 잘되어 가고 있는 한, 나(또는 리더)는 어떤 것도 바꾸려고 시도하지 않는다.	0 1 2 3 4
14. 다른 사람들이 무엇을 하려고 하든 나(나의 리더)에게는 좋다.	0 1 2 3 4
15. 다른 사람들은 나와(나의 리더와) 함께 근무하고 있는 것을 자랑스럽게 생각한다.	0 1 2 3 4
16. 나(또는 리더)는 다른 사람들이 자신의 일에서 의미를 찾도록 돕는다.	0 1 2 3 4
17. 나(또는 리더)는 다른 사람들로 하여금 자신이 이전에 전혀 의문을 갖지 않았던 일들에 대해 새로운 시각에서 다시금 생각하게 한다.	0 1 2 3 4
18. 나(또는 리더)는 소외당하고 있는 듯한 사람들에게 개인적인 관심을 보였다.	0 1 2 3 4
19. 나(또는 리더)는 사람들이 그들의 업적에 따라 보상을 받고 있는가에 대해 주의를 기울인다.	0 1 2 3 4
20. 나(또는 리더)는 다른 사람들에게 그들이 자신의 일을 수행하기 위해 알아야 할 원칙들을 말해 준다.	0 1 2 3 4
21. 나(또는 리더)는 다른 사람들에게 꼭 필요한 것만을 요구한다.	0 1 2 3 4

자료 : Copyright ⓒ 1992 B. M. Bass and B. J. Avolio, Adapted with permission, MLQ form can be obtained from Mind Garden Inc., 1690 Woodside Rd., Suite 202 Redwood city, CA 94061, USA: (650)261-3500, 김남현, 리더십, p.272 재인용.

[채점]

MLQ-6S는 변혁적 리더십과 관련된 7개 요인에 따라 당신의 리더십을 측정하려는 것이다. 각 요인에 대한 당신의 점수는 설문지상의 세 가지 문항들의 점수 합산으로 결정된다. 예를 들어, 요인 1(이상적 영향력)에 대한 당신의 점수는 항목 1과 8, 그리고 15에 대한 당신의 응답을 합산하면 된다. 일곱 가지 요인 모두에 대해 이 같은 방식으로 채점한다.

합계

이상적 영향력	(항목 1, 8, 15)	_____	요인 1
영감적 동기부여	(항목 2, 9, 16)	_____	요인 2
지적 자극	(항목 3, 10, 17)	_____	요인 3
개별적 배려	(항목 4, 11, 18)	_____	요인 4
업적에 따른 보상	(항목 5, 12, 19)	_____	요인 5
예외관리	(항목 6, 13, 20)	_____	요인 6
자유방임적 리더십	(항목 7, 14, 21)	_____	요인 7

9~12점 : 높음   5~8점 : 중간   0~4점 : 낮음

[자신의 결과]

1. 자신의 일곱 가지 요인을 측정하고 점수를 기록하라.

2. 자신이 요인별 해당 점수가 나오게끔 영향력을 준 사람을 2명 적어 보라.

3. 자신의 부족한 요인을 보완하기 위한 노력할 점을 기록하라.

[결과해석]

요인 1 : 이상적 영향력은 리더가 구성원들의 신뢰를 받고 있는지, 구성원들로부터 믿음과 존경을 받고 있는지, 구성원들에 대한 헌신이 보이고 있는지, 구성원들의 꿈과 희망에 호소하는지, 그리고 구성원들의 역할모델로서 행동하

는지의 여부를 가리킨다.

요인 2 : 영감적 동기부여는 리더가 비전을 제시하고, 다른 사람들이 자신의 일에 몰두하도록 돕기 위해 노력하며, 다른 사람들이 자신의 일에서 의미를 느끼도록 하기 위해 노력하는 정도를 측정한다.

요인 3 : 지적 자극은 리더가 다른 사람들로 하여금 낡은 문제들을 창조적이고 새로운 시각으로 볼 수 있도록 용기를 북돋워 주고, 겉으로 보기에 극단적인 입장에 대해서도 너그러이 관용하는 환경을 조성하며, 자기(그 리더) 자신 및 조직이 추구하는 가치에 대해 의문을 제기할 수 있는 사람들을 양육적으로 육성하고 있는 정도를 나타낸다.

요인 4 : 개별적 배려는 다른 사람들의 복지에 관심을 나타내 보이고 개별적으로 프로젝트를 배정하며 집단에서 어울리지 못하는 듯한 사람들에게 관심을 보이는 정도를 가리킨다.

요인 5 : 업적에 따른 보상은 보상을 받기 위해 무엇을 해야 할지를 말해 주고, 기대하는 것이 무엇인지를 강조하며 사람들이 어떤 일을 성취했을 때 그것을 인정하고 보상해 주는 정도를 가르킨다.

요인 6 : 예외관리는 리더가 사람들에게 직무수행상 필요한 원칙들을 말해 주는지의 여부 그리고 합의된 업적기준을 충족시켰을 때 그것에 만족하고 기준미달이나 원칙을 어겼을 때만 개입하고 있는지 등의 여부를 측정한다.

요인 7 : 자유방임주의는 리더가 다른 사람들에게 무엇인가를 하도록 거의 요구하지 않은 정도, 일이 될 대로 되어 가는데 만족하고 있는 정도, 사람들이 자신의 일들을 알아서 하도록 내버려 두는 정도 등을 측정한다.

사례 1　아이의 심장이 된 할아버지 [31]

태어난 지 일주일 만에 심장수술을 받아야했던 재균이. 하지만 이 아이는 바로 수술을 받을 수 없었다.
"재균이 아빠는 뇌졸중으로 일을 못했고, 할아버지가 학원셔틀버스를 운전해 버는 85만 원이 매달
가족 수입의 전부였다. 산 사람은 살아야 하지 않겠나, 아이를 그냥 천국으로 보내자…"

-한재균 군 할머니 인터뷰 중, 조선일보(2016.09.18.)

재균이 가족에게는 수술비 천만 원은 너무나 큰돈이었다. 어쩔 수 없이 수술을 포기하려던 찰나, 한
할아버지의 도움 덕분에 재균이는 다섯 번의 큰 수술 끝에 건강을 찾을 수 있었다.

이제 14살이 된 재균이가 찾은 곳은 이미 세상을 떠난 할아버지의 장례식장이었다. 그분은 재균이
를 포함해 무려 4,242명의 심장병 어린이들에게 새 생명을 찾아준 할아버지. 바로 오뚜기 창업주인
故 함태호 명예회장이다.

1992년부터 24년 동안 심장병 어린이 후원을 이어 왔고, 도움받은 아이들이 보낸 편지에 일일이 답
장할 정도로 그의 후원엔 진심이 담겨있었던 것이다.

故 함 명예회장은 직원들을 인간적으로 대했던 것으로도 유명하다. 여러 다른 기업에서는 대형마트
에 파견하는 시식사원들을 비정규직으로 채용하나, 오뚜기 시식사원은 1,800여 명 모두 정규직이
라고 한다. 이것은 함 회장이 '비정규직으로 뽑지 않는다'는 원칙을 갖고 지켰기 때문이다. 기업이
지속가능하기 위해서 사회적 책임이 무엇보다도 중요하다고 강조한 함 명예회장. 그는 우리 시대에
보기 힘든 존경받는 기업인이었다.

□ **토의**

1. 위의 사례에서 변혁적 리더십의 구성요소에 해당하는 것은 무엇인지 조원들과 토의해 보자.
2. 변혁적 리더십의 구성요소에 해당하는 국내외 CEO의 사례를 찾아보자.
3. 이 시점에서 지속가능한 조직의 변혁적 리더십을 찾아보자.

'4차 산업혁명의 창시자' 클라우스 슈밥에게 길을 묻다

2016년 10월 18일, 클라우스 슈밥 세계경제포럼(다보스포럼) 회장이 내한하여 '4차 산업혁명 이후의 미래' 라는 특별강연을 하였다.

슈밥 회장은 4차 산업혁명에 대해 "증기기관, 전기, 컴퓨터와 같은 단순한 발명이 아니라 로봇과 인공지능(AI)이 결합하듯 여러 업계의 혁신이 상호 연결된 것"이라고 정의했다.[32] 이렇듯 시너지 제고가 핵심인 '4차 산업혁명'은 산업뿐 아니라 일반인들의 일상으로 확산되고 있어, 국가와 산업, 기업, 개인의 생존 여부와 맞물려 있다.

이와 관련하여 슈밥 회장은 수평적 · 통합적 사고 갖춘 '시스템 리더십'을 강조하고 있다. 그 예로 자율 주행차는 자동차나 전자 산업에만 국한된 게 아니라 모든 산업과 도시계획, 관련 보험시스템 등 사회 전반의 패러다임을 바꾸기 때문에 유연성을 기반으로 한 시스템 리더십이 핵심이라는 것이다.

슈밥 회장은 "그동안 수많은 글로벌 리더를 만났고 그들의 공통점은 비전과 가치, 열정을 지니고 있었다." 라며 "사람들 말에 귀를 기울이면서 방향을 정하고 앞으로 나아가는 게 중요하다."고 설명했다. 더불어 슈밥이 저술한 '4차 산업혁명' 끝부분에서 성공적인 4차 산업혁명을 위해서는 상황맥락지능, 정서지능, 영감지능, 신체지능을 활용해야 한다고 강조하였다.[33]

□ 토의

1. 슈밥이 제시한 1차, 2차, 3차, 4차 산업혁명의 특징을 구별해 보자.
2. 슈밥이 제시한 시스템 리더십과 변혁적 리더십의 공통점과 차이점을 분류해 보자.
3. 4차 산업혁명에 적합한 자신의 강점과 보완해야 할 점을 열거해 보자.

요약

Burns는 정치적 리더십의 과정을 거래적 리더십과 변혁적 리더십으로 구별했다. Bass는 변혁적 리더십을 확대 발전시켰다. 정치적 리더십을 연구한 Burns와 달리

Bass는 비즈니스 리더들을 집중 연구했다.

거래적 리더십은 리더가 조건적 보상을 근거로 하여 구성원에게 영향력을 행사하는 과정이다. Burns는 거래적 리더십이란 리더가 행동, 보상, 인센티브를 사용해 구성원들로부터 바람직한 행동을 하도록 만드는 과정이라고 말했다.

Bass는 거래적 리더십의 구성요소로 조건적 보상과 예외관리를 들었다. 조건적 보상은 리더가 제시한 기준에 달성하는 경우에 보상하는 적극적인 반면, 예외관리는 기준에 미치는 못한 경우에만 피드백을 하는 소극적인 성격을 지니고 있다.

변혁적 리더십은 구성원들이 기대 이상의 과업을 달성하도록 하기 위하여 첫째, 구성원들이 인식한 특정하고 이상적인 목표의 가치와 중요성을 높이고 둘째, 구성원들이 자신의 조직과 집단을 위해 개인의 이익을 초월하도록 하고 셋째, 구성원들의 성취 욕구를 만족시키고 더 높은 차원의 욕구에 관심을 갖도록 한다.

변혁적 리더십의 구성요소는 카리스마, 영감적 동기부여, 지적 자극, 개별적 배려이다. 카리스마란 비전과 사명감을 제공하여 긍지심을 불어넣어 주며 존경과 신뢰를 얻는 것이며, 영감적 동기부여는 기대를 전달하고, 노력 집중을 위해 상징을 사용하며, 중요 목적을 단순하게 표현한다. 지적 자극은 지능, 합리성, 그리고 세심한 문제해결을 촉진시킨다. 개별적 배려는 개인적 관심을 보이고, 각 종업원을 개별적으로 다루며, 코치하고 조언하는 것이다.

카리스마적 리더십과 변혁적 리더십은 같은 맥락에서 출발하지만, 별개의 이론이며 변혁적 리더십의 특성에 카리스마라는 특성이 들어가 있을 뿐이다.

두 리더십의 공통점은 현상을 변화시켜 좀 더 나은 미래를 원하는 것과 장기적이며 이상적인 목표, 진보적인 성향 등이 있다. 카리스마적 리더는 개인적인 자질들을 통해서 행사한다. 변혁적 리더의 경우에는 권한부여를 통하여 구성원들이 자존 욕구를 달성하도록 도와준다. 더불어 지속적인 의사소통으로 구성원들이 능력과 가치를 증대시키도록 개인적인 지원을 아끼지 않은 리더의 의지에 의해 구성원들은 리더를 따르게 된다.

Tichy와 Devanna는 급속한 환경변화에 대한 리더의 대처방식을 바탕으로 변혁적 리더의 특징을 설명하고자 했다. 변혁적 리더는 3단계 행동 과정을 통해 조직의 변화를 관리한다. 첫째, 변화의 필요성을 인식하고 둘째, 환경에 적합한 비전을 만든 후에 셋째, 그에 적절한 새로운 조직구조로의 변화를 이끌어 가는 것이다.

변혁적 리더십의 평가는 변혁적 리더십이 거래적 리더십보다 낮은 이직률, 높은 생산성, 높은 종업원 만족과 강한 상관관계가 있음을 보여 준다. 카리스마와 같이 변혁적 리더십은 학습될 수 있는 것으로 나타난다.

참고문헌

1) J. M. Burns, 1990, From transactional to transformational leadership, Learning to share the vision, *Organizational Dynamic,* 18(3), 1990 pp.319-336.

2) 매일경제, 2009.03.06 08:46:16 기사, "불황 극복에 적합한 리더 1위는 변혁적 리더."

3) B. J. Avolio, D. A. Waldman, & W. O. Eisenstein, Transformational leadership in a management game simulation, *Group and Organizational Studies,* 13, 1988, p.59.

4) A. Bryman, *Charisma and Leadership in Organization,* London: Sage. 1992.

5) Peter G. Northouse, *Leadership,* 4th, London: Sage. 2007, p.175.

6) B. M. Bass, & R. E. Riggio, *Transformational leadership,* 2nd ed., mahwah, NJ: Lawrence Erlbaum., Peter G. Northouse, op.cit., p.175.

7) Ibid.

8) J. V. Downton, *Rebel leadership: Commitment and charisma in a revolutionary process,* New York: Free Press. 1973.

9) J. M. Burns, *Leadership*, New York: Harper and Row, 1978.

10) Ibid.

11) Stephen P. Robbins & Timothy A. Judge, op.cit., 2008, p.188.

12) Peter G. Northouse, op.cit., p.176.

13) Ibid.

14) B. M. Bass, 1981, op.cit.

15) Peter G. Northouse, op.cit., p.181.

16) J. M. Burns, 1990, op.cit., p.319.

17) K. W. Kuhnert & P. T Lewis, Transactional to transformational leadership: A constructive/developmental analysis, *Academy of Management Reveiw,* 12(4), 1987, pp.648-657.

18) J. J. Hater & B. M. Bass, Superior's evaluations and subordinate's perceptions of transformational and transactional leadership, *Journal of Applied Psychology,* 73, pp.695-702.

19) Rchard Daft, *The Leadership Experience,* 4th ed., Thomson Co., 2008, p.356.

20) W. Bennis & Nanus, *Leader: The Strategies for taking charge,* New York: Harper Collins, 1985.

21) Gary Yukl, *Leadership in Organization,* 6th, Printice Hall, 2006.

22) Stephen P. Robbins & Timothy A. Judge, op. cit., pp.189-191.

23) Peter G. Northouse, op. cit., op. cit. p.177.

24) Stephen P. Robbins & Rimoth, p.190.

25) 제임스 맥그리거 번즈, 『리더십강의』, 생각의 나무, 2000.

26) R. J. House & B. sharmir, Toward the integration of transformation, Charismatic and risionary, In chemers & R. Ayman(Eds.), *Leadership theory and research : Perspectines and dilestions,* New York A cademic Press, 1993, pp.82-102.

27) J. Rowad & K. Heinitz, Transformational and Charixmatic leadership: Assessing the convergent, divergent and criterion validity of the MLQ and CKS, *Leadership Quarthy,* 18, 2007, pp.121-133.

28) N. M. Tichy & M. A. Devanna, *The Transformational Leader,* New York, Jhon Wiley & Son, 1990.

29) Ibid.

30) 김남현, 리더십, 4판, 경문사, 2009, pp. 270-273 재인용.

31) 스브스뉴스, 2016년 09월 26일 정리.

32) 클라우스, 송경진 역, 클라우스 슈밥의 제4차 산업혁명, 새로운 미래, 2016. pp. 22-28.

33) 위의 책, pp.251-257.

제8장

LMX 이론

1. 리더-구성원 교환 과정을 설명할 수 있다.
2. LMX 이론의 차원적 관점을 구분할 수 있다.
3. LMX 이론의 발전단계를 비교할 수 있다.
4. LMX 이론의 근거를 설명할 수 있다.
5. LMX의 발전단계를 통해 리더십 만들기를 적용할 수 있다.

1. LMX의 개념

리더-구성원 교환관계(Leader Member Exchange : LMX)의 개념은 Graen, Dansereau와 Minami(1972)의 연구를 시작으로 처음 발표되었다. 이후 Dansereau, Graen과 Haga(1975), Graen과 Cachman(1975), Graen(1976) 등의 연구를 통해 확산되기 시작했다.

LMX 개념은 국내 연구에서는 리더-멤버 교환관계, 상사-부하 교환관계, 리더-구성원 교환관계, Leader Member Exchange의 약자인 LMX 등 다양한 명칭이 혼용되고 있다. 이 장에서는 LMX로 통일하여 사용하고자 한다.

LMX 이론은 리더와 구성원의 상호작용 과정에 대한 인식을 바탕으로 제시된 리더십 이론이다. 리더-구성원 관계가 전통적 리더십 이론에서 제시한 집단적 관계가 아닌 서로 다른 특성을 가진 개별 관계의 형태로 이루어졌음을 의미한다.

즉 LMX 이론은 한 집단의 리더는 각각의 구성원과 서로 다른 관계를 형성하고 구성원 역시 리더와의 관계를 각각 다르게 지각함으로써 집단 내 구성원 숫자만큼 서로 다른 리더-구성원 관계가 형성된다는 이론이다. 이런 관계 형성이 개인 및 조직의 성과에 영향을 준다는 이론이다.

1) 리더-구성원 교환 과정

LMX 이론은 구성원에게 역할을 전달하는 과정에서 리더를 가장 영향력 있는 역할 전달자로 본다. 이는 일반적으로 리더만이 구성원의 역할 기대의 실현을 위해 공식적인 제재를 가할 수 있는 유일한 역할 전달자가 되기 때문이다.

Dienesch와 Liden(1986)은 LMX의 특성을 다음의 〈그림 8-1〉과 같은 단계를 거쳐 형성된다고 했다.

구체적으로 초기 상호작용 단계, 리더의 시험 단계, 구성원의 반응·귀인 단계, 리더의 반응·귀인 단계를 살펴보자.

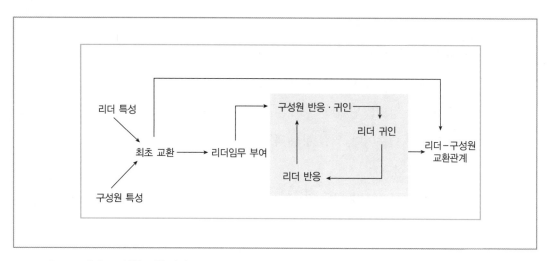

▶▷ 그림 8-1 리더-구성원 교환 과정

자료 : R. M. Dienesch & R. C. Liden, Leader-Member Exchange model of leadership: A critique and further development, *Academy of Management Review*, 11, 1986, pp.618-634.

- **1단계 – 초기 상호작용 단계** : 리더와 구성원이 각기 독특한 신체적 특징, 태도, 능력, 성격, 배경 등에서 상호작용을 시작한다. 이러한 개인적 특성들은 최초의 상호작용에 영향을 주고 이후의 단계에도 영향을 준다.

- **2단계 – 리더의 시험 단계** : 리더가 구성원에게 역할이나 직무의 할당을 통해 구성원의 능력이나 태도를 시험한다.

- **3단계 – 구성원의 반응 · 귀인 단계** : 구성원이 리더로부터 할당받은 역할, 직무에 대한 반응이 행동으로 나타난다. 이 단계에서 구성원은 리더가 왜 자신에게 그러한 역할이나 직무를 할당했는가에 대한 귀인을 한다.

- **4단계 – 리더의 반응 · 귀인 단계** : 리더가 구성원의 행동에 대한 귀인을 하며, 결국 이와 같은 과정을 거쳐 LMX의 특성이 결정된다.

2) LMX 이론의 차원적 관점

LMX 이론은 리더-구성원 쌍(dyad) 간의 독특한 사회적 교환 과정이다.

이 과정에서 LMX의 수준을 의미하는 협상허용범위(negotiating latitude)로 차별화된 관계를 파악한다.

협상허용범위는 구성원이 직무를 수행할 때 영향력을 행사할 수 있는 권한을 리더가 허용하는 정도를 말한다. 이것은 리더-구성원의 상호 신뢰, 배려, 협조, 지도 등을 표현하는 변수이며, 역할 형성 과정에서 상호 간 의존하고 있는 정도를 나타내는 변수이기도 하다.

Liden과 Graen(1980)의 연구에서는 협상허용범위가 많은 구성원은 리더로부터 높은 신뢰를 받으며 의사소통도 원활한 것으로 나타났다.[1]

리더-구성원의 협상허용범위는 직무를 수행하는 동안 리더가 구성원을 지원할 것이라는 구성원의 지각과 관련이 있다. 협상허용범위의 측정은 내집단-외집단의 이분법 측정과 연속 범주의 측정이 있다.[2]

Seers와 Graen(1984)은 교환관계 수준의 측정은 구성원의 수준을 연속 범주로 파악하는 것이 효과적이라고 했다. 그리고 측정방법의 선택은 연구의 목적에 맞게 유연하게 적용시킬 문제라고 했다.[3]

LMX의 차원은 Dienesch와 Liden(1986)이 처음 다차원성의 개념을 제시했다. 이후 Liden과 Maslin(1986)이 3개의 하위차원으로 구성된 측정도구를 개발했다.

이어서 Liden, Sparowe와 Wayne(1997)이 이를 보완하여 4개의 하위차원으로 구성된 연속성 개념의 LMX를 측정하는 다차원 측정도구(LMX-MDM)를 개발했다.

Liden 등(1993)은 여러 가지 측정도구를 개발했는데, Scandura와 Graen(1984)이 개발한 LMX 측정 설문을 개선하여 LMX 7 Items를 개발했다.[4] 이 설문은 구성원이 리더를 평가하는 7개의 설문과 리더가 자기 자신을 평가하는 7개의 설문으로 구성되었다. 내용은 리더와 구성원 간의 신뢰, 리더에 대한 존경, 신뢰를 바탕으로 한 리더의 희생, 능력에 대한 상호 존중 등이다.

〈표 8-1〉은 Dienesch와 Liden(1986)이 제시한 다차원성의 개념을 기본으로 Liden, Sparowe와 Wayne(1997)이 개발한 4개의 하위차원을 정리했다.

표 8-1 LMX의 하위차원

하위차원	내 용
정서적 유대감	직무 혹은 직접적인 가치보다는 리더-구성원 간의 인간적인 매력에 기초한 상호 유대감
충성	리더-구성원 상호 간의 충성으로 관계의 유지와 발전에 핵심적인 역할
공헌	구성원이 서로의 목표(명확하든지 혹은 암묵적이든지 간에)와 직무 관련 행동들의 방향, 양, 수준의 인식
전문성 존경	조직 내·외에서 리더가 직무 범위를 능가해서 쌓아온 명성에 대한 구성원의 인식

LMX의 하위차원에는 **정서적 유대감**(affect), **충성**(loyalty), **공헌**(contribution), **전문성 존경**(professional respect)이 있다고 했다.

LMX의 차원적 관점이 시사하는 바는 다음과 같다.

● LMX의 유지, 발전을 이해하는 데 도움을 줄 것이다.

● 사회적 교환 유형이라는 범위 안에서 다양성을 발견하는 데 중요한 몫을 할 것이다.

● LMX 차원들과 관련 변수들의 결과 예측의 관계를 연결짓는 데 통찰력을 제공할 것이다.

2. LMX 이론 연구

1) LMX 이론의 발전단계

LMX 이론의 발전은 **평균적 리더십 유형**(Average Leadership Style : ALS), **수직쌍 연결**(Vertical Dyad Linkage : VDL) 이론, **리더-구성원 교환관계**(LMX) 이론의 순으로 살펴볼 수 있다. 〈그림 8-2〉는 발전단계를 그림으로 나타낸 것이다.

LMX 이론은 리더-구성원의 상호작용 과정에 대한 인식을 바탕으로 제시된 리더십 이론이다. 초기 LMX 연구는 전통적인 리더십 이론 중 ALS에서 시작했다.

ALS 이론은 조직 내의 모든 구성원에게 동일하게 영향력을 행사하고 또한 구성원도 동일하게 인지하고 받아들인다는 가정을 토대로 한다.[5] Graen과 Scandura는 이것은 과거 구조주도와 배려와 같이 리더의 일방적 영향력, 리더의 행동, 교환관계에 대한 전체적인 차원에 초점을 두었던 전통적 리더십 이론이 모두 해당한다고 했다.[6]

그러나 ALS 이론은 한 명의 리더와 구성원 전체 간의 관계가 아닌 한 명의 리더와 구성원 각각의 일대일 관계를 적절하게 반영하지 못함으로써 현실과 괴리가 있다는 비판을 받았다. 또한 리더는 모든 구성원에게 동일한 리더십을 발휘하지 않으며 이를 받아들이는 구성원 역시 리더가 발휘하는 리더십에 대해서 모두 동일하게 인지하지 않음에도 ALS 이론이 리더십 영향력을 일반화시켰기 때문에 비판을 받는다.

Graen과 Cachman은 이것은 리더-구성원의 관계가 전통적 리더십 이론에서 제시된 이론적 상황과는 달리 실제로는 집단적 관계가 아닌 서로 다른 특성을 가진

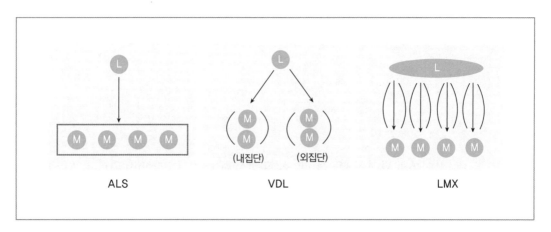

▶▷ 그림 8-2 LMX 이론의 발전단계

개별 관계의 형태로 이루어졌음을 의미한다고 했다.[7]

(2) 수직 쌍 연결 이론

리더의 인지에 따른 집단적 관계를 수직 쌍 관계로 보는 것이 VDL 이론의 관점이다. Dansereau, Graen과 Haga(1975)의 초기 연구에서는 리더는 내집단에서는 후원적·위임적·참여적 행동을 하고 구성원에게 도전적이고 흥미로운 직무를 할당하며 혜택과 보상을 부여하고, 외집단에서는 최소한의 관심과 배려를 하며 지시, 관리, 감독 등을 한다는 것을 밝혔다.

이후 많은 VDL 이론의 연구에서는 동일한 집단 내에서도 리더와의 관계 수준에 따라 구성원을 호의적으로 인지하는 내집단(in-group)과 비호의적으로 인지하는 외집단(out-group)의 존재를 밝혔다.

리더는 구성원의 욕구, 능력, 공헌도 등을 상대적으로 비교한 후 내집단, 외집단으로 분류하여 각각 다르게 영향력을 행사하는 리더십 형태를 가진다. 내집단 구성원은 리더로부터 보다 많은 신임과 접촉을 가지며 어느 정도의 특권을 누리지만, 외집단 구성원은 리더와의 접촉이 적기 때문에 사무적인 관계만을 유지한다.

(3) LMX 이론

LMX 이론은 리더십을 집단 수준에서 일어나는 현상만으로 가정한 평균적 리더십 유형에서 탈피하여 리더와 구성원 개개인과의 관계 특성을 고려했다.

Danserear 등에 의한 VDL 이론은 Graen 등에 의해 LMX 이론으로 명명되었다.

VDL 이론이 주로 내집단, 외집단의 차이에 초점을 두고 연구가 진행된 반면, LMX 이론은 리더-구성원 관계의 수준과 리더, 구성원, 조직 성과와의 관계에 초점을 맞추었다.

LMX 수준을 연속선상에서 리더와 구성원이 형성하는 개별적인 관계로 규정한다면, 수준이 높을수록 직무와 관련하여 서로 간에 상대를 존중하는 정도가 높고, 교환관계에 대한 신뢰도가 높으며, 구성원 헌신에 대한 리더의 보상과 지원이 확고히

정립되는 의무 역시 높다고 볼 수 있다. 즉 LMX 수준이 높을 때는 직무를 효과적으로 추진할 수 있는 관계로 조직 효율성을 높이는 결과를 보인다.

2) LMX 이론의 근거

Dienesch와 Liden은 역할 형성 이론과 사회적 교환 이론에 근거하여 LMX의 개념을 다차원성으로 간주하고 공헌 혹은 기여, 서로에 대한 충성심, 호의, 존중 등과 같은 사회적 요인이 교환에 포함된다고 했다.[8]

Wayne 등은 교환관계를 사회적 교환 이론의 관점에서 접근했다. 이는 교환관계의 각 당사자 간에는 상대가 기대하는 무엇인가를 제공하며, 제공하는 것은 동등하고 공정해야 한다는 것이다. 이때 상호 간 제공할 수 있는 것은 자원, 정보, 권한위임, 당사자 간 지원 등 다양한 형태로 나타난다.[9]

Deborth와 Robert는 교환관계를 당사자 간 역할의 상호관계로 파악하고 리더-구성원의 관계는 시간의 흐름에 따라 높은 수준의 교환관계로 발전한다고 했다. 높은 수준의 교환관계는 사회적 교환 이론에 토대를 두는 것으로 서로에게 가치 있는 자원을 제공하며 나아가 서로 간의 교환관계를 공정하다고 지각한다.[10]

LMX 이론의 토대가 된 **역할 형성 이론**(role-making theory)과 **사회적 교환 이론**(social exchange theory)에 대해 살펴보자(〈표 8-2〉 참조).

표 8-2 LMX 이론의 근거

이 론	내 용
역할 형성 이론	리더-구성원 간에 특정 역할이 형성되고 이에 의해 리더십이 형성된다는 이론
사회적 교환 이론	관계적 상호 의존성 또는 관계적 계약으로, 교환 파트너들의 상호작용을 통해 관계가 발전된다는 이론

(1) 역할 형성 이론

리더-구성원 간에 특정 역할이 형성되고 이에 의해 리더십이 형성된다고 보는 이론이다. 즉 리더십은 리더와 상호작용하는 구성원 개개인에 의존하며, 경우에 따라서는 어떤 개인에게는 효과적인 리더가 다른 개인에게는 비효과적인 리더가 될 수도 있다고 보는 것이다.

LMX 이론에서는 구성원 자신의 역할을 지각하는 과정에 리더가 가장 큰 역할을 행사한다. 구성원은 리더가 전달한 역할에 대해서 행동을 통해 반응하고, 구성원의 반응은 피드백되어 리더에게 전달된다. 그리고 리더는 이를 토대로 차후에 구성원에게 전달할 역할을 결정한다. 그러나 이때 리더는 모든 구성원에게 동일한 역할을 전달하는 것이 아니라 구성원 간에 차별화시키게 되는데, 이때 리더와 구성원 간에 다양한 교환관계가 나타난다.[11]

(2) 사회적 교환 이론

Blau는 사회 교환이라는 용어를 사회적 상호작용의 개념화 설명 시 교환 과정으로 처음 사용했다.[12]

사회적 교환 이론의 개발에 공헌한 연구는 사회학자인 Blau, Homans의 연구와 사회심리학자 Thibaut와 Kelley의 연구 등이 대표적이다. 이들 연구는 사회 행동을 교환에 초점을 맞춘 최초의 체계적인 연구였다.

사회적 교환 이론의 메커니즘은 관계적 상호 의존성 또는 관계적 계약으로, 교환 파트너들의 상호작용을 통해 지속적으로 개발된다. 비용보다 이익을 더 많이 제공하는 상호 간의 관계가 교환 당사자들의 상호 신뢰에 대한 평가를 통해서 공정성을 지각하고, 단기적으로는 자신의 공헌에 대한 보상이 주어지지 않아도 장기적으로 보상해 주리라는 기대감이 형성되는 것이다.

사회적 교환 이론의 관점에서 볼 때 LMX의 수준은 리더십의 영향력 행사 과정에서 중요한 역할을 할 수 있다. 특히 LMX 관련 연구자들은 리더와 구성원이 성숙한 사회적 교환관계를 발전시킬 때, 리더십이 효과적으로 발휘될 수 있고 조직 성과에도 긍정적인 결과를 가져올 수 있다고 보고 있다.

사회적 교환 이론은 주로 조직에 있어서 구성원의 지각, 지각과 구성원의 감정적 몰입 사이의 연계성을 설명하는 데 이용되었던 이론이다. 사회적 교환은 상호 간의 신뢰 형성이 유지되어야 하며, 여기에는 물질적 보상뿐만 아니라 심리적 보상까지도 포함한다.[13] 리더와 구성원의 성숙한 사회적 교환관계의 발전은 조직의 성과에도 긍정적인 기여를 할 것이다.

3) LMX의 역할 협상 과정

Graen과 Scandura는 LMX가 **역할 취득**(role taking), **역할 형성**(role making), **역할 일상화**(role routinization) 단계의 진보 과정을 거친다고 주장했다.[14] 새로운 역할 수행 시 세 단계를 거치면서 리더와 성숙한 파트너 관계로 발전시켜 나갈 것이다. 성숙한 파트너 관계는 높은 상호 신뢰, 존경, 서로를 향한 의무감을 갖게 되는 특성이 있다. 이는 개인에게는 긍정적인 보상을 가져오고 조직은 더욱 효과적으로 운영될 것이다.

〈그림 8-3〉과 같이 세 단계의 진보 과정을 통해 LMX는 발전되고, 형성된 수준은 지속적으로 안정을 취한다.

- **1단계 – 역할 취득 단계** : 리더는 구성원에게 직무를 할당하고 구성원의 직무 수행을 탐색하는 단계이다. 구성원은 다양한 행동으로 반응하고 리더는 구성원의 행동을 피드백으로 받아들인 뒤 다음에 보낼 역할 메시지를 결정한다. 이때 리더가 구성원의 동기부여와 잠재력을 검증해서 평가한다.
- **2단계 – 역할 형성 단계** : 리더-구성원에게 발생하는 다양한 문제 상황의 행동을 통해 리더-구성원 관계의 특성을 정의한다. 이 단계에서 리더는 다양한 기회를 구성원에게 제공하고, 구성원은 지각하는 과정을 통해 받아들이고 기대를

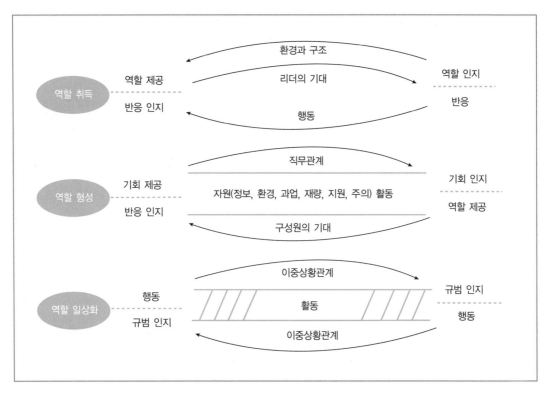

▶▷ 그림 8-3 역할 협상 과정

자료 : G. B. Graen & T. A. Scandura, Toward a psychology of dyadic organizing, *Organizational Behavior,* 9, 1987, p.180.

표출하면, 리더는 수용 여부를 거쳐 받아들인다. 역할 형성 단계의 리더와 구성원 관계는 사회적 교환 이론에 토대를 두고 있는 것으로 서로에게 가치 있는 자원을 제공하며 나아가 상호 간의 교환관계를 공정하다고 지각하는 단계이다. 리더는 구성원이 더 많은 역할과 중요한 책임을 수행할 수 있는지, 구성원은 리더가 역할과 권한을 위임할 의사가 있는지를 검증한다.

- **3단계 – 역할 일상화 단계 :** 역할 형성이 일상화된 단계로 리더-구성원의 신뢰와 존중, 의무감을 갖고 광범위하게 상호 영향을 주고받는 단계이다. 또 리더와 구성원이 역할 형성 단계에서 했던 교환의 정착과 습관화가 이루어진다. LMX는 기능적인 상호 의존 관계에 있기 때문에 역할 취득 단계 이후 교환관계는 반드시

리더의 지시로 시작될 필요는 없고 구성원의 지시로 시작되는 경우도 있다.

4) LMX의 선행연구

LMX에 영향을 미치는 선행변수들은 크게 구성원 특성, 리더 특성, 리더－구성원 상호
작용변수, 상황변수로 분류할 수 있다.[15)]

〈표 8-3〉은 LMX의 선행변수를 요약한 것이다.

LMX의 결과변수들은 크게 태도와 지각, 행동, 조직차원과 관련된 결과변수로 분류

표 8-3 LMX의 선행변수

구 분		내 용
개인변수	구성원 특성	능력, 성실, 성격(통제 위치, 성장욕구 강도, 내·외향성, 정서), 상향적영향력 행동, 나이, 교육수준, 성, 인종, 재직기간
	리더 특성	능력, 정서
리더－구성원 상호작용변수		인구통계적 유사성, 호감, 기대, 성격적 유사성, 상호작용 빈도, 관계형성 기간, 커뮤니케이션 빈도
상황변수		조직규모와 구성, 조직문화, 직무특성, 기술, 리더파워, 리더의 직무량, 리더의 가용자원, 리더의 시간적 스트레스

자료 : R. C. Liden, R. T. Sparrowe & S. J. Wayne, Leader-member exchange theory: The post and portention for the future, *Personnel and Human Resource Management*, 15, 1997, pp. 61-66. 수정.

표 8-4 LMX의 결과변수

구 분	내 용
태도와 지각	조직분위기, 직무문제, 조직몰입, 만족(동료, 급여, 승진, 감독, 직무), 이직의도, 상향적 영향력, 리더의 자원제공, 혁신에 대한 리더지원
행동	의사소통, 혁신, 조직시민행동, 이직, 직무활동(직무영역, 의사결정, 권한위임, 직무다양성)
조직차원	보너스, 경력발전, 승진, 급여인상

자료 : R. C. Liden, R. T. Sparrowe & S. J. Wayne, Leader-member exchange theory: The post and portention for the future, *Personnel and Human Resource Management*, 15, 1997, pp. 61-66.

할 수 있다.

〈표 8-4〉는 LMX의 결과변수를 요약한 것이다.

3. LMX 이론의 활용과 최근 연구

LMX 이론에서 리더는 모든 구성원을 동일한 방식으로 다루지 않는다. 각 구성원과 고용계약에만 의존하는 낮은 수준의 LMX에서부터 상호 신뢰, 존경, 호의, 호혜적 영향 등과 같은 특성을 지닌 높은 수준의 LMX에 이르기까지 다양한 교환관계로 발전시키고 있다.

1) LMX의 활용을 통한 리더십 만들기

최근 LMX 연구는 LMX가 리더십 만들기(Leadership Making : LM)에 어떻게 활용될 수 있는가에 초점을 맞추었다. 리더십 만들기는 리더가 모든 구성원과 높은 수준의 교환관계로 발전하기 위한 노력을 강조한다.

Graen과 Uhl-Bien(1991)은 리더십 만들기는 시간의 흐름과 함께 낯선 단계(the stranger phase), 친지 단계(the acquaintance phase), 파트너 단계(the mature partnership phase)의 세 단계로 발전해 간다고 했다.[16]

- **1단계 – 낯선 단계** : 리더–구성원의 교환 수준이 정해진 규정이나 공식적인 역할의 한계를 넘지 않는다. 구성원은 리더에 대해서 기본적인 대우만 하며 헌신하지 않는다. 구성원은 리더나 집단보다는 개인의 이익을 먼저 내세운다.
- **2단계 – 친지 단계** : 리더–구성원 상호 간 역할, 권한, 책임 등을 검증한 후 긍정적이면 신뢰와 존중의 관계를 형성한다. 이때 리더–구성원 상호 간에 더 많은 자원, 직무, 개인적 정보의 공유로 보다 친숙한 관계를 형성한다. 구성원은 팀이나 집단의 문제에 대해서도 관심을 기울인다.
- **3단계 – 파트너 단계** : 리더–구성원은 광범위한 측면의 영향을 교환하며 상호

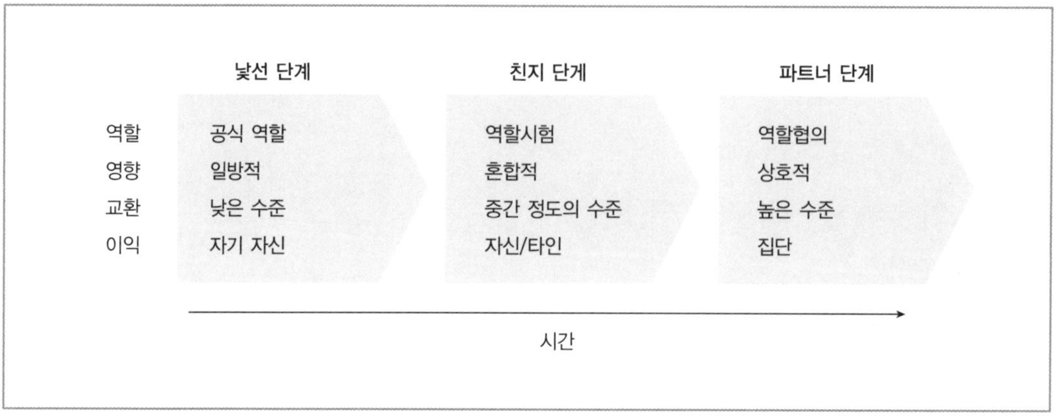

	낮선 단계	친지 단계	파트너 단계
역할	공식 역할	역할시험	역할협의
영향	일방적	혼합적	상호적
교환	낮은 수준	중간 정도의 수준	높은 수준
이익	자기 자신	자신/타인	집단

시간

▶▶ 그림 8-4 리더십 만들기

자료 : G. B. Graen & M. Uhl-Bien, Adapted from the life cycles of leadership making in Relationship-based approach to leadership: Development of leader-member exchange(LMX) theory of leadership over 25 years: applying a multi-level, multi-domain perspective, *Leadership Quarterly*, 6(2), 1995, pp.231.

간에 남다른 신뢰, 존경, 의무감을 갖는다. 개인과 조직 모두에 긍정적인 결과를 가져올 수 있는 상호 의존적 관계와 정서적으로 긴밀한 유대감과 일체감을 형성한다. 구성원은 개인보다는 팀이나 집단의 이해를 더 중요시하는 태도를 보인다.

리더십 만들기란 리더십의 처방적 접근법(prescriptive approach)이다. 리더가 단지 몇 사람의 구성원보다는 모든 구성원과 높은 수준의 교환관계로 발전할 것을 강조한다. 이는 모든 구성원이 내집단의 구성원으로 느끼도록 해야 한다는 것으로 공정성 비판을 피할 수 있고, 외집단의 구성원으로 머무는 데서 오는 부정적 관계를 없앨 수 있다.

리더십 만들기는 파트너 관계의 구축을 촉진하고, 파트너 관계 속에서 리더는 작업 단위부서의 모든 구성원과 효과적인 쌍(dyads) 관계를 구축한다.

리더십 만들기가 시사하는 바는 리더들은 조직 전체에 걸친 파트너 관계의 연결망을 만들 수 있고, 이는 조직목표 달성과 경영상의 진보에 도움을 줄 수 있다.

2) LMX 발전에 관한 연구의 전개과정

Graen과 Uhl-Bien은 지금까지의 LMX 발전에 관한 연구의 전개 과정을 VDL, LMX, LM, TCN의 4단계로 구분하여 〈표 8-5〉와 같이 제시했다.[17]

여기에서 네 번째 단계인 TCN(Team-making Competence Network)은 집단적이고 종합적인 수준에서 LMX를 연구하자는 이론이다. 즉 직무단위, 기능부서, 사업부서의 경계를 넘어 큰 체계 내에서 리더의 연결망을 창출할 수 있는가를 분석하는 것이다.

지금까지 대부분의 연구들은 첫 번째 단계와 두 번째 단계에 집중되었지만 향후

표 8-5 LMX에 관한 연구의 전개 과정

구 분	이 론	연구 초점	주요 연구자
1단계	VDL 단계 (수직 쌍 연결 이론)	리더-구성원의 차별화된 일대일 관계성을 밝히려는 연구	Graen & Cashman(1975) Dansereau, Graen, & Haga(1975) Graen & Schiemann(1978)
2단계	LMX 단계 (리더-구성원 교환관계)	리더-구성원의 교환관계와 결과 변수와의 관련성을 탐구하려는 연구	Graen, Liden & Hoel(1982) Graen, Novak & Sommerkamp(1982) Scandura & Graen(1984)
3단계	LM 단계 (리더십 만들기)	리더-구성원 간의 시간적 흐름에 따른 일대일 파트너관계 구축에 관한 연구	Graen & Uhl-Bien(1995) Uhl-Bien & Graen(1993)
4단계	TCN 단계 (팀 만들기 역량 네트워크)	차별화된 일대일 관계를 집단과 조직 네트워크 수준에서 고도의 기능적인 팀의 형성과 통합에 관한 연구	Bell(1990) Ibarna(1994)

자료 : G. B. Graen & M. Uhl-Bien, Relationship-based approach to leadership: Development of leader-member exchange theory of leadership over 25 years: applying a multi-level, multi-domain perspective, *Leadership Quarterly*, 2, 1995, pp. 219-249.

연구에서는 세 번째 단계와 네 번째 단계에 대한 지속적인 연구가 필요할 것이다.[18]

3) LMX 이론의 최근 연구

최근에는 LMX 이론과 관련하여 다양한 형태의 연구들이 진행되었는데, 관련 연구의 흐름을 크게 세 가지로 구분해 볼 수 있다.

- **선행변수로서의 연구** : LMX의 수준을 결정하는 데 영향을 줄 수 있는 선행변수들에 대한 연구이다. 리더와 구성원의 개인적 특성, 직무 특성, 조직 특성 등이 LMX의 수준에 영향을 준다는 연구이다.
- **결과변수로서의 연구** : LMX의 수준이 결과변수에 영향을 준다는 것에 관한 연구이다. 주로 직무만족, 조직몰입, 리더에 대한 만족과 같은 조직성과와 관련된 요인들로서, 높은 수준의 LMX는 긍정적인 성과를 예측할 수 있다는 연구이다.
- **매개변수로서의 연구** : LMX가 선행변수와 결과변수들을 연결하는 매개효과를 가질 것이라고 가정하고 검증하고자 하는 연구이다. 선행변수와 결과변수들 간에 하나의 연계성, 즉 선행변수－LMX－결과변수라는 연계성을 설정해 볼 수 있다. 그러나 LMX의 수준이 매개효과를 가질 것이라는 논리적 당위성에도 불구하고 아직까지 LMX의 매개효과에 관한 연구가 활발히 이루어지고 있지 않다.

LMX의 측정도구[19]

다음은 자신과 자신의 리더와의 관계를 묻는 설문이다(제6장 참조). 자신의 리더가 누구인지를 정하고, 리더에 대한 생각을 기초로 자신의 경우를 가장 잘 나타내고 있는 정도에 표시해 보라. 숫자의 척도는 다음과 같다.

1. 전혀 그렇지 않다 2. 거의 그렇지 않다 3. 보통이다
4. 조금 그렇다 5. 매우 그렇다

설문내용	척 도				
1. 리더가 당신의 직무 수행에 상당히 만족해 하고 있다.	1	2	3	4	5
2. 리더가 당신의 직무상 문제점이나 상황을 이해하고 있다.	1	2	3	4	5
3. 리더가 당신의 잠재적 가능성을 잘 알고 있다.	1	2	3	4	5
4. 리더와 직무상의 관계는 좋다고 생각하는 편이다.	1	2	3	4	5
5. 직무수행 중 문제가 발생하면 리더 자신의 권한으로 도와준다.	1	2	3	4	5
6. 리더는 당신의 결정을 옹호하고 정당화시켜 줄 만큼 당신을 신뢰한다.	1	2	3	4	5
7. 리더의 도움이 필요할 때는 리더 자신의 희생을 감수하고서라도 당신을 도와준다.	1	2	3	4	5

[결과해석]

높은 범주의 점수는 높은 수준의 리더-구성원 교환관계를 나타내며(내집단), 낮은

범주의 점수는 낮은 수준의 리더-구성원 교환관계를 나타낸다(외집단)

30~35 : 매우 높음   15~19 : 낮음

25~29 : 높음   7~14 : 매우 낮음

20~24 : 중간 정도

[자신의 결과]

리더십 실습

LMX 이론을 통해 리더와 구성원 간의 높은 수준의 관계 형성에 대해 이해하게 되었다.
다음의 단계를 통해 개인과 조직의 성과 향상을 위한 변화 요소에 대해 탐색해 보자.
(1~6단계는 개별 작성, 7~8단계는 팀 토론으로 활성화)

1단계 조직이나 사회활동에서 내집단에 속했던 경험을 생각해 보자.
2단계 리더와의 내집단 형성에 영향을 준 요인은 어떤 것이라고 생각하는가?
3단계 위의 요인 중 자신의 행동 특징만을 다시 정리해 보자.
4단계 조직이나 사회활동에서 외집단에 속했던 경험을 생각해 보자.
5단계 리더와의 외집단 형성에 영향을 준 요인은 어떤 것이라고 생각하는가?
6단계 위의 요인 중 자신의 행동 특징만을 다시 정리해 보자.
7단계 구성원 입장에서 앞으로 내집단에 속하기 위해 어떤 점을 강화하고 어떤 점을 개선해야 할지
　　　　토론해 보자.
8단계 리더 입장에서 앞으로 구성원과 내집단을 형성하기 위한 방법들을 토론해 보자.

 사례 1   외국계기업 A회사의 영업팀장

콜린은 외국계기업 A회사의 영업팀장을 맡고 있다. 이 회사는 비누, 세제 등 생활용품을 판매하고,
대기업을 비롯해 많은 거래처를 가지고 있다. 총 100명의 직원이 있고, 그중 15명이 콜린과 팀을 이
루고 있다. 이 영업팀에는 3개의 팀이 있고, 각 팀은 한 사람의 매니저에 의해 관리되고 있다. 팀의
매니저는 헤이든, 마커스, 케네스이다.
헤이든 팀은 콜린 팀장과 저녁시간이나 주말에 함께 시간을 보내는 등 실제로 좋은 관계이며, 맡은
일에 뛰어난 수행을 보이고 있다. 세 팀 중에서 헤이든 팀은 가장 창의적이고 재능 있는 팀으로, 콜
린 팀장을 위해 정해진 직무 외의 일도 기꺼이 수행한다. 그 결과 콜린 팀장은 적극적인 의견수용,
아낌없는 지원, 일정한 범위 내에서 자유 재량권을 부여하고 있다. 헤이든 팀은 콜린 팀장의 신임에
만족하고, 콜린 팀장 역시 헤이든 팀을 신뢰한다.
마커스 팀은 회사의 직무수행을 열심히 하고 있다. 그러나 마커스 팀의 불만은 콜린 팀장이 자신의 팀을
대하는 방식이다. 콜린 팀장이 헤이든 팀에게 특별한 배려를 한다는 불공평함을 느끼고 있다.

예를 들면 어떤 사안에 대해 자신의 팀이 의견을 내면 많은 비용과 위험이 따른다는 이유로 다른 방안을 모색할 것을 권유해 놓고, 헤이든 팀이 아이디어를 내면 기발하고 멋진 아이디어라며 칭찬을 한다. 헤이든 팀이 의견을 낼 때마다 콜린 팀장은 많은 관심을 보이고 표정부터 다른 사람들이 느낄 정도로 좋아하는 기색이 역력해진다.

케네스 팀은 마커스 팀처럼 콜린 팀장과 친밀한 관계에 있지 않다는 것에 신경이 쓰인다. 콜린 팀장이 다른 팀에게 특별한 배려를 하고 있다는 것을 자주 목격하고 있다. 예를 들어 팀 프로젝트에 추가적인 예산을 편성할 때마다 다른 팀은 더 많은 예산을 받고 있다. 케네스 팀은 열심히 함에도 콜린 팀장이 왜 자신의 팀을 주목하고 도움을 주지 않는지에 의아해하고 있다, 케네스 팀은 자신의 팀 성과나 수준은 완벽하다고 생각하고 있고, 콜린 팀장이 자신의 팀을 과소평가하고 차별대우한다고 느끼고 있다.

□ **토의**

1. 콜린 팀장과 3개의 팀과의 관계를 내집단과 외집단의 특징에 의해 비교해 보자.
2. A회사에서는 콜린 팀장의 리더십을 어떻게 평가하겠는가?
3. 자신이 A회사의 영업팀장이라면 어떤 점을 개선·보완하고 싶은가?

 사례 2 B레스토랑의 관리자

B레스토랑은 30명의 직원으로 구성된 유명한 외식업체이다.

이 레스토랑의 근무환경은 쾌적하고, 분위기 역시 긍정적이기에 직원들은 B레스토랑에서 근무하는 것을 즐거워한다. 또 직원들은 서로 간에 존경하고 자신들과 의견이 다른 사람들을 이해하려고 노력하고 있다. 보통 동종의 다른 레스토랑에서는 매장 직원과 주방 직원 사이가 원만하지 못한 경우도 있는데 B레스토랑은 그런 일이 없다.

엘리어스의 리더십은 B레스토랑의 성공에 큰 공헌을 하고 있다. 엘리어스는 10년 동안 근속하고 있고, B레스토랑의 전반적인 운영과 관리를 맡고 있는 관리자다. 엘리어스 밑에는 매장직원(홀), 주방 직원, 배달직원 등이 있다.

엘리어스는 B레스토랑의 직원이 된 것을 자랑스럽게 여기며 주인의식을 가지고 레스토랑의 꾸준한 성장과 발전에 공헌을 하고 있음을 자랑스럽게 여기고 있다.

엘리어스의 관리철학은 먼저 직원들의 의견을 경청하고 수렴한다. 또 직원들이 자신의 잠재능력 탐색을 통해 새로운 것에 도전할 수 있도록 동기부여하고 있다. 매년 연말이면 모든 직원들과 함께 하는 파티를 개최한다. 전 직원들과 한 해를 마무리하면서 지난해에 레스토랑을 위해 기여한 바에 대해 이야기하는 시간을 가진다.

엘리어스의 리더십 특성은 모든 직원들에게 공정성을 느끼도록 하는 것이다. 직원들과 관련된 정보는 공유하며 소외감을 느끼지 않도록 하고, 어떤 사안에 대해서든 모든 직원들과 공개적으로 생각을 공유하려고 노력하고 있다. 특히 특정인에게 유리하게 배려한다는 인상을 주지 않도록 항상 노력한다. 예를 들면, 사적으로 이야기를 하거나 식사하는 것을 피하고 있다. 사람들이 그것을 편애로 지각하기 때문이다. 매장에는 가장 아끼는 직원들이 있지만 사적으로 이야기하는 것을 볼 수 없다.

엘리어스는 B레스토랑에서 자신의 직무에 매우 헌신적이다. 매일 남보다 일찍 출근하고 오랜 시간 근무하면서 자신이 맡은 직무에 최고의 성과를 내기 위해 노력하고 있다.

□ 토의

1. 엘리어스의 리더십 특징은 어떤 것들이 있는가?
2. LMX 측면에서 내집단이 형성되어 있다고 생각하는가?
3. 자신이 B레스토랑의 엘리어스 후임자로 선정된다면 어떤 점을 개선하고 싶은가?

＼ 요약

LMX 이론은 한 집단의 리더는 각각의 구성원과 서로 다른 관계를 형성하고 구성원 역시 리더와의 관계를 각각 다르게 지각함으로써 집단 내 구성원 숫자만큼 서로 다른 리더-구성원 관계를 형성한다는 것이다. 이러한 LMX의 수준이 개인 및 조직의 성과에 영향을 준다는 이론이다.

리더-구성원 교환 과정은 초기 상호작용 단계, 리더의 시험 단계, 구성원의 반응·귀인 단계, 리더의 반응·귀인 단계이며, 이런 과정을 거쳐 LMX의 특성이 결정된다.

LMX 이론의 차원적 관점은 협상허용범위의 측정으로 내집단-외집단의 이분법 측정과 연속 범주의 측정이 있다.

LMX 이론은 리더십을 집단 수준의 현상으로 본 평균적 리더십 유형(ALS), 내·외집단의 차이에 초점을 둔 수직 쌍 연결(VDL) 이론, 그리고 리더-구성원 관계의 수준과 리더, 구성원, 조직 성과와의 관계에 초점을 둔 LMX 이론으로 발전되었다.

LMX 이론의 근거는 역할 형성 이론과 사회적 교환 이론이다.

LMX를 통한 리더십 만들기는 낯선 단계, 친지 단계, 파트너 단계로 발전해야 한다.

참고문헌

1) R. C. Liden & G. B. Graen, Generalizability of the vertical dyad linkage model of leadership, *Academy of Management Journal,* 23, 1980, pp.451-465.

2) R. P. Vecchio & B. Gobdel, The vertical dyad linkage model of leadership: Problems and prospects, *Organizational Behavior and Human Performance,* 34, 1984, pp.5-20.

3) A. Seers & G. Graen, The dual attachment concept: A longitudinal investigation of the combination of task characteristics and leader-member exchange, *Organizational Behavior and Human Performance,* 33, 1984, pp.283-306.

4) R. C. Liden, S. J. Wayne & D. Stilwell, A longitudinal study on the early development of leader-member exchange, *Journal of Applied Psychology,* 78, 1993, pp.662-674.

5) F. Dansereau, G. B. Graen & W. J. Haga, A vertical dyad linkage approach to leadership in formal organizations: A longitudinal investigation of the role making process, *Organizational Behavior and Human Performance,* 13, 1975, pp.46-78.

6) G. B. Graen & T. A. Scandura, Toward a psychology of dyadic organizing, In L. L. Cumming & B. M. Staw(Eds.), *Research in organizational behavior.* 9, 1987, pp.175-208.

7) F. Dansereau, G. B. Graen & W. J. Haga, op. cit.

8) R. M. Dienesch & R. C. Liden, Leader-member exchange model of leadership: A critique

and further development, *Academy of Management Review,* 11, 1986.

9) S. J. Wayne, L. M. Shore & R. C. Liden, Perceived organizational support and leader-member exchanged: A social exchange perspective, *Academy of Management Journal,* 40, 1997, pp.82-111.

10) B. B. Deborah & N. S. Robert, Resistance and cooperation: A response to conflict over job performance, *Human Relations,* 52, 1999, pp.1029-1053.

11) G. B. Graen & M. Uhl-Bien, The transformation of professionals into self-managing and partially self-designing contributions: Toward a theory of leader-making, *Journal of Management Systems,* 3(3), 1991, pp.33-48.

12) P. M. Blau, *Exchange and power in social life,* NY: Wiley, 1964.

13) G. B. Graen & M. Uhl-Bien, op. cit.

14) G. B. Graen & T. A. Scandura, Toward a psychology of dyadic organizing, In L. L. Cumming & B. M. Staw(Eds.), *Research in organizational behavior,* 9, 1987, pp.175-208.

15) R. C. Liden, R. T. Sparrowe & S. J. Wayne, Leader-member exchange theory: The post and portention for the future, *Personnel and Human Resource Management,* 15, 1997.

16) G. B. Graen & M. Uhl-Bien, Relationship-based approach to leadership: Development of leader-member exchange(LMX) theory of leadership over 25 years: applying a multi-level, multi-domain perspective, *Leadership Quarterly,* 6(2), 1995.

17) Ibid.

18) Ibid.

19) G. B. Graen & M. Uhl-Bien, Adapted from the life cycles of leadership making in Relationship-based approach to leadership: Development of leader-member exchange(LMX) theory of leadership over 25 years: applying a multi-level, multi-domain perspective, *Leadership Quarterly,* 6(2), 1995, pp.219-247 수정.

제 9 장

팀 리더십

1. 팀제 조직에서 팀 리더의 역할을 이해한다.
2. 팀 리더십이 행사되기 위한 선행 요인을 알 수 있다.
3. 팀 리더십 의사결정의 기본 방향, 개입 차원, 개입 방향의 개념을 이해할 수 있다.
4. 팀 리더십 발휘와 팀 성과 간의 관계를 이해한다.
5. 팀 리더십의 효과성을 측정하는 진단도구를 활용할 수 있다.

1. 팀 리더십의 개념

최근 전통적인 부·과제 조직의 대안으로 팀제가 활성화되고 있다. 팀제는 전통적인 부서조직에 비해 유연하고 신속한 의사결정과 행동을 하기에 적합한 조직으로서 시간적·지리적 거리를 초월하여 의사소통을 가능하게 하는 통신기술 발전의 배경 하에 등장한 조직으로 소계층 조직구조를 이루며 수직적인 명령관계를 중시하지 않는 특징을 가진다.

오늘날의 조직들은 새로운 기술, 새로운 조직구조, 글로벌 경제, 다양성의 증가 등 많은 변화들과 함께 급변하고 있는 경영 상황에 당면하고 있다. 팀제 조직은 이같이 변화하는 상황에 신속하게 대응하는 데 적합한 조직으로서 신속하고 유연하며 수평적인 의사결정을 가능하도록 운영되고 있다.

팀제 하에서 팀 구성원들은 공유된 목표를 달성하기 위해 정보와 자원을 공유하고 결정과 활동을 조정하며, 팀 구성원끼리 의존하게 된다. 또한 팀원은 스스로를 팀으로 자각하고 집단에 대한 응집력을 가진다. 팀 활동의 수행 후에는 결과로부터 학습하고 팀원들 간에 피드백을 주고받게 된다.

수평적이고 유연하며 성과 지향적인 조직 구조인 팀제의 성공은 팀원들이 팀에 긍정적인 태도를 가지고 팀 목표를 달성하기 위해 필요한 적합한 방향제시와 지원을 받으며, 동료들과 의사소통하며 팀의 성과에 대해 상호 모니터링할 때 가능하다. 팀제 조직에서 팀원들은 개인의 과업과 성공에 초점을 맞추기보다는 팀워크를 향상시키는 데 더 많은 관심과 노력을 기울여야 한다.

팀제의 성공 여부는 팀 구성원들에게 달려 있으므로 팀 리더의 역할과 중요성도 매우 크다. 팀 리더의 역할은 기존의 중간관리자와는 다른 것이다. 정보를 구성원들과 공유하고 참여를 촉진시키고, 팀원들의 능력발휘를 유도하는 것이 필요하다. 팀 리더는 수시로 미팅하며, 정보 전달과 커뮤니케이션 채널을 다양하게 유지함으로써 유연하고 신속하며 긴밀하게 팀조직이 운영되도록 해야 한다.

또한 팀 리더의 중요한 임무 중의 하나는 **팀원들의 경력관리**이다. 팀 리더는 팀 업무 할당에 있어서도 구성원의 능력개발과 성장에 도움이 되도록 계획해야 한다. 팀 리더의 리더십은 팀원의 능력을 믿고 일을 맡기는 적극적이고 지원적인 것이어야 한다. Y이론적 인간관에 입각하여 구성원에 대한 높은 신뢰와 기대감을 가지고 수평적인 리더십을 행하는 것이 요구된다.

팀 리더십(team leadership)은 이렇듯 팀제 조직의 발전에 따라 팀제가 효과적으로 작동하도록 하는 데 필요한 리더십 유형으로 등장했다. 팀제로 운영되는 조직에 있어서는 품질을 개선하고, 생산성을 높이며, 혁신과 창의성을 증대시키기 위해서는 팀이라는 체질에 맞는 고유한 관리감독 방식이 요구되는 것이다.

팀제의 배경과 팀제의 요건

■ 팀제의 배경
- 팀의 정의 : '공동의 목적을 달성하기 위해 상호 보완적인 기능을 갖춘 사람들이 서로 신뢰하고 책임을 공유하는 방식으로 일하는 소수의 그룹'
- 등장 배경
  ① 미국에서 품질과 생산효율을 높이기 위한 문제해결팀을 구성한 것에서 출발
  ② 급변하는 경영환경에 능동적이며 신속하고 적절하게 대처할 수 있도록 종전의 수직적인 부·과제가 수평적인 팀제로 전환
  ③ 의사결정 구조를 단축하고 조직세분화에서 오는 관리비용의 낭비를 제거하며, 신속성과 유연성을 도모함으로써 소수정예주의 인력운영과 전문 능력 발휘를 도모
- 팀제는 지시와 명령 위주로 이루어지는 업무 환경보다 복합적인 기술이나 판단, 경험, 창의성을 필요로 하고 업무 수행방식에 대한 합의가 필요한 과업 환경에서 보다 적절

■ 팀제의 요건
- 소수의 인원으로 구성
- 팀원 간 상호 보완적 기능과 능력
- 공동의 목적과 업무 수행 목표
- 과업수행이나 문제해결을 위해 공통의 접근방법 사용
- 과업수행 결과에 대한 공동 책임

특히 팀조직의 성공과 발전 과정에서는 신뢰, 결속, 중재, 적응, 학습과 같은 정서적 과정이 중요한 작용을 한다. 팀제 조직에 필요한 리더십 기능이 팀 리더에 의해 수행되고 팀원들에 의해 공유될 때 팀제 조직은 성공을 거둘 수 있다는 차원에서 최근 '팀 리더십'이나 '팀장 리더십'이 상당한 주목을 받고 있다.

팀 리더십은 팀 리더가 팀원에게 명확한 목표, 권한, 책임을 부여하고, 지시와 명령보다는 자율적으로 결정하고 실행할 수 있도록 함으로써 팀원들은 주인의식과 책임감을 가질 수 있게 된다. 팀 리더십에서 리더는 과감한 권한 위임을 통해 필요와 상황에 따라서는 팀원들이 리더 역할을 수행할 수 있도록 개인의 셀프 리더십을 자극하고 활성화하는 것이 필요하다.

2. 팀 리더십의 구성요소

팀제가 조직 진화에 따라 등장한 현대화된 조직구조라면 팀 리더십 또한 리더십의 수직적 위계성보다는 팀원의 능력발휘와 참여를 유도함으로써 성과지향적인 조직을 지향한다는 차원에서 전통적 리더십과는 성격을 달리하는 리더십이라고 할 수 있다.

팀 리더십이 발휘되는 과정에는 조직 구성원이 자발적으로 행동 동기를 유발하고 스스로 조직 구성원으로서의 역할을 수행하는 '셀프 리더십', 구성원 상호 간의 자율적인 조정으로 조직에 기여하는 '팔로워십', 구성원 간의 목적에 대한 공통인식과 일치된 행동인 '팀워크'가 핵심 요소를 구성하고,[1] 그 외 구성원의 능동성이 발휘되도록 권한을 위임하는 '임파워먼트', 팀의 정확한 판단과 신속한 행동을 위한 '의사소통' 능력이라는 요소가 발휘되는 것이 필요하다.

1) 셀프 리더십

셀프 리더십은 개인이 스스로 자신에게 영향을 미치는 사고와 행동전략[2]으로서 팀제 조직에서 팀원들은 리더의 영향에 의해 움직이기보다는 구성원들 자신의 주도력에 의해 스스로를 관리하고 이끌고 나가는 것이 필요하다. 팀 구성원들은 자기 **방향성과 통제력**을 가지고 자신을 리드하는 역할을 하며, 리더는 부하들의 능력을 향상시키고 촉진시키는 역할을 한다.

팀 리더십에서는 리더는 조직 구성원들이 각자의 셀프 리더십에 의해 움직이도록 팀을 유도하는 것이 필요하다. 따라서 팀 리더는 구성원의 잠재력을 충분히 끌어내고 필요한 수준만큼의 영향력을 발휘하는 역할을 하게 된다.

2) 팔로워십

팀제 조직에서는 리더의 행위에 못지않게 적극적으로 반응하고 행동하는 팀원의 팔로워 역할에 주목하고 있다. 팔로워십은 독립적인 사고와 적극적인 행동력으로 개인과 조직의 목표 달성을 위해 참여하는 구성원들의 태도와 행위로서,[3] 팀제 조직에서는 리더와 팔로워의 조화가 중요하며 그 책임도 동등하다고 볼 수 있다.

팀에 주어진 역할과 사명을 인식하고 **능동적으로 할 일을 찾고 협력**하는 팔로워는 리더십의 일부분을 구성하게 된다. 리더에 의한 일방적인 지휘가 아니라 리더와 팔로워 역할이 균형을 이룰 때 이상적인 팀과 팀 리더십의 존립이 가능하다.

3) 팀워크

팀워크는 팀 구성원 간에 형성되는 **공통의 태도 혹은 단결된 분위기**로서 사고와 경험의 공유를 통해 나타나며 집단에서의 활발한 상호작용과 성과 창출을 이끄는 매개체 역할을 한다. 팀 리더는 자유로운 분위기를 조성하고 갈등을 해소해 줌으로써 팀워크의 전제인 상호 신뢰와 이해의 분위기를 구축해야 할 것이다.

팀워크는 팀 과업의 수행에서 팀원들은 상호 의존적이고 연결되어 있으며, 모두 협동해야 한다는 인식에서 출발하여, 목표 달성을 위한 개인의 역할을 충분히 수행하도록 강조하고, 그 과정에서 활발히 의사소통하고 공동 책임지는 문화를 필요로 한다.

4) 임파워먼트

임파워먼트는 구성원에게 **자율적인 권한과 통제권을** 부여하는 것으로 구성원에 대한 자율, 책임, 능동성, 적극성, 창의성 증진을 가능하게 한다. 임파워먼트는 구성원들이 능력을 발휘하도록 기회를 부여하는 동시에 그에 따른 책임감을 가지도록 함으로써 조직 성과 창출을 위한 자발적인 노력을 유도하는 것이다. 사실 적절한 권한위임이 이루어진다면 리더는 구성원들과 더불어 팀의 목표를 훨씬 용이하게 달성할 수 있으며 구성원들의 자발성과 의욕을 향상시킬 수 있다. 한편, 팀 구성원들은 리더를 대신하여 권한을 행사하는 과정에서 학습하며 상황 대응 능력을 키우게 된다.

동시에 팀 리더는 구성원들의 장단점을 관찰 · 분석하여 능력을 키워 주고, 개성을 존중함으로써 다양한 역량을 갖춘 팀 조직으로 만들어 나가는 것이 필요하다. 효과적인 팀 리더는 구성원들에게 무엇을 해야 하는지 지시하고 가르쳐 주는 것보다 **팀원들이 스스로 해결책과 대안을 찾도록 독려한다.**

5) 의사소통과 연결

팀제 환경 하에서 리더는 자신의 비전을 팀원들과 공유하는 것이 중요하며, 팀원들과 협의를 통해 팀의 목표를 설정하는 것이 필요하다. 커뮤니케이션이 원활하게 이루어지면 팀원들과 창조적이고 긍정적인 상호관계가 형성된다. 리더의 적극적인 경청과 피드백은 전체적인 팀 기능의 원활화를 가져온다. 또한 팀 리더는 자신이 파악하고 있는 **지식과 노하우, 내부 정보를 팀원과 적절히 공유해야 한다.** 나아가 팀 리더는 대외적인 정보를 수집하고 환경을 분석함으로써 조직에 영향을 미칠 상황을 파악하고 팀의 여건을 유리하게 조성할 수 있다.

또한 팀 리더는 팀 내외를 연결하는 역할을 한다. 팀 리더는 팀 내, 팀 간, 그리고 조직 내의 다른 부서들과 의사소통에 있어서 연결고리 역할을 한다. 팀 리더는 팀을 대표하여 조직 내 타 부문과의 관계를 원활히 하고 팀의 업무수행에 장애가 되는 요인들을 제거해야 한다. 이러한 역할을 통해 팀제 조직이 유기적으로 작용하며 안정될 수 있다.

팀제는 팀 리더와 팀원 간의 상호작용과 교감이 무엇보다 중요하다. 팀 리더십이 효과적으로 발휘되기 위해서는 리더 스스로도 자아 인식, 감정 관리에서 출발하여, 타인에 대한 이해와 관계의 형성을 통해 조직 목적 달성을 위한 의사소통과 관리에 이를 수 있다. 〈표 9-1〉에서 팀 리더의 정서적 요소를 중심으로 리더십 형성 과정을 설명하고 있다.

표 9-1 팀 리더를 위한 감성지수 모형

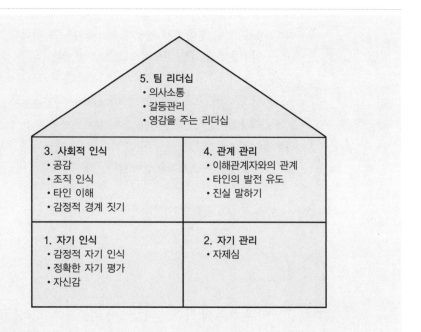

1단계 : 자기 인식
- 스스로의 감정 상태를 자각하고 그것이 자신과 타인에게 미치는 영향을 인지
- 팀 리더의 감정은 팀원들에게 영향을 미치므로 자신의 감정을 잘 알고 돌보는 것이 중요

표 9-1 (계속)

- 자신의 균형을 잃는 징조(가령 부적절한 유머, 냉소적 태도, 공격적 행동, 수동적 자세, 피해의식 느낌, 적대감 등의 반응을 보이는 경우)에 민감

2단계 : 자기 관리
- 자신의 부정적인 감정을 관리하고 평정심을 유지
- 리더 개인의 분노, 실망, 슬픔, 두려움이 다른 팀원에게 영향을 주지 않도록 관리
- 감정관리 과정 : 감정의 확인 → 원인의 이해 → 극복을 위한 행동

3단계 : 사회적 인식
- 타인의 감정을 이해하고 상황을 빠르게 인식
- 감정의 평가와 표현, 감정의 조절, 감정의 활용을 적절히 사용

4단계 : 관계 관리
- 이해관계자를 명확히 파악하고 좋은 관계를 형성
- 이해관계자 : 팀원, 관련 부서, 경영자, 투자자, 공급자, 판매자, 고객, 계약자, 언론 등
- 타인의 발전을 촉진(인정, 피드백, 코칭, 멘토링, 임무배정)

5단계 : 팀 리더십
- 유능한 팀원을 확보하여 소통하고 동기부여하며, 갈등요소와 장애물을 제거
- 효과적 의사소통 방식 : 직접 면담, 전화, 문서보고, 이메일, 인스턴트 메시징
- 의견 차이를 조정하고 긴장된 상황을 해소하며 논쟁을 공개적 토론으로 유도
- 개인과 팀을 위한 비전 제시를 통해 업무를 매력적이고 흥미있록록 유도

자료 : 앤터리 머시노 저, 권오열 역, 감성리더십, 비전과 리더십, 2008.

3. 팀 리더십 모형

효과적인 팀의 운영은 팀 리더의 역할에서 비롯된다. 리더는 팀의 미션을 명확히 하는 한편, 주변 여건을 고려한 해결책을 제시해야 한다. 팀 리더십 행동은 팀의 내적 상황과 외적 상황을 분석하여 적절한 행동을 선택·실천함으로써 팀의 목표를 달성하고 팀의 효과성을 확보하는 것이 요구된다.[4]

팀 리더는 팀원들에게 팀의 목표와 과업 방향을 설명하며 **과업수행을 위한 수단과 기술**

을 제시할 수 있어야 한다. 팀 리더는 구성원들의 능력을 개발하고 상황에 효과적으로 대처하는 방법을 훈련시켜야 한다. 구성원들의 능력을 효과적으로 끌어내지 못한 채 협동하는 분위기와 결속력만으로는 실질적인 성과를 창출하기는 어렵다.

더 나아가 리더는 어떤 문제점에 어떤 개입(intervention)과 조치(action)를 취할 것인지 판단해야 한다. 팀 리더는 상황에 따라 효과적인 팀을 만들기 위해 필요한 일에 초점을 맞추어야 한다.[5]

팀 리더십 모형은 〈그림 9-1〉에서 보는 바와 같이 팀을 효과적으로 지휘하기 위해 어떤 시점에서 어떤 행동을 취할 것인지에 대한 의사결정 흐름을 제시하고 있다. 팀 리더십과 관련된 기본적인 결정은 리더가 관찰하고 모니터링하는 역할을 위주로 할 것인지, 아니면 개입하여 어떤 조치를 취하는 역할을 할 것인지를 정하는 것이다.

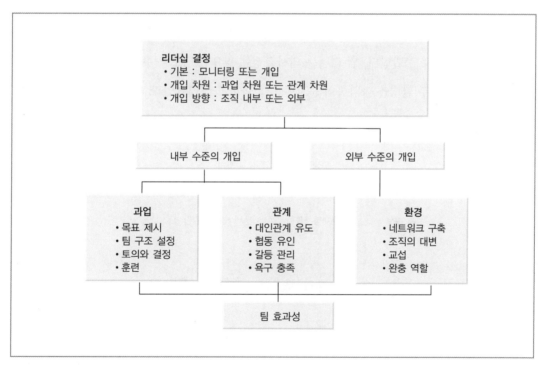

▶▷ 그림 9-1 **팀 리더십 모형**

자료 : P. G. Northouse, *Leadership—Theory and Practice*, 4th ed., SAGE Publications, 2007, p.210.

이때 개입하기로 결정한다면 조직 내부와 관련된 과업이나 대인관계에 대한 것과 조직 외부 환경과 관련된 것으로 유형이 나뉠 수 있다.[6]

1) 팀 리더십의 기본 결정

먼저 리더십 행동의 두 가지 수준 — 관찰 또는 모니터링, 외부문제 개입 및 내부문제 개입 — 에 따라 다시 네 가지 유형의 리더십 행동이 나타날 수 있다.[7] 먼저 팀의 내부적 기능에 초점을 둘 경우 리더는 관찰을 통해 문제점을 진단한다. 그리고 그 문제점을 해결하기 위해 적절한 조치를 취할 수 있다. 한편 팀의 외부적 기능에 초점을 둘 경우 리더는 환경을 분석하여 팀에 영향을 미치게 될 요인을 파악하거나, 그러한 환경변화를 예측하여 사전 조치를 취하는 행동을 하게 된다.

(1) 모니터링과 개입

팀제 조직에서 팀 리더의 기능은 상황을 모니터링하고 그에 필요한 행위를 적절히 취하는 것으로 출발한다. 팀 리더는 의사결정에 필요한 정보를 수집하기 위해 팀 내부 환경과 외부 환경을 파악하여 문제를 구조화하고 장애요인과 환경 변화요인에 대응한

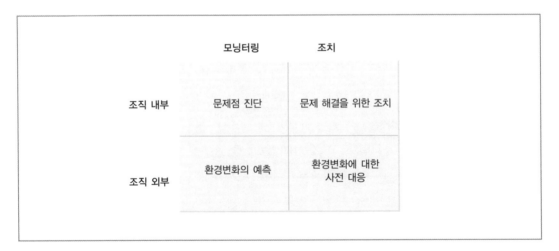

	모니터링	조치
조직 내부	문제점 진단	문제 해결을 위한 조치
조직 외부	환경변화의 예측	환경변화에 대한 사전 대응

▶▷ 그림 9-2 **팀 리더십의 주요 행동**

자료 : J. R. Hackman & R. E. Walton, *Leading Groups in Organization*, Jossey-Bass, 1986, p.76.

다. 리더는 정보수집 과정에서 팀원들로부터 자료를 얻고 팀 외부에서 네트워크를 형성하기도 하며, 팀의 성과를 평가해 본다. 팀에 대한 분석이 끝나면 리더는 정보를 해석하고 구조화함으로써 실행계획을 수립한다.

환경 변화에 대한 유연한 대응을 강조하는 팀제 조직에서는 팀의 모든 구성원들이 리더가 수행하는 모니터링과 실행계획 수립에 참여할 수 있다. 즉 집단적으로 공유된 리더십을 통해서 변화하는 상황에 적응하는 한편, 리더와 팀원은 협력하여 팀 효과성을 발휘한다.

한편, 팀 리더의 역할 중 또 다른 하나는 수집된 정보를 기반으로 하여 적절한 개입을 취하는 것이다. 이러한 개입이야말로 리더의 중심 기능으로서 여러 대안을 개발하고 그중 적합한 안을 선택 · 실행하는 것이다.

(2) 관계 지향적 개입과 과업 지향적 개입

팀 리더가 당면한 두 번째의 결정은 리더의 개입 행위를 관계 지향적 차원에서 할 것인지 과업 지향적 차원에서 할 것인지를 정하는 것이다. 관계 지향 또는 유지 지향 기능(maintenance function)에는 협동적 팀분위기 조성, 대인 간 문제해결, 팀원들의 욕구충족, 응집성의 개발 등이 포함된다. 과업 지향 기능(task function)에는 업무수행, 의사결정, 문제해결, 변화에 대한 적응, 계획수립, 목표 달성 등이 포함된다.

성공적인 팀 리더십은 지속적으로 유지 기능과 과업 기능 모두에 집중하는 것이다.[8] 유지 기능과 과업 기능은 밀접한 상관관계를 가지고 있다. 만약 팀의 생산성이 높고 순조롭게 과업을 수행하고 있다면 내부에 협동적인 분위기가 형성되고 우호적인 관계가 유지된다. 같은 원리로 팀이 잘 유지되고 우호적인 분위기가 형성되어 있다면 팀원들은 협력적으로 업무를 수행하여 좋은 성과를 창출할 수 있다.

(3) 팀 내부 수준의 개입과 팀 외부 수준의 개입

팀 리더는 팀을 효과적으로 지휘하기 위해 팀 내부 상황, 즉 업무나 팀원들의 관계에 대해 개입하거나 팀 외부 상황, 즉 팀을 둘러싼 역학관계나 변화에 대한 개입을 하는 것이 필요하다. 팀 리더는 내부적으로는 구성원에게 목표를 설정하고 과업을 지시하며 협동과 몰입이 이루어지도록 관리하는 한편, 대외적으로는 팀에 부여된 임무가 무엇인지 확인하고 필요한 자원을 획득하고 팀의 위상이 지키기 위해 노력한다. 유능한 팀 리더의 역할은 팀에 대한 내부적 요구와 외부적 요구를 분석하여 균형을 유지하고 상황의 변화에 적절히 대응하는 것이다.[9]

2) 팀 리더십의 2차 결정 : 개입 차원

팀 리더는 팀이 처한 상황에 따라 적절히 행동을 조정하는 것이 필요하다. 팀 리더는 팀의 목표 달성 과정에서 발생하는 문제점을 관찰, 분석하여 전략적 선택을 하고 적절한 조치를 취해야 한다.[10]

먼저 팀의 업무수행상 문제가 있다면 리더는 목표 설정, 표준의 제시, 훈련과 같은 조치를 취해야 한다. 예를 들어 팀원이 과업수행에 필요한 기술이 부족하다는 것을 알게 된다면 적절한 훈련을 시키고, 팀 내에 목표의식 공유가 약하다면 팀원들에게 과업의 목표를 분명히 제시하고 동의를 얻는 것이 필요하다. 또한 팀원들이 일상의 업무에 얽매어 좁은 시각을 가지고 있다면 미래 비전과 전략을 가지도록 도와주는 것이 필요하다.

또 문제점이 팀 구성원 간 관계에 관한 것이라면 그것을 개선하기 위한 적절한 조치를 취하는 것이 필요하다. 가령 모니터링 결과 구성원들 간에 갈등이 있다면 해소해 주는 것이 필요하고, 의사소통이나 협동심이 부족한 경우에도 그것을 확립하도록 유도하는 것이 필요하다.

다음으로 문제점이 환경상의 문제라면 네트워크 구축이나 팀 결속력 강화, 대외에 팀의 옹호와 대변, 정보의 공유, 팀 효과성에 대한 측정과 평가와 같은 조치를 취해야 한다. 조직 내 팀은 거대한 조직의 하위 시스템으로 존재하므로 그 속에 팀이 생존하기 위한 방안을 강구하는 것이 필요하다.

3) 팀 효과성

팀 효과성은 팀 리더가 팀의 문제점들을 적절히 진단하고 적절한 조치를 취하여 팀워크를 돈독히 함으로써 이루어 낸 성과를 의미한다. 팀 효과성은 팀 업적(performance)과 팀 발전(development)이라는 두 가지 관점에서 설명될 수 있다. 효과적인 팀은 명확한 목표를 향해 과업에 몰두하는 집단인 동시에, 과업수행을 촉진하는 집단 구조와 집단적 후원이 존재하는 집단, 그리고 적절한 자원이 공급되는 집단으로 볼 수 있다.

Larson과 LaFasto(1989)는 성공적인 팀을 대상으로 한 현장연구[11]를 통해 팀의 규모와 상관없이 8개의 요인이 팀의 성과와 일관되게 관련되고 있음을 발견했다. 그것은 명확하고 가치 있는 목표, 성과 지향적인 구조, 유능한 팀원, 팀원의 공헌, 협동적인 분위기, 표준의 제시, 외부의 지원과 인정, 원칙중심의 리더십이다.

팀 리더들은 이같은 팀 효과성의 지표와 비교하여 관리하는 팀이 어떤 수준인지 주기적으로 측정하여, 비효율이 발생하고 있는 부분에 대한 적절한 조치를 취할 수 있어야 한다.

4. 팀 리더십의 기능

다양성과 유연성을 추구하는 지식정보화 시대에는 리더의 범위가 크게 확대될 뿐만 아니라 조직 구성원 모두가 리더십을 발휘해야 하는 상황이 되고 있다. 팀 리더십에서는 집단의 성과가 리더 개인에 의존하지 않고 리더가 과감한 권한부여를 통해 구성원 모두가 리더의 역할을 수행할 수 있도록 능력을 향상시키고 지원하는 것이 필요하다. 이하에서 팀 리더십이 팀원과 팀의 운영에 미치는 기능을 알아보았다.

첫째, 팀 리더십은 팀의 정서적인 환경을 조성한다. 팀 리더는 팀 내의 사회적 관계를 형성하고 공감대를 이끌어 내는 역할을 한다. Yukl(2002)은 이것을 '배려(consideration)'의 개념으로 설명하고 있는데, 그것은 '리더가 부하들에게 관심과

표 9-2 팀 효과성 지표

지표명	내용
명확한 목표	• 모든 팀원들이 이해하고 공동으로 추구할 수 있는 명확한 목표 제시
성과지향적 구조	• 팀의 성격에 맞고 팀의 목표 달성에 적합한 조직구조 형성 • 가령 문제해결팀은 구성원의 기여를 유인하기 위한 신뢰가 중요하며, 연구개발팀은 자율성의 보장이 중요
유능한 팀원	• 팀의 과업을 성취하기에 적절한 수의 구성원과 적절하게 혼합된 구성원들로 팀원 구성 • 팀의 목표를 달성하기 위해 요구되는 기술적 역량(핵심 역량)을 가진 팀원을 보유하는 것이 필요하며, 그 밖에 개방성, 협동성, 실천 지향성, 긍정적 자세와 같은 팀워크 촉진 요인을 보유하는 것이 필요 • 팀원들이 능력을 발휘하고 팀에 존속하기 위해서는 팀에서도 충분한 정보와 교육훈련을 제공하는 것이 필요
팀원의 공헌	• 팀은 일체감과 정체성, 하나의 목표를 향한 헌신성을 가지는 것이 필요 • 팀정신(team spirit)의 형성이 중요
협동적 분위기	• 팀원들이 문제에 집중하고, 상호 경청하며, 이해하고, 위험을 감수하며, 상호의 부족한 요소를 채워주고자 하는 자세가 중요 • 정직, 개방성, 일관성, 존경에 기반을 둔 신뢰관계의 구축 필요
표준의 제시	• 팀이 성취하거나 목표로 삼을 수 있는 우수한 기준을 설정하여 제시 • 명료하고 구체적이며 도전적인 업무수행의 표준을 제시
외부의 지원과 인정	• 도전적인 과업할당에 따른 조직적 지원 필요(자금, 설비, 물자, 인력 등) • 업적에 따른 보상 필요(개인적 보상 및 집단적 보상)

원칙중심의 리더십	• 4대 과정을 통한 팀리더십의 발휘 필요
	  -인지적 과정 : 리더가 팀이 당면한 문제에 대해 인지적으로 이해
	  -동기유발 과정 : 리더는 높은 업적기준을 설정하고 그것이 달성되도록 팀의 응집성을 결집하고 역량을 증대
	  -정서적 과정 : 리더는 분명한 목표와 과업 내용을 제시함으로써 모호성에서 오는 스트레스 상황을 해소
	  -조정 · 통합 과정 : 구성원들 역량에 맞는 업무 배정과 적절한 결과 피드백, 환경변화에 따른 적응 등을 통해 팀의 활동을 조정 · 통합

자료 : P. G. Northouse 2007, *Leadership-Theory and Practice,* 4th ed, SAGE Publications, 2007, p. 218-222.

존경을 표현하며, 복지를 향상시키고, 지지와 감사를 나타내는 것'이다. 리더는 이러한 배려를 통해 조직의 정서적인 안정을 유지한다.

둘째, 팀 리더십은 **활동의 방향을 설정하고 구조화한다**. 리더는 팀이 지향해야 할 방향을 설정하기 위해 계획하고 조정하며 의사소통한다. Yukl(2002)은 이것을 '구조주도화(initiating structure)'의 개념으로 설명하고 있는데, 그것은 '리더가 구성원들의 역할에 정의하고 조직화하며, 목표 달성을 위한 방향을 설정하고, 의사소통의 형태와 방식을 잘 설계하는 것'이다. 리더는 구조주도화를 통해 팀의 방향을 설정하고 조직화한다.

셋째, 팀 리더십은 **구성원들을 적절히 보상하고 지지하는 역할**을 한다. 팀 리더는 성과를 측정하고 보상하는 체계를 수립하여 성과에 대한 차별화된 인정과 보상을 실시하는 것이 요구된다. 즉 보상은 교환관계 속에서 이루어지는 것으로 성과를 창출한 것에 비례하여 적절한 대가를 제공하는 것이다.

넷째, 팀 리더십은 **구성원을 교육·훈련시키는 기능**을 한다. 팀 리더십에서 주요한 리더의 역할은 팀의 성장을 촉진시키는 것으로, 전문적인 코칭을 통해 팀의 실무 능력을 향상시키는 것이다. 팀 리더는 팀 구성원과의 직접적인 상호작용을 통해 팀 구성원들의 학습을 촉진하고 훈련을 제공한다.

다섯째, 팀 리더십은 **팀 구성원들의 동기를 부여한다**. 팀의 효과성은 팀 구성원들의 목표에 대한 이해와 공헌에 달려 있으므로 팀 리더는 구성원들이 팀의 목표에 몰입할 수 있도록 노력해야 한다.

여섯째, 팀 리더십은 **팀에 필요한 자원과 정보가 무엇인지 알아내는 모니터링 역할**을 수행해야 한다. 팀 리더는 팀의 상황 전반에 대해 신속하고 유연하게 모니터링함으로써 필요한 지원을 조달하고 적절한 지원을 행하는 것이 필요하다.

5. 팀 리더십의 특이성

대부분의 리더십이론은 리더와 부하들의 관계에 관심을 가진다. 반면에, 팀 리더십이론은 팀이 가지는 특성들을 고려하며 리더가 어떻게 팀의 운영에 영향을 미치는지에 대하여 연구한다.

유연하고 자율적인 운영을 원리로 하는 팀제의 특성상 팀 리더십에 대해 1인의 리더중심으로 리더십이 형성되는 상황과 다수의 팀원이 리더십 기능을 나누어서 수행하는 상황도 있다고 보는 주장이 존재한다. 전자의 경우를 수직형 팀 리더십(vertical team leadership)으로, 후자의 경우를 **공유형 팀 리더십**(shared team leadership)이라 할 수 있다.

먼저 수직형 팀 리더십은 어떤 특정한 목표를 달성하기 위해 단 1명인 리더의 영향력이 팀에 하향적으로 미치는 것을 말한다. 리더의 주요 임무는 조직의 욕구를 충족시키는 것으로 유능한 팀 리더는 과업의 수행과 조직의 유지를 위해 필요한 기능이 충분히 발휘되도록 하는 **문제해결자**(problem-solver)이다.[12]

Hackman과 Walton(1986)에 의하면 팀 리더는 팀이 효과적으로 움직이도록 하기 위해 필요한 조건을 조성하는 역할을 한다. 즉 명확한 방향제시, 성과를 촉진하는 조직화, 우수한 성과를 보상하고 지원해 주는 조직환경 조성, 구성원 상태에 적합한 지도, 물적 자원을 조성하는 역할을 수행한다. 또한 Kozlowski 등(1996)은 팀의 발전단계에 따라 다른 리더십 기능들이 필요하다고 주장한다. 팀이 발전하여 나감에 따라 리더의 역할은 조언자에서 훈련자로, 훈련자에서 코치로, 코치에서 촉진자로 변화하는 것이 필요하다고 보았다.

공유형 리더십은 다수의 팀 구성원들이 아래로 뿐 아니라 위로 옆으로 팀에 영향을 미치는 과정을 중시한다. 공유형 팀 리더십 상황에서는 공식적인 리더는 여전히 리더로서의 행태를 보일 수 있지만, 이 리더는 단지 팀을 이끄는 많은 구성원들 중의 하나이다. 즉 지정된 팀 리더와 팀 구성원 모두 리더십 기능을 수행하는 것이다.[13]

리더십 공유에 대한 아이디어는 개개인들은 공식적인 리더를 반드시 따를 필요는 없으며, 특정 상황에서는 그 상황에 가장 적합한 지식을 가진 사람을 따라야 한다고 보는 관점이다. 특히 작업 현장에서의 **자율경영팀**(self-managed team)의 경우 복수의 개인, 즉 팀 구성원들이 관리와 통제 행위를 동시에 수행할 때 공식적인 관리자에 의한 리더십 발휘보다 긍정적인 결과를 가져온다는 연구결과가 보고되고 있다.[14]

6. 팀 리더십의 유용성

오늘날 전통적인 조직구조의 한계를 극복하고 환경변화와 조직슬림화에 기여하는 대안적 조직구조로서의 팀제 조직은 매우 유용하며, 팀 리더에게 요구되는 팀 리더십을 탐구하는 것은 기존의 다양한 리더십 주제에 못지않은 중요성을 가진다.

팀 리더십은 실질적인 **과업 조직**인 팀제 운영에 필요한 리더십에 초점을 맞춤으로써 이전의 소집단 연구에서 해답하지 못한 많은 리더십 문제에 대한 논의들을 다루고 있다. 팀 리더십은 조직, 산업, 또는 사회의 다양한 환경 여건 속에서 운영되는 각종 작업 집단과 자율경영팀, 분임조 등을 연구 대상으로 하고 있다. 그 밖에도 팀 리더십은 실질적인 팀의 업무수행에 대한 리더십 적용과 팀 효과성 증진에 초점을 두고 있다.

따라서 팀 리더십 연구는 팀과 팀원들의 팀의 미션과 문제점을 진단하고 필요한 조치를 취할 수 있게 한다는 실용적 측면이 강점이 될 수 있다. 팀이 효과적 운영되기 위한 과업 관리와 구성원 동기부여 방식을 고민하는 과정에서 리더는 팀의 업적을 향상시키는 방법을 효과적으로 터득할 수 있게 되는 것이다.

또한 팀 리더십은 팀 성과가 부진할 경우 리더가 팀을 재설계하고 혁신하기 위한 방안에 대해서도 지침을 제시할 수 있다. 또한 팀 리더십은 리더와 구성원들의 변화하는 역학관계를 고려한다. 팀 리더십이론은 리더가 차지하거나 행사하는 '권력' 요인에 초점을 맞추지 않고 진단하고 필요한 조치를 취하는 것을 중심으로 리더의 기능을 해석하고 있다.

또한 이러한 진단, 평가, 조치와 같은 리더의 기능은 유연성과 다기능성을 강조하는 팀제 조직에서는 팀원에 의해서도 수행 가능하다는 시각을 가진다. 이는 유연하고 수평적인 작업 집단에서는 리더십은 **공유되어야** 한다는 최근의 주장과도 일맥상통하는 것이다. 즉 목표 설정, 지도, 피드백과 같은 전통적인 리더의 책임과 기능이 오늘날에는 팀 구성원 간에 공유, 배분될 필요가 발생하는 것이다.

이러한 측면에서 팀 리더에게 요구되는 자질도 분석적이고, 통찰력 있고 개방적인 측면이 강조되고 있다. 더불어 교섭, 갈등해결, 목표에 대한 집중, 외부에 대한 네트워킹, 상황에 맞는 적절한 해법의 개발 및 적용과 같은 측면도 중요 요소로 간주되고 있다.

팀 리더십의 측정도구[15]

팀제에 적합한 팀 리더십이 발휘되어 팀의 목적 달성에 적절히 기여했는지에 대한 팀 리더십의 효과성은 대체적으로 생산성 증가, 품질의 증가, 작업의 질 향상, 비용 절감, 이직과 결근의 감소, 혁신의 증가, 조직의 적응력과 유연성 증가 등으로 나타날 수 있다. 초기에는 팀 리더십의 효과성을 품질이나 속도와 같은 **성과 요소**에 초점을 맞추었으나 최근에는 구성원의 만족, 욕구 충족, 신뢰, 몰입과 같은 **태도 및 행위적 요소**에 맞추어지고 있다.

팀 리더는 팀 효과성을 측정하는 도구를 적절히 활용함으로써 팀의 취약한 분야를 진단하고 그러한 취약한 분야를 수정하고 향상시키기 위한 단계별 수정조치를 계획할 수 있다. 또한 팀별 측정결과를 비교하면 특정 팀의 현재 업적 수준에 대한 정보를 상대적으로 파악하는 것도 가능하다.

당신이 속한 팀에 관하여 다음 사항에 체크해 보라.

분야	요소	문항	매우 동의하지 않는다	동의하지 않는 편이다	동의하는 편이다	매우 동의한다
팀 우수성 조사(팀 건전성 측정)	목표	명확한 팀의 목표와 개인 업적 목표가 존재한다.				
	구조	개인의 업무 수행을 모니터링하고 피드백을 제공하는 장치를 보유하고 있다.				
	팀 구성원	팀원들은 팀의 목적을 달성하기 위한 기량과 능력을 보유하고 있다.				
	헌신성	팀의 목표 달성이 개인의 목적 달성보다 우선한다.				
	분위기	팀 내에는 신뢰와 협동적 분위기가 형성되어 있다.				
	업적 기준	팀 리더와 팀원은 성과를 내기 위해 최선을 다한다.				
	외부 지원	팀은 과업 수행에 필요한 자원을 충분히 지원받고 있다.				
협동적 팀리더 조사(리더의 효과성 측정)	목표에 대한 초점	팀의 목표 설정이나 목표 수정 시 팀 리더는 팀원들을 충분히 설명ㆍ설득한다.				
	협동적 분위기 조성	팀 리더는 팀 운영과 관련된 논의를 자유롭게 할 수 있는 분위기를 형성한다.				
	자신감 조성	팀 리더는 팀원들의 기여도를 찾아내고 인정해 준다.				
	기술적 역량의 발휘	팀 리더는 팀 목표 달성 과정에서 당면하게 되는 문제를 해결하는 기량을 가지고 있다.				
	우선순위의 설정	팀 리더는 팀원들에 대한 과업 부하 정도를 조정함으로써(한꺼번에 다양한 과업을 수행하도록 요구하지 않음으로써) 현재 하고 있는 과업에 집중하도록 돕는다.				
	업적관리	팀 리더는 팀원의 업무수행이 부적절할 때 즉시 적절한 조정과 통제를 실시한다.				

특정 팀의 구성원들과 팀 리더가 모두 질문에 응답하도록 하여 평균적으로 '(매우) 동의하지 않음'으로 체크된 항목은 팀의 취약한 분야이므로 팀 리더는 팀 효과성을 향상시키기 위해 해당 요소를 수정하고 적절한 해결책을 강구해야 한다.

팀 리더십은 미래형 리더십

일부 학자들은 미래 사회에는 리더십이 불필요한 사회가 도래할 것이라고 예측한다. 왜일까?

리더가 누군가를 통솔한다는 것은 대체로 리더가 부하들보다 더 많은 지식과 경험, 더 나은 판단력을 가지고 있다는 전제에서 출발한다. 그런데 방대한 지식과 정보, 날로 등장하는 새로운 기술과 시스템으로 정신없이 돌아가는 비즈니스 세계에서 과거의 경험이 주는 유용성은 낮아질 수밖에 없고, 한 사람이 가진 지식과 기술, 판단력에는 한계가 있을 수밖에 없다. 따라서 리더의 역할은 점점 애매해지고 작아질 수밖에 없다. 같은 맥락에서 리더로부터 일방적으로 지시를 기다리는 부서원들로 이루어진 과업 구조는 새롭고 복잡한 경영 과제를 풀기에 부적합하다.

그러면 리더가 완전히 불필요할까? 현실적으로 그렇지는 못하다. 누군가 방향성을 제시하고, 결집시키고, 조정하고, 일정을 관리하고, 동료들의 정서를 보살피는 역할을 하는 존재는 필요한 것이다. 이때 필요한 것이 '팀 리더십'이다.

앞으로의 조직 환경에서 중요한 것은 '혁신'과 '협업', '유연함'이다. 서로의 지식과 경험을 활용하고, 다양하고 창의적인 아이디어를 공유하고, 신속하게 판단해서 각자의 역할을 수행하는 것이 중요해지고 있다. 이러한 메커니즘이 작동하기 위해서는 '수평적 팀조직' 환경을 이루고, 구성원의 자율성을 존중하면서 독창성을 이끌어낼 수 있는 팀 리더십이 요구되는 것이다.

실제로도 최근 기업에서는 팀 리더를 부서원들이 돌아가면서 맡기도 하고, 나이나 근속연수가 낮은 사람이 맡는 경우를 많이 볼 수 있다. 리더에게 경험이나 연륜과 같은 자질이 덜 중시되고 있다는 증거이다. 팀제 환경에서 팀 리더는 부서원들의 다양한 능력을 조합하고 소통하는 최소한의 기능을 수행하는 것이 필요하다.

 사례 1 최 팀장과 박 대리

요즘 최 팀장은 회사 갈 맛이 나지 않는다. 회사가 한바탕 구조조정을 하면서 한계 사업을 정리하고, 명예퇴직을 받으면서 직원도 감원하고, 본부–부–사업단을 모두 해체하고 팀제로 압축시킨 조직 개편을 단행하였다. 이 과정에서 긴장해서인지 몸과 마음이 모두 녹초가 된 느낌이고, 부장에서 팀장으로 신분이 바뀌면서 기분도 좋지 못하다. 더구나 팀 분위기도 엉망이다. 젊은 직원들이 일을 시켜도 의욕이 없고 자신의 말을 건성으로 듣는 것 같다. 선배에게서 배우고자 하는 자세도 없다. 특히 박 대리는 실력 좀 있다고 자신이 팀장인양 부서를 좌지우지 하려고 한다. 한 번씩 들이대는 보고서도 그렇다. 자신은 도전적 플랜이라고 생각하는지 몰라도, 상급자인 최 팀장 눈에는 몇 개 새로운 개념으로 포장한 핵심 없는 제안에 불과하다. 자신은 지금까지 17년을 상급자를 따르면서 충실히 내공을 쌓고 회사 발전을 위해 물불 안 가리고 뛰어 왔는데, 요즘 후배들은 위계도 없고, 자기 생각에만 빠져 있는 것 같다. 조직문화가 어쩌다 이렇게 됐는지 가끔 한숨이 나온다.

요즘 박 대리는 일하는 재미가 없다. 새로 발령받아 간 팀의 최 팀장은 너무 고리타분한 것 같다. 최근 트렌드와 통계를 반영해서 회사 마케팅 관리방식의 개선을 위해 나름 심혈을 기울인 보고서를 기안해 갔을 때 "박 대리, 너무 앞서가는 거 아냐?" 하고 쓱 읽어 보고 말았다. 직원들과 토의해 본다든지 본부장에게 같이 보고해 보자든지 하는 반응이 없었다. 일하다 막히면 큰 기밀이나 알려주듯 자신의 성공담이나 노하우를 늘어놓는다. 회사 전체 차원에서 새로운 시장 트렌드에 대한 생존 방안을 고민하자는 논의가 나오고 있는데 정작 팀장은 영업조직 관리 세분화라는 기존 시스템을 활용하는 것 이상의 발상을 못하는 것 같다. 최근 우리 회사 제품의 주력시장 분위기도 좋지 않고, 중국 기업들이 치고 올라와 경쟁도 치열한데 이런 방식으로 일해서 성과를 낼 수 있을까? 최 팀장은 팀 구성원들을 잘 모르고 잘 활용할 줄도 모르는 것 같다. 요즘 젊은 직원들은 과거 세대보다 정보를 대량으로 활용하고, 독립적이고, 자기를 신뢰하고, 창조적이란 걸 왜 모를까?

□ 토의

1. 이 팀에서 문제는 무엇인가?
2. 회사가 기존의 직제를 버리고 팀제로 바꾼 취지를 살리려면 최 팀장은 어떤 노력을 해야 하는가?
3. 학교에서 학과 행사나 동아리 활동을 위해 10여 명의 선후배, 동료들과 함께 팀이 이루어졌다. 이때 선출된 팀 리더는 수직적인 조직에서의 리더와 달리 어떻게 리더십을 행사하는 것이 효과적일까?

요약

팀 리더십은 팀제 조직의 발전에 따라 팀제가 효과적으로 작동하도록 하는 데 필요한 리더십 유형으로 등장했다. 팀 리더십은 팀 리더가 팀원에게 명확한 목표, 권한, 책임을 부여하고 팀 구성원이 자율적으로 일을 수행할 수 있도록 코치함으로써 팀원들이 주인의식과 책임감을 가질 수 있도록 하는 것이다.

팀 리더십의 핵심 요소는 조직 구성원이 자발적으로 행동 동기를 유발하는 '셀프 리더십', 구성원 상호 간 자율적으로 조직의 성공에 기여하는 '팔로워십', 구성원 간 목적에 대한 공통 인식과 행동인 '팀워크', 구성원의 능동성이 발휘되도록 권한을 위임하는 '임파워먼트', 팀의 '의사소통 능력'이다.

팀 리더십 모형은 팀을 효과적으로 지휘하기 위해 팀 리더가 어떤 시점에서 어떤 행동을 취할 것인지에 대한 의사결정 흐름으로 기본적인 결정은 리더가 모니터링하는 수준과 개입하여 조치를 취하는 수준으로 나뉜다. 개입의 경우 조직 내부적인 과업 및 대인관계에 대한 것과 조직 외부 환경과 관련된 것으로 나눌 수 있다.

현장 연구에서 팀 효과성의 주요 특성으로 명확하고 가치 있는 목표, 결과 지향적인 구조, 유능한 팀 구성원, 통일성 있는 팀원의 공헌, 협동적인 분위기, 표준의 제시, 외부의 지원과 인정, 원칙 중심의 리더십이 발견되고 있다.

팀 리더십이 팀의 운영에 미치는 기능은 첫째, 팀의 정서적인 환경을 조성한다. 둘째, 활동의 방향을 설정하고 구조화한다. 셋째, 팀 구성원들을 적절히 보상하고 지지하는 역할을 한다. 넷째, 구성원을 교육·훈련시키는 기능을 한다. 다섯째, 팀 구성원들의 동기를 부여하는 역할을 행한다. 여섯째, 팀의 욕구를 충족시키기 위해 필요한 자원을 알아내는 모니터링 역할을 수행한다.[16]

유연하고 자율적인 운영을 원리로 하는 팀제의 특성상 팀 리더십에 대해 1인의 리더중심으로 리더십이 형성되는 수직형 팀 리더십 상황과, 다수의 팀원이 리더십 기능을 나누어서 수행하는 공유형 팀 리더십 상황이 모두 가능하다.

팀 리더십의 효과성은 대체적으로 생산성 증가, 품질의 증가, 작업의 질 향상, 비용 절감, 이직과 결근의 감소, 혁신의 증가, 조직의 적응력과 유연성 증가 등으로 나타날 수 있다. 팀 리더는 팀 효과성을 측정하는 도구를 적절히 활용함으로써 팀의 취약한 분야를 진단하고 향상시키기 위한 수정조치를 취할 수 있다.

참고문헌

1) 이상욱, 최고 팀 만들기 4단계, 21세기 북스, 1996, p.132.

2) C. C. Manz & C. P. Neck, *Mastering Self-Leadership,* 2nd ed., Prentice-Hall, 2003, pp. 81-90.

3) R. E. Kelley, *The Power of Followership,* Currency Doubleday, 1992, pp.9-32

4) E. A. Fleishman, M. D. Mumford, S. J. Zaccaro, K. Y. Levin, A. L. Korotkin, & M. B. Hein, Taxonomic efforts in the description of leader behavior : A synthesis and functional interpretation, *Leadership Quarterly,* 2(4), 1991, pp.245-287.

5) S. J. Zaccaro, A. L. Rittman, & M. A. Marks, Team Leadership, *Leadership Quarterly, 12,* 2001, pp.451-483.

6) P. G. Northouse, *Leadership-Theory and Practice,* 4th ed., SAGE Publications, 2007, pp.209-217.

7) J. R. Hackman & R. E. Walton, Leading groups in organization, in P. S. Goodman, & Associates(eds), *Designing effective work group,* Jossey-Bass, 1986, pp.72-119.

8) D. C. Kinlaw, *Superior teams : What they are and how to develop them,* 1998, Hampshire, UK : Grove.

9) J. K. Barge, Leadership skills and the dialects of leadership in group decision making, in R. Y. Hirokawa, & M. S. Poole(eds), *Communication and group decision making,* 2nd ed., 1996, Sage, pp.301-342.

10) D. S. Gouran & R. Y. Hirokawa, Functional theory and communication in decision making and in problem solving groups : An expanded view, in R. Y. Hirokawa, & M. S. Poole(eds), *Communication and group decision making,* 2nd ed., 1996, Sage, pp.55-80.

11) C. E. Larson & F. M. J. LaFasto, *Teamwork : What must go right/what can go wrong,* Sage 1989.

12) S. W. J. Kozlowski, S. M. Gully, E. Salas, & J. A. Cannon-Bowers, Team leadership and development: theory, principles, and guidelines for training leaders and teams, Studies of Work Teams: *Team Leadership,* Vol. 3, 1996, JAI Press, pp. 72-119.

13) 배귀희, 21세기 새로운 거버넌스를 위한 리더십 연구, 한국행정연구원, 2006, p.55.

14) D. G. Bower & S. E. Seashore, Predicting organizational effectiveness with a four factor theory of leadership, *Administrative Science Quarterly,* 11, 1966, pp.238-263.

15) 1~7번 문항은 「Team Excellence Survey」(Copyright 1987 LaFasto and Larson), 8~13번 문항은 「Collaborated Team Leader」(Copyright 1987 LaFasto and Larson)에서 발췌

제10장

서번트 리더십

●●●●
학습목표

1. 서번트 리더십의 등장배경과 필요성을 이해할 수 있다.
2. 서번트 리더의 인식체계와 행동의 특성을 이해한다.
3. 전통적 리더십과 서번트 리더십의 차이를 살펴본다.
4. 서번트 리더로서의 자질을 판단하는 진단도구를 활용할 수 있다.

1. 서번트 리더십의 개념

현대적 리더십 이론 중에서 가장 각광 받고 있는 리더십 이론이 바로 서번트 리더십이다. **서번트 리더십**(servant leadership)은 리더의 주요한 역할을 부하가 원하는 바를 읽고 해결해 주며, 부하를 지배하기보다는 보살피고 섬기는 것이라고 본다.

리더와 가장 상반되는 개념인 서번트 관점을 리더십에 포함하는 것은 부하를 지휘하고 통솔하는 것을 기본으로 보아 왔던 기존의 리더십 **패러다임**을 반박하고 정작 리더십이 형성되는 원천인 **부하중심**으로 상사와 부하의 관계 형성이 이루어질 때 진정한 리더십이 작동될 수 있다고 보는 것이다. 서번트 리더십은 리더가 구성원을 존중하고 기회를 제공하며 그들의 능력과 창의성을 이끌어 냄으로써 조직과 조직 구성원이 성장하고 진정한 공동체를 이룰 수 있다고 보는 이론이다. 리더는 부하들에 대한 배려, 봉사와 희생을 통해 부하로부터 신뢰를 얻음으로써 부하들을 목표 지향적 행위로 유도하는 것이다.

따라서 서번트 리더십에서 가장 중요한 가치는 **신뢰**(trust)이다. 리더십에서 신뢰란 '리더의 행동에 대해 믿고 따르고자 하는 구성원의 의지'로서 구성원들은 자신의 권리와 이해가 리더에 의해 악용되지 않을 것이라고 확신할 때 리더의 영향력을 수용하게 된다. 신뢰는 조직 이해관계자들간의 사회적 결속을 가능하게 하는 토대로서 상대방에 대한 호혜적 믿음이며, 복잡한 이해타산을 단순화시킨다. 리더가 신뢰를 구축하기 위해서는 능력을 보유하고, 개방적이고, 공정하며, 일관성을 보이고, 확신을 가질 때 가능하다.[1] 또한 높은 신뢰관계가 구축된 조직에서는 협동과 지원, 이타적 행동 등 자발적인 사회성을 촉진시킬 수 있다.

1977년 미국 AT&T에서 경영교육과 컨설팅을 담당했던 Greenleaf는 '섬기는 리더십'의 개념을 최초로 제시했으며, 다시 1996년에 저술활동을 통해 세간의 큰 주목을 받게 되었다. Greenleaf에 따르면 서번트 리더십은 리더가 '타인을 위한 봉사에 초점을 두고, 구성원, 고객, 지역사회를 우선으로 여기고 그들의 **욕구**를 만족시키기 위해 헌신하는 역할'을 하는 것이다. 리더는 구성원들의 입장에서 느끼고 생각하며 동시에 그들을 보살피고 육성해야 하는 책임이 따른다. 따라서 '섬기는 리더'가 되기 위한 주요한 덕목으로 봉사, 약자에 대한 관심, 불평등과 불공정의 해소, 통제력 행사의 최소화, 구성원의 참여 유도 등이 중요하다.[2]

서번트 리더는 부하를 섬기는 특성을 갖는 **방향제시자**이며, 부하들이 목표지향적 행위를 지향하도록 유도하기 위한 수단으로서 섬김(servanthood)을 강조하는 것이다. 또한 서번트 리더는 **도덕적** 리더로서 자신이 누구보다도 먼저 그 조직을 섬기고 이를 실행에 옮김으로써 부하에게 감동을 주는 사람인 것이다.

Boyer(1999)는 서번트 리더십을 섬세하고 **경청하는** 리더, 부하와 동료의 발전을 장려하고 **권한부여를 중시하는** 리더로 정의했다. 그는 부하의 역량을 개발하고 창의적 행동을 증대시키기 위한 수단으로 부하에 대한 임파워먼트를 강조하고 있다. 리더의 역할은 리더와 부하 간의 신뢰를 바탕으로 부하를 동기부여시켜 의욕을 북돋아 주는 것이기 때문이다.[3]

Kouzes와 Posner(1995)는 리더가 조직의 모든 해법을 가지고 있는 것이 아니기 때문에 리더 스스로가 학습하는 것이 중요하며, 리더와 부하 간의 신뢰는 통제에 의해 형성되는 것이 아니라 **상호 교환활동**을 통해 구축되는 것이라고 보았다. 특히 서번트 리더십에서 리더의 역할은 의지와 능력이 있는 사람을 보조해 줌으로써 부하들로부터 더 많은 자유와 생산성을 이끌어 낼 수 있음을 강조했다.[4] 따라서 통제는 부하의 내재적 동기부여를 감소시켜 역효과를 가져온다는 것이다.

Drucker는 '미래경영(managing for future)'에서 지식시대에는 중간관리자들이 줄어들어 리더와 부하의 구분이 엄격하지 않을 뿐더러, 지시와 감독에 의한 관리가 용이하지 않을 것이라고 예측했다.[5] 따라서 리더가 부하들보다 우월한 위치에서 부하들을 이끌어야 한다는 기존의 리더십 패러다임은 **부하중심의 관점으로 전환되어**야 함을 시사하고 있다.

서번트 리더십 개념의 탄생[6)

Greenleaf는 헤르만 헤세의 『동방기행(The Journey to the East)』이라는 소설에 등장하는 여행단의 하인 레오로부터 아이디어를 얻어서 서번트 리더십을 고안하게 되었다.

Leo는 동방으로 여행하는 순례단 일행이 편안한 여행을 할 수 있도록 세심하게 시중들고 보살펴 주는 하인이었다. 여행단의 필요한 요구를 채워 주고 지친 영혼을 위로해 주며 순례자들이 이상을 잃지 않도록 격려해 주었다. 그러던 어느 날 Leo가 갑자기 사라지게 되고 순례자들은 혼란에 휩싸이고 여행은 엉망이 되었다. 일행 중의 한 사람이 Leo를 찾아 나섰고 마침내 Leo를 만나게 되었는데 그가 실제로는 교단의 지도자라는 사실을 알게 된다.

Greenleaf는 모든 인간은 서번트의 천성을 가지고 있다고 가정한다. 그러나 이러한 천성이 사회환경, 조직환경 등에 의해 퇴색되어 있을 뿐이라고 주장한다. 특히 지시·통제 중심의 관리환경에서 성장하다 보면 서번트의 천성을 잃고 리더란 지시하는 사람, 명령하는 사람으로 인식하게 된다는 것이다. 또한 처음부터 리더로 시작하는 사람은 권력과 권위, 물질에 관심을 가지고 있지만, 섬김에서 시작하는 리더는 다른 사람의 필요를 확인하고 그 필요를 채울 수 있도록 돕고자 한다.

2. 서번트 리더십의 인식체계 특성

서번트 리더십이 다른 유형의 리더십과 구별되는 중요한 특성은 리더의 인식에서부터 출발한다. 서번트 리더는 자신을 봉사자로 인식하고, 부하를 성공과 성장의 대상으로 인식하며, 리더와 부하의 관계가 지시나 통제의 관계가 아니라 섬기고 지원하는 관계로 여긴다는 점이다.[7)

1) 스스로 구성원들에 대한 섬김을 선택

서번트 리더는 봉사를 리더의 기본적 임무로 여긴다. 봉사의 범위에는 시간, 에너지, 관용, 연민, 재정적 지출까지도 포함된다.[8) 서번트 리더는 진실로 타인을 대하여 부하들의 삶에 관심을 가진다. 또한 부하들을 고용된 노동력이라기보다는 정서를 가진 존재로 여김으로써 이해심과 감사하는 마음, 친절, 용서, 연민을 나타낸다.[9) 이러한 이해와 존중의 태도는 리더들로 하여금 구성원에 대한 의심, 비판, 제한을 금하게 한다. 서번트 리더는 구성원에게 희망과 용기를 주며 이러한 배려는 서번트 리더들의 개인적인 가치나 인성에서 비롯되는 것이어야 한다.

2) 구성원을 성공과 성장의 대상으로 간주

서번트 리더는 **구성원의 성공과 성장에 책임**을 가지고자 한다. 서번트 리더는 부하를 섬기는 마음가짐으로 그들의 성공과 성장을 바라며 **현실적인 지원과 코칭**을 행한다. 또한 부하들의 **다양한 욕구를** 해결해 주고자 노력한다.

서번트 리더는 구성원이 특정 지식이나 기술이 부족하고 성과가 창출되지 않을 때 적극적으로 개입하여 적절한 **지도와 조언**을 행한다. 이러한 과정에서 서번트 리더는 인내심을 가지고 부하를 육성하는 역할을 행한다. 왜냐하면 서번트 리더는 부하의 역량과 성과는 리더 자신에 의해 영향을 받는다고 여기기 때문이다.

3) 리더와 구성원의 상호작용을 중시

서번트 리더십은 **부하중심** 혹은 **부하 우선**의 상호관계를 형성한다. 서번트 리더는 리더의 역할을 섬김을 행하는 자로 여기고, 다른 사람들을 섬기는 방식 중의 하나로 리더십을 선택하는 것이다. '리더가 먼저인 사람'보다 '섬김이 먼저인 사람'만이 구성원의 욕구 충족과 동기부여를 효과적으로 할 수 있다고 믿기 때문이다.

서번트 리더십에서 리더십은 기술적 요소보다 내면의 태도와 마음가짐이 중요하다. 구성원을 섬김으로써 이끄는 것은 조직과 구성원의 모든 문제가 리더의 자신을 낮추는 태도와 구성원과의 원활한 의사소통에 의해 해결될 수 있다고 보는 것이다.

3. 서번트 리더십의 행동 특성

서번트 리더는 구성원들을 이해하고, 그들에게 방향을 제시해 줄 뿐 아니라 판단력을 함양하는 데 도움을 준다. 또한 서번트 리더는 향후의 변화를 예측하고 비전을 제시하며, 알맞은 대처를 할 수 있도록 부하들을 이끌어야 한다.

표 10-1 주요 연구자들이 제시한 서번트 리더의 행동 특성

연구자	서번트 리더의 행동 특성
Spears	경청, 공감, 치유, 설득, 인지, 통찰, 비전제시, 봉사의식, 구성원 성장 지원, 공동체 형성
Boyer	질문하고 이해하려고 노력, 격려하고 보살피며 편안한 분위기를 만들고자 노력, 부하를 존중, 도덕성을 갖추고 신뢰할 만한 사람, 권한을 위임, 학습을 장려, 관계와 공동체를 형성, 부하의 가능성을 신뢰하는 사람
Sims	공유비전을 촉진, 학습 촉진, 다른 사람들의 필요를 돌보기 위해 권력 사용, 공동체와 협력을 장려, 타인을 수용, 정직하게 의사소통, 타인을 격려
Kiechel	비전의 공유와 참여 설득, 관심, 경청, 감정과 스트레스 치유, 성과 공유
Patterson	헌신적인 사랑, 겸손, 이타주의, 비전제시, 신뢰, 봉사, 임파워먼트
Russel & Stone	정직, 청렴, 신용, 모범, 개척정신, 타인에 대한 감사, 임파워먼트, 의사소통, 봉사, 청취, 격려, 가르침

Larry Spears(1995)가 제시한 서번트 리더십의 열 가지 행동 특성을 살펴보고자 한다.[10]

1) 경청

서번트 리더는 다른 사람들이 무엇을 말하고자 하는지에 대해 수용적인 태도를 지니고 경청한다. 경청(listening)은 서번트 리더의 가장 기본적인 자질로서 **부하의 요구를 이해하고 집단의 방향을 올바르게 설정**하는 것이다. Gilllham(1998)에 따르면 경청하는 자세는 서번트 리더십의 질을 결정하는 핵심으로서 숙련된 경청자가 되지 않고서는 구성원들에게 감정이입하거나 부하들을 설득하고 훈련시키는 것이 불가능하다고 주장했다.[11]

2) 공감

서번트 리더는 다른 사람들을 받아들이고 그들을 위해 공감하는 것이다. 공감(empathy)이란 상대방의 입장에서 상황과 입장을 이해하려고 노력하는 행위이다. 공

감은 자신보다 다른 사람이 처한 상황에 부합하려는 정서적 반응으로 사람들의 다양성에 대한 포용도 포함된다.

3) 통찰력과 직관

통찰력(foresight)과 직관(intuition)은 과거에 쌓은 **경험**과 **직관**을 가지고 미래를 내다보며 **현재와 미래의 결과를** 예측할 수 있는 능력을 말한다. 특히 과거의 경험만으로 미래를 예측할 수 없기 때문에 직관이 필요하다.

4) 인지와 지각

서번트 리더는 기업과 리더가 왜 존재하는지에 대한 자각(awareness)과 인지(perception)를 하는 리더이다. 리더가 어떤 의식에서 출발하여 리더십 활동을 하는지에 따라 결과는 달라진다. 서번트 리더는 자기 자신을 다른 사람을 이끌어 조직의 목적을 달성하는 사람이라고 인식한다. 또한 부하들에 대해서는 성공과 성장의 대상으로 인식하고 가장 중요한 자원이라고 인식한다.

서번트 리더는 **주변** 상황에 대해 잘 파악하는 것이 필요하다. 인지와 지각은 더 나은 통찰력과 직관을 제시하는 바탕이 된다. 인지는 다른 사람을 잘 섬기기 위해 자신을 아는 것에서 출발하여 다른 사람들보다 주변 환경에 대해 더 잘 아는 것이고, 전체적인 상황과 **역학관계를** 잘 파악하는 능력이다.

5) 설득

서번트 리더는 다른 사람들을 설득(persuasion)하는 힘을 가져야 한다. 이것은 일방적인 지시가 아닌 **쌍방향적인 의사소통을** 통해 영향력을 행사하는 행위이다. Greenleaf는 설득에 의한 상대방의 수용을 통해서만 지향하는 목표 혹은 그 이상의 성과를 이룰 수 있다고 주장했다. 설득은 상호 존중과 이해를 전제로 **구성원들의 합**의를 이루는 과정을 포함한다.

6) 비전 제시

서번트 리더는 비전 제시(conceptualization)와 그 비전을 명확한 목표와 연결시켜 **방향을 설정하는** 역할을 행해야 한다. 서번트 리더는 장차 일어날 일을 예측하고 부하들을 설득하여 목표에 도달하는 방향으로 경영을 관리해 나가는 것이 필요하다. 더불어 무엇이 왜 필요한지 인지하면서 향후의 변화에 알맞은 대처를 할 수 있어야 한다.

7) 치유

서번트 리더는 개인이나 집단에게 치유(healing)하는 역할을 할 수 있어야 한다. 치유는 업무와 경쟁 환경으로부터 발생하는 정신적·육체적 스트레스, 조직 내 상사, 부하, 동료들과의 관계 악화에서 비롯되는 구성원들의 **정서적 불안정을 경감시켜** 주는 행위이다.

8) 공동체 구축

서번트 리더는 조직목표 달성을 위해 구성원들끼리 활발한 의사소통과 협력을 촉진시켜 공동체 구축(building community)을 위해 노력한다. 서번트 리더는 조직 구성원들의 상호 **관심사항을 공유하며 공동목표 수행을** 위해 구성원들 간의 배려와 협력을 촉진시키고자 노력한다. 서번트 리더는 개인 이기주의나 부서 이기주의로 인해 팀 공동체 의식이 무너지는 것을 경계한다. 또한 개인의 성과보다는 팀의 성과를 중시하며 조직 전체의 효율성을 우선시한다.

9) 봉사의식

봉사의식(stewardship)은 리더의 개인적인 욕구나 이익에 앞서 다른 사람의 욕구와 이익을 먼저 생각하는 것으로, 서번트 리더는 자신의 언행이 타인에게 미칠 영향을 고려하는 태도와 행위를 가지게 된다. 이와 같은 청지기 의식은 리더의 개인적 욕구에 앞서 **다른 사람의 욕구를** 먼저 생각하고 배려하는 것이다.

10) 구성원 성장에 기여

서번트 리더는 구성원들이 능동적으로 직무를 수행할 수 있도록 지원하며, 그들의 역량을 발휘하며 성장할 수 있도록 환경을 조성하고 기회를 제공하는 역할을 한다. 따라서 구성원들의 역량 발휘와 자기 성장이 일어날 수 있도록 환경을 조성하고 격려하며, 그들의 다양성을 존중하고 수용한다. 성장을 지원하는 수단으로서 구성원들에게 재량권을 주어 능동적으로 업무를 수행하도록 한다. 이러한 권한 부여를 통해 리더는 구성원들에게 잠재적 능력을 발휘할 기회를 주며, 그러한 잠재력의 바탕이 될 학습의 기회를 부여한다.

먼저 봉사하라(Serve First)[12]

Greenleaf는 리더는 이끌어야 한다는 기존 관념으로부터 리더는 먼저 봉사해야 한다는 것으로 리더십에 대한 시각을 전환시켰다. 자칫 봉사한다는 것과 리드한다는 것을 대립적인 가치로 파악할 수 있다. 과연 한 사람이 조직의 가장 낮은 위치에서 봉사하면서 동시에 가장 높은 위치에서 리드할 수 있는가에 대한 의문을 가질 수 있다. 그러나 가장 낮은 위치에서 봉사한다는 것은 일상의 생활에서 리더가 보여 주어야 할 행동의 특성을 말하는 것이며, 그런 행동을 통해 사람들의 공감을 얻고 조직을 리드할 수 있다. 궁극적으로 조직의 비전이 달성될 수 있어야 한다.

서번트 리더를 향한 길은 자기 수련의 과정이다. 리더는 먼저 경쟁적인 구조 속에서 심화되어 온 자기중심적인 가치관을 스스로 바꾸어야 한다. 또한 리더에게 주어지는 일정한 특혜와 권위를 자의적으로 이용하고 싶은 본능적 욕구를 억제할 수 있도록 자신을 단련시켜 나가야 한다. 그리고 리더로 선택된 것은 리더 자신의 이익과 목적을 달성하기 위한 것이 아니라 권한을 위임받은 것임을 늘 인식해야 한다.

4. 전통적 리더십과 서번트 리더십의 비교

전통적이고 위계적인 조직 하에서의 리더는 구성원들에 대해 명령을 위주로 의사소통하며 권한과 책임을 독점하는 경향을 가진다. 그 결과 구성원들은 리더에게 의존적이게 되고, 다양성이나 창의성을 발휘하기 어렵다. 그러나 서번트 리더십 하에서 리더와 구성원 간의 관계는 수직적인 상하관계가 아니라 **수평적인 동료관계**에 가깝다. 서번트 리더는 구성원들이 자율적으로 업무를 수행하도록 **권한과 책임을** 위임하고 동기를 부여하며 지원한다. 이러한 과정을 통해 구성원들은 다양성과 창의성을 발휘할 수 있으며 업무에 대한 **책임감과 주인의식을** 가지고 환경 변화에 능동적으로 대처할 수 있다.

이와 같이 서번트 리더십은 수직적 조직구조 속에서 위계성과 효율성을 원리로 이루어져 왔던 전통적 리더십과는 전혀 다른 속성을 가진다. 양대 리더십의 특성을 비교하면 다음과 같다.[13]

첫째, 전통적 리더는 일의 결과를 중요시하여 일의 추진 과정과 방법에 관여한다. 반면 서번트 리더는 일의 **처리과정을 중시하며,** 그 과정에서 부하의 성장을 도와주고 능력을 육성시킬 의무가 있다고 생각한다.

둘째, 전통적 리더는 리더중심의 가치관을 가지고 있으며, 부하들을 자신의 기준에 맞출 것을 요구한다. 반면 서번트 리더는 부하와의 신뢰를 바탕으로 **부하를 신뢰하고 그들의 생각을 수용하는** 개방적 가치를 가진 코치인 동시에 지원자가 된다.

셋째, 전통적 리더의 인간관은 인간을 자신이 활용할 수 있는 여러 자원 중의 하나라고 인식한다. 즉 목표 달성을 최우선으로 고려하기 때문에 부하들을 자신이 지시한 것을 수행하는 대상으로만 여긴다. 반면 서번트 리더는 조직의 목적 달성에 있어 **사람을 중요한 자원의 하나로** 인식하며, 업무 추진 과정에서 **부하를 육성시키고** 성장시킬 의무가 있다고 본다.

넷째, 전통적 리더는 자신의 능력이 부하보다 우월하다고 생각하기 때문에 부하들에게 자신의 방식대로 따르도록 지시하고 통제한다. 반면 서번트 리더는 업무 추진 과정에서 부하의 능력을 믿고 그들의 판단을 존중하며, **공동체 의식을** 강조한다.

다섯째, 전통적 리더는 경쟁 메커니즘을 이용하여 부하들 간의 내부 경쟁을 조장하며 복종을 이끌어 낸다. 반면 서번트 리더는 구성원들의 **지나친 경쟁을 경계하며** 조직 내에서 **긍정적 자극을** 이끌어 내기 위해 구성원들이 하나의 팀으로 조직성과를 창출할 수 있도록 격려한다.

여섯째, 전통적 리더는 결과의 측정에 있어서 시간이나 비용 또는 생산량 등 양적 기준을 중심으로 평가한다. 반면 서번트 리더는 일의 결과에 앞서 **구성원 간 협동과 자기 성장**을 주요한 성과 요소로 평가한다.

표 10-2 전통적 리더십과 서번트 리더십의 비교

요소	전통적 리더십	서번트 리더십
관심 영역	• 일의 결과 • 추진 과정 및 방법 • 최종 결과 중심의 평가 • 재무적 성과중심의 사고	• 일 추진 과정의 장애 요소 • 일 추진 시 필요한 지원과 코칭 • 노력에 대한 평가 • 일의 성공과 개인의 성장을 중시
가치관	• 자기중심적 가치관 • 자기 기준에 의한 지시와 감독	• 타인을 믿고 수용하는 개방적인 가치관 • 긍정적 마인드
인간관	• 여러 자원 중의 하나 • 과제가 우선 • 시켜서 결과를 만들어 내도록 하는 대상	• 가장 중요한 자원 • 사람이 우선 • 도와주어야 할 성공과 성장의 대상
리더-부하 관계 인식	• 복종 • 본인의 이미지만 부각 • 심판의 입장에서 갈등과 분쟁을 해결	• 존중, 관심 • 공동체 이미지 추구 • 구성원 간 커뮤니케이션을 촉진하고 자율적 갈등해결을 지원
경쟁에 대한 시각과 목표 추진 방식	• 내부 경쟁을 조장 • 경쟁메커니즘을 고안하고 활용 • 리더중심의 기준으로 부하의 수행방식을 요구	• 모두 잘할 수 있다는 신념 • 구성원의 성공전략을 모색 • 다양한 추진방식을 인정
생산성	• 양적인 척도 • 과제중심의 사고 및 측정 • 결과중심의 사고	• 구성원들의 자발적인 노력과 기여 • 과정중심의 사고
시간 개념	• 본인 활동에 시간을 집중 • 부하에게 할애할 시간이 없음	• 다양한 활동에 시간을 분산 • 부하에 대한 시간을 충분히 할애

자료 : 이관응, 신뢰 경영과 서번트 리더십, 엘테크, 2001, p.231.

일곱째, 전통적 리더는 부하를 위해 별도의 시간을 할애하지 않으며 과업 달성을 위해 감독활동에 주력하므로 부하들을 육성할 시간을 가지지 못한다. 서번트 리더의 경우 구성원들을 위해 자신의 시간을 기꺼이 할애하고, 업무 현장을 돌아다니며 **구성원들의 애로사항을 경청하고 이를 해결하기 위해 많은 시간을 보낸다.**

전통적·위계적 조직환경에서는 구성원들이 리더의 지시에 의해 일사불란하고 신속하게 행동하는 것이 필요하겠지만, 유연성과 창의성이 요구되는 복잡한 환경 하에서는 구성원들의 아이디어와 의사를 존중하고 상호작용을 활발히 하는 서번트 리더십이 보다 좋은 성과를 낼 수 있다. 〈표 10-2〉는 앞에서 언급한 전통적 리더십과 서번트 리더십의 차이가 요약되어 있다.

5. 서번트 리더십과 조직성과

서번트 리더십은 많은 연구들에서 조직의 **의사결정 구조를 수평적으로 변화시키고**, 구성원의 창의성과 **자율성, 공동체 의식, 주인의식을 고취시키며** 구성원의 **업무 만족도를** 높인다는 결과가 나타나고 있다.

하이테크 환경에서는 상하 간 위계적 질서를 강조하는 것보다 상사―부하 간 학습하며 문제를 공유하고 함께 해결점을 찾아가는 방식으로 일하는 것이 필요하다. 이렇듯 팀워크를 바탕으로 조직의 시너지를 높이려면 리더의 역할이 매우 중요하다. 서번트 리더는 조직 구성원들에게 높은 목표를 제시하며 구성원들이 공동의 목표를 향해 나아갈 수 있는 방법을 스스로 찾도록 도와주어야 한다. 또한 구성원들이 새로운 방법으로 업무를 추진할 때 **긍정적인 피드백을 제공함으로써** 자부심과 책임감을 갖도록 해 주어야 한다.[14]

서번트 리더는 기존의 규칙과 규율이 장애가 된다면 이러한 관행을 극복하고자 하는 과감한 노력을 보여 주어야 한다. 또한 **팀워크의 형성을 위해** 구성원 개개인의 업적과 성과에 대한 인정뿐 아니라 팀 전체에 대한 배려와 협력을 격려하고 지원해야 한다. 이와 함께 구성원들이 모험하고 학습하고 성장할 수 있도록 도전적인 과제를 부여하고 격려해야 한다. 리더는 구성원들이 성취감을 느끼며 성장하고 발전할 수 있도록 도움을 주는 역할을 수행해야 한다.[15]

　서번트 리더는 부하가 자신의 업무에서 성공하고 성장해야 한다는 원칙을 바탕으로 스스로에 대한 자기 성찰과 타인에 대한 배려와 협력을 추구해야 한다. 서번트 리더는 자신의 리더십을 통해 조직이 성과를 창출하는 것뿐만 아니라 자신의 리더십에 힘입어 부하들이 성공하고 성장하는 것을 함께 경험하게 된다.[16]

　서번트 리더십이 본질을 충분히 살리면서 일상의 관리에서 다음과 같은 특성을 발휘할 때 조직의 고성과 창출로 연결되는 것이 가능하다. 첫째, 새로운 아이디어와 제안을 장려한다. 둘째, 위험감수를 장려하고 실수를 배움의 기회로 활용한다. 셋째, 업무 목표와 기대치를 설명하고 공감대를 형성하며, 추진 과정에서 다양성을 인정한다. 넷째, 기존의 규칙이 장애가 되면 바꾼다. 다섯째, 정기적으로 리더에 대한 구성원들의 평가와 피드백이 이루어지도록 한다. 여섯째, 조직 전체 구성원 간에 쌍방향 커뮤니케이션이 이루어지도록 한다. 일곱째, 부서 간의 경계의 벽을 없앤다. 여덟째, 경영과 관련된 모든 정보를 구성원들과 공유하고 의견을 청취한다.[17]

서번트 리더십의 측정도구[18]

① Page와 Wong

Page와 Wong(2000)은 서번트 리더에게 요구되는 요소에 대해 '청렴, 겸손, 돌봄, 권한부여, 성장 조력, 비전 제시, 목표설정, 통솔, 귀감, 의견 나눔' 등을 들고 있다.[19] 다음 설문내용 대부분의 항목에서 '예'로 응답한다면 서번트 리더의 특성을 충족한다고 볼 수 있다.

요건	설문내용	상태	
		예	아니요
목적	나는 조직의 사명이 이익 추구 이상이며 조직 구성원들도 건설적인 목적을 가지는 것이 옳다고 생각한다.		
주인의식	나는 부하들이 스스로 업무수행 방식을 구체화하는 역할을 할 수 있다고 생각한다.		
관계 구축	나는 조직의 성과를 높이기 위해 부하들의 조직 충성심을 가질 수 있는 건강한 조직과의 관계를 제시한다.		
서비스	나는 멘토링이나 비공식적인 지도와 도움을 통해 부하들이 상호 협력하는 방식을 육성한다.		
평등	나는 조직 안의 모든 구성원들을 지위에 관계없이 동등하게 존중한다.		
확인	나는 부하들이 스스로 업무의 중요성을 깨닫고 영향력을 미치는 것이 중요하다고 생각한다.		
창조	나는 조직의 혁신을 위해 부하로 하여금 위험을 감수하도록 용기를 북돋운다.		
개발	나는 부하들에게 다양한 학습과 업무 기회를 제공함으로써 잠재력을 향상시키고자 한다.		
인정	나는 부하들의 노력과 성취에 대해 진정으로 감사하고 인정한다.		
균형	나는 부하들에게 업무를 부과할 때 업무 이외 개인 생활 여건에 대해서도 고려한다.		
도전	나는 부하들에게 다양한 도전 기회를 부여하는 것이 중요하다고 생각한다.		
대화	나는 조직 내부 모든 구성원들 사이에 정직하고 건설적인 의견교환이 적극적으로 이루어지도록 노력한다.		
방향제시	나는 조직 구성원들에게 조직의 비전과 목표를 명확히 제시한다.		
유연성	나는 내부 규칙을 적용할 때 구성원들의 상황을 충분히 고려하고 심사한다.		
비공식성	나는 부하와의 관계에 있어 계약과 협약을 절대적이라 생각하지 않고 다양한 가능성을 고려한다.		
적절성	나는 부하들의 업무수행 시 권력이나 관료적 형식주의에 얽매이지 않도록 한다.		
존경	나는 부하들의 상호 직위나 업무에 관계없이 존경하도록 유도한다.		
정체성	나는 부하들의 개성을 존중하며 사적인 시간을 가질 수 있도록 배려한다.		
지원	나는 부하들의 업무를 성공적으로 수행하도록 필요하나 자원을 지원한다.		
가치	나는 부하들을 공정하게 평가하며 부하의 이익을 고려한다.		

② Laub

Laub(1999)은 서번트 리더 행동을 측정하기 위한 도구(Servant Organizational Leadership Assessment : SOLA)를 개발하기 위해 14명의 전문가를 대상으로 조사를 실시했다.[20] 조사 결과 여섯 가지 하위 행동으로 구성된 74개 문항의 『서번트 리더 행동 척도』가 도출되었고, 이를 41개 조직 828개의 표본을 대상으로 실증조사를 실시했다. 조사를 통해 최종 60개 문항으로 구성된 SOLA를 도출했다.

Laub(1999)이 제시한 서번트 리더십 성향을 측정하기 위한 여섯 가지 행동척도는 다음과 같다. 설문내용에서 '예'로 응답한다면 서번트 리더의 특성을 충족한다고 볼 수 있다.

요건	설문내용	상태	
		예	아니요
인간가치 존중	타인에 대한 믿음이 있나? 자신보다 다른 사람을 우선 고려하나? 권위적이지 않은 경청과 수용을 하고 있나?		
성장	타인에게 성장기회를 제공하나? 타인에게 유익한 행동모형을 제시하고 격려하나?		
공동체 구축	구성원간의 호의적인 관계를 형성하나? 타인에 대한 가치를 중시하며 타인을 배려하나? 구성원 간의 협력을 강조하나?		
도덕성	타인에게 개방적이며 타인으로부터 배우고자 하나? 정직과 신뢰를 유지하고 있나?		
리더십 발휘	미래 비전을 제시하고 목표를 명확히 밝히나? 솔선수범의 자세를 보이나?		
리더십 공유	통제를 최소화하고 타인을 설득하고자 하나? 타인에 대한 동기부여를 충분히 하고 있나?		

③ Adjibolosoo

Adjibolosoo(2000)는 서번트 리더십의 개념적 분석틀을 제시하면서 리더가 자신의 성향을 자가 측정할 수 있는 4개 영역의 지표를 제시했다. 첫째, 정직, 겸손, 봉사의 특성을 반영한 '인성,' 둘째, 다른 사람을 돌봄, 임파워링, 개발시킴의 특성을 포함한 '관계,' 셋째, 비전제시, 목표 설정, 학습의 특성을 포함한 '과업,' 넷째, 모델링, 협력, 의사결정의 공유의 특성을 포함한 '과정'으로 제시했다.[21]

Adjibolosoo가 제시한 서번트 리더십 성향을 측정하기 위한 네 가지 행동척도는 다음과 같다. 설문내용에서 '예'로 응답한다면 서번트 리더의 특성을 충족한다고 볼 수 있다.

요건	설문내용	상태	
		예	아니요
인성	타인과 구성원에 대해 정직한가? 겸손한 자세로 자신을 낮추고 타인을 존중하고 있나? 봉사를 중요한 덕목으로 여기고 있나?		
관계	타인을 섬기고 보살피고자 하나? 구성원에게 권한을 위임하여 스스로 결정하게 하고 있나? 구성원을 개발, 육성시키는 것을 중요한 일로 여기고 있나?		
과업	구성원에게 비전을 제시하고 있나? 구성원에게 구체적이고 명확한 목표를 설정하도록 하나? 업무 과정에서 학습과 자기 개발을 강조하고 있나?		
과정	구성원들이 참고할 수 있는 이상적인 모형을 제시하고 있나? 구성원들에게 협동하고 상호 지원하는 것을 강조하고 있나? 의사결정 과정에 구성원들의 의견을 존중하고 참여시키나?		

④ Hunter

Hunter(2004)는 서번트 리더십의 본질을 6개의 특성으로 제시했다. 첫째, '인내'로서 충동이 아닌 원칙에 따른 대응과 자제, 둘째, '친절'로서 타인을 인정, 격려하고 예의를 갖추고 칭찬, 셋째, '겸손'으로서 자신의 한계를 인정하고 반대의견을 폭넓게 수용, 넷째, '존중'으로 타인의 능력을 인정하고 성장과 개발을 지원, 다섯째, '용서로서 타인의 한계와 불완전함을 인정하고 적대감을 극복, 여섯째, '정직'으로서 개방적이고 솔직하며, 도덕적인 용감함을 가지는 것이다.[22)

Hunter가 제시한 서번트 리더십 성향을 측정하기 위한 행동척도는 리더 스스로 진단하는 척도와 다른 구성원들이 진단하는 척도로 나뉘는데, 설문내용 대부분에서 '예'로 응답한다면 서번트 리더의 특성을 충족한다고 볼 수 있다.

[자가 진단 척도]

설문내용	상 태	
	예	아니요
1. 나는 구성원들에게 감사한다.		
2. 나는 구성원들이 문제와 상황에 맞서도록 한다.		
3. 나는 부하들에게 업무와 관련하여 요구하는 바를 명확히 설명한다.		
4. 나는 구성원들의 말에 귀기울인다.		
5. 나는 부하직원들의 자기 개발을 적극적으로 돕는다.		
6. 나는 구성원들을 존중한다.		
7. 나는 구성원들의 못마땅한 행동에 대해서도 인내와 자제력을 발휘한다.		
8. 나는 부하직원들의 욕구를 알아내어 충족시키고자 한다.		
9. 나는 부하직원들의 실수를 용서하고 비난하지 않는다.		
10. 나는 공평하고 일관성 있는 리더의 행동을 보인다.		
11. 나는 부하직원들과 자주 대화의 시간을 가진다.		
12. 나는 구성원들을 신뢰하고 상대에게도 신뢰감을 주고자 한다.		
13. 나는 부하직원들이 목표를 위해 협동하도록 유도한다.		
14. 나는 부하직원들에게 권한과 책임을 부여한다.		
15. 나는 부하직원들에 대한 통제와 독재를 싫어한다.		

[타인(부하, 동료, 상사) 진단 척도]

설문내용	상태	
	예	아니요
1. 그는 신뢰할 수 있는 리더다.		
2. 그는 통제와 독재에 의존하지 않고 지휘한다.		
3. 그는 구성원들을 격려한다.		
4. 그는 구성원들을 존중한다.		
5. 그는 직원들에게 적극적으로 반응하고 설명해 준다.		
6. 그는 구성원들을 공개적으로 비난하고 벌주지 않는다.		
7. 그는 업무에 대하여 직원들에게 요구하는 바를 명확히 설명한다.		
8. 그는 구성원들이 기꺼이 따르려는 리더이다.		
9. 그는 직원들과의 관계에서 인내와 자제력을 발휘한다.		
10. 그는 구성원들의 실수에 대해 용서하고 적대감을 표하지 않는다.		
11. 그는 구성원들을 문제와 상황에 맞서도록 동기부여한다.		
12. 그는 구성원들에게 권한과 책임을 적절히 부여한다.		
13. 그는 공평하고 일관성 있으며 예측 가능하다.		
14. 그는 긍정적인 사고와 대화를 주로 한다.		
15. 그는 구성원들의 욕구를 파악하고 충족시킨다.		

 사례 1 홍 과장의 인기 비결은?

우리 회사에서는 매년 직원들끼리 비공식으로 과장급 이상 상사에 대한 인기투표를 실시한다. 패션 회사답게 베스트 드레서, 워스트 드레서를 뽑는다. 그리고 베스트 리더, 워스트 리더를 같이 뽑는다. 재미로 하는 것인데 결과에 대해 직원뿐 아니라 간부, 사장도 큰 관심을 가진다.

홍 과장은 우리 회사에서 실시한 직원 인기투표에서 연속 3년 '베스트 리더'로 뽑혔다. 물론 직원들의 메일을 통해 투표한 것이니 공식적인 상을 주거나 승진 혜택이 주어지는 것은 아니다. 그러나 어찌 보면 직원들이 리얼로 인정한 것이니 제일 의미가 있고, 이야기를 전해 들은 같은 과장급들은 질투와 호기심, 근심이 발동하는 것도 무리가 아니다.

그에게는 무엇이 있을까? 회사 사보 제작팀에서 그를 관찰 취재해 보자는 제안이 있어 사내 기자인 나는 그를 몇 주간 유심히 살펴보고, 주변 사람들의 평판을 들어보기로 했다.

먼저, 그는 부하들을 배려하고 체면을 살려 준다. 부하들 입장에 서서 어렵고 괴로운 사정을 잘 살펴 준다. 그리고 다른 사람들이 눈치 채지 못하게 이것 저것 도와준다. 그리고 뭔가를 해내면 크게 칭찬해 준다. 우리 부서 일등 인재라고!

그는 부하들을 믿고 감싸준다. 부서 직원이 통계를 부풀려 보고해서 난처해졌을 때, 직원 실수로 사장님 지시를 늦게 전달받았을 때도 그는 야단치지 않았다. 직원에게 잘못 작성할 사유가 있었고, 자신이 챙기지 못해서 그렇게 됐다고 상부에 양해를 구하고 자신이 책망을 듣는 것으로 끝냈다. 직원이 사소한 실수를 하면 분노를 폭발하는 다른 과장 밑에서 수년간 숨막히게 근무하다 홍 과장 부서로 온 한 직원은 홍 과장의 경우 직원에게 화 한 번 낸 적을 못 봤다며 마음이 다 힐링되노라고 하며 홍 과장을 칭송하였다.

그는 부하들과 잘 소통한다. 홍 과장은 모든 사안을 독자적으로 처리한 적이 없다. 항시 설명하고 의견을 묻는 편이다. 바쁠 때라도 전체 직원에게 문자메시지나 단체 카톡방으로 정보와 소식을 알려주고 의견을 묻는다. 더불어 부하들의 불만도 잘 들어준다. 직원들끼리 머뭇거리다가 어느새 흉금 없이 불만을 쏟아 놓다보면 같이 개선해 보자는 제안도 나온다.

그는 강요하지 않는다. 실적 압박이 있는 요즘, 각 부서장은 부하들에게 수단 방법을 가리지 않고 부서 목표를 달성하라고 압력을 주기 마련이다. 그러나 홍 과장은 부서 성적이 중간 이상만 가면 특별한 압박을 주지 않는다. 그가 맡은 부서는 분위기가 좋아서인지 협동이 잘돼 특별히 하위권에 들어간 적이 없다.

그는 궂은 일을 도맡는다. 한번은 제품 불만으로 고객의 전화가 계속 오고, 소비자 보호원의 경고를 받았다. 홍 과장은 직원을 시키는 대신에 직접 나서서 고객으로부터 좋지 않은 이야기를 계속 듣고 설득하고 해명하였다.

홍 과장이야말로 사람을 섬기며 존경을 얻고, 사람들을 이끌기 위해 먼저 봉사하는 그런 리더가 아닐까?

□ 토의

1. 홍 과장의 리더십에서 가장 인상적인 부분은 무엇인가?
2. 조직의 상위 직책으로 가면서 생기는 권한 중 불필요한 부분을 내려놓기 위해서는 어떤 마음가짐이 필요하다고 생각하는가?
3. 워스트 리더는 어떤 사람이 뽑혔을 것으로 짐작하는가?

요약

리더와 가장 상반되는 개념인 서번트 관점을 리더십에 포함하는 서번트 리더십은 리더가 구성원을 존중하고 그들에게 기회를 제공함으로써 조직과 조직 구성원이 성장하고 진정한 공동체를 이룰 수 있다고 보는 이론이다.

서번트 리더십이 다른 유형의 리더십과 구별되는 중요한 특성은 먼저 리더의 인식에서부터 출발한다. 서번트 리더는 자신을 서번트 리더로 인식하고, 부하를 성공과 성장의 대상으로 인식하며, 리더와 부하의 관계가 지시나 통제의 관계가 아니라 섬기고 지원하는 관계로 여긴다. 또한 서번트 리더십의 행동 특성으로는 경청, 공감, 치유, 설득, 인지, 통찰, 비전제시, 봉사의식, 구성원 성장 지원, 공동체 형성을 들 수 있다.

서번트 리더십은 수직적 조직구조 속에서 위계성과 효율성을 원리로 명령을 위주로 의사소통하며 권한과 책임을 독점하는 경향을 가지는 전통적 리더십과는 다른 속성을 가진다. 서번트 리더는 구성원과 수평적인 관계를 유지하며 구성원들이 자율적으로 업무를 수행하도록 권한과 책임을 위임하고 동기를 부여하며 지원한다. 또 부하의 능력을 믿고 그들의 판단을 존중하며, 조직 내에서 경쟁을 공식화하지 않고 조직에서 긍정적 자극을 이끌어 내기 위해 구성원들이 하나의 팀으로 조직성과를 창출할 수 있도록 격려한다.

서번트 리더십의 자질을 측정하는 요소로 Page와 Wong(2000)은 '청렴, 겸손, 돌봄, 권한부여, 성장 조력, 비전제시, 목표 설정, 통솔, 귀감, 의견 나눔' 등을 들고 있으며, Laub(1999)은 인간가치 존중, 성장, 공동체 구축, 도덕성, 거시 리더십 발휘, 리더십 공유의 행동척도를 제시했다. Adjibolosoo(2000)는 리더가 자신의 성향을 자가 측정할 수 있는 4개 영역으로 인성, 관계, 과업, 과정상의 특성을 제시하였다.

서번트 리더십은 많은 연구들에서 조직의 의사결정 구조를 수평적으로 변화시키고, 구성원의 창의성과 자율성, 공동체 의식, 주인의식을 고취시키며 구성원의 업무 만족도를 높인다는 결과가 나타나고 있다.

참고문헌

1) S. P. Robbins, *Organizational Behavior*, 8th ed., NJ: Prentice-Hall, 1998.

2) R. K. Greenleaf, *The Servant as Leader*, The Robert K. Greenleaf Center 1970.

3) J. S. Boyer, *Turning points in the development of male servant leaders, doctoral dissertation*, New York: The Fielding Institute, 1999.

4) J. M. Kouzes & B. Z. Posner, *The leadership challenge*, San Francisco: Jossey-Bass, 1995.

5) P. F. Drucker, *Managing for the future: the 1990s and beyond*, Truman Talley Books, 1992.

6) L. C. Spears, "Reflection on Robert K. Greenleaf and servant leadership", *The Leadership & Organization Development Journal*, Vol. 17 N0. 7. 1996.

7) 이관웅, 신뢰경영과 서번트 리더십, 2001, 엘테크.

8) C. R. Swindoll, *Improving Your Serve*, Dallas: World Publishing, 1981.

9) B. Gunn, *Leading with compassion strategic*, Finance, 2002, No.83(10)

10) L. C. Spears, *Insight on leadership: service, stewardship, spirit and servant leadership*, New York: John Wesley & Sons, Inc, 1995.

11) D. J. Gillham, *Images of servant leadership in education, doctoral dissertation*, Northern Arizona Univ, 1998.

12) S 헬레나, 레오와 서번트 리더십, 엘테크, 2005.

13) 이관웅, 위의 책, 2001.

14) 이관웅, 서번트 리더십의 비밀, 넥서스 BIZ, 2010.

15) 이관응, 위의 책, 2010.

16) 이관응, 위의 책, 2010.

17) 이관응, 위의 책, 2010.

18) James C. Hunter, *The World's Most Powerful Leadership Principle*, 2004, 제임스 C. 헌터 저, 김광수 역, 서번트 리더십 2, 시대의 창, 2006 인용.

19) D. Page & T. P. Wong, *A conceptual framework for measuring servant leadership, In the human factor in shaping the course of history and development*, Lanham, MD: University Press of America, 2000.

20) J. A. Laub, *Assessing the servant organization: Development of the Servant Organization Leadership Assessment(SOLA) instrument, doctoral dissertation*, Florida Atlantic Univ, 1999.

21) S. K. Adjibolosoo, *The human factor in shaping the course of history and development*, New York: University Press of America, 2000.

22) J. C. Hunter, *The world's most powerful leadership principle*, Random House, Inc, 2004.

제11장

셀프 리더십

● ● ● ○ ○
학습목표

1. 셀프 리더십의 개념을 설명할 수 있다.

2. 셀프 리더십의 이론적 근거를 분석할 수 있다.

3. 셀프 리더십과 전통적 관리 기능을 비교할 수 있다.

4. 구성원의 셀프 리더십 개발을 위한 전략을 적용할 수 있다.

5. 슈퍼 리더가 구성원에게 셀프 리더십을 가르치는 7단계를 설명할 수 있다.

1. 셀프 리더십의 개념

셀프 리더십은 개인 스스로 자신의 생각과 행동을 변화시켜 자신에게 영향력을 발휘하는 리더십을 말하는 것이다. 1980년대 조직 환경의 급속한 변화와 개인의 가치관 변화로 전통적 리더십에 의해 조직목표를 달성할 수 없다는 인식이 고조되면서 1986년 Manz가 최초로 제안한 개념이다. 이후 1987년 Manz와 Sims가 처음으로 실증적 연구를 하기 시작했고 개인과 조직의 효과성 등에서 인정받고 있다.

셀프 리더십의 개념은 임상심리학의 자기 통제(self-control) 개념에 근간을 두고, Kerr와 Jemier의 리더십 대체(substitutes for leadership) 개념 이후 자기 관리를 바탕으로 자기 스스로를 이끌어가는 리더십의 개념이다.[1] 셀프 리더십은 참여와 권한위임을 넘어서는 개념이며, 자기 관리(self-management)를 포함하는 개념이다. 셀프 리더십은 자신을 변화시키고 기준을 평가하며 조직이 무엇을 해야 하고, 왜 해야 하며, 또 그것을 어떻게 할 것인지를 알 수 있게 한다.

즉 지시와 통제를 강조하는 전통적인 리더십 방식으로는 더 이상 구성원의 성과를 향상시킬 수 없음을 인식하고, 리더십 대체 이론에 근거하여 자기 관리 개념을 확대하면서 새로운 리더십의 필요성을 제안했다.

Manz와 Sims는 셀프 리더십을 대체적 리더십의 개념 중 하나인 자기 관리와 비교하면서 자기 관리보다는 한 단계 더 높은 차원이라고 설명했다.[2] 셀프 리더십은 **자기 규제, 자기 관리**와 같이 스스로에게 영향력을 행사하는 것을 나타내는 여러 가지 개념들 중 하나로 볼 수 있지만 이들과는 차이가 있다.

1) 자기 규제

자기 관리나 셀프 리더십보다 더 기본적인 자기 영향력을 행사하는 단계이다.[3] 이것은 자기 관찰, 자기 평가, 자기 반응의 세 가지 상호 의존적 활동을 포함한다.[4]

- **자기 관찰**: 자기의 행동과 결과에 대해 인지적으로 관심을 두는 행동

- **자기 평가** : 자신이 바라는 상태와 현재의 성과를 비교하는 행동
- **자기 반응** : 자기 평가를 통해 자기 만족과 자기 효능감 정도를 나타내는 활동

2) 자기 관리

조직의 변화를 위해 목표화된 행동 전략이다.[5] 자기 관리는 개인이 문제 평가, 문제와 관련된 구체적인 목표 수립, 목표 달성을 촉진하거나 방해하는 환경을 주시하면서 직무 수행에 있어 상벌을 관리하는 것이다.[6]

자기 규제가 단순히 기준에 따르는 것이라면, 자기 관리는 문제를 확인하고 해결 방안을 강구하는 개인의 능력을 인정하면서 기준을 발전시키는 것을 의미한다.[7] 그러나 셀프 리더십은 자기 규제의 요소를 포함하고 직무 수행의 내재적 보상에서 발생하는 내재적 동기부여를 강조하면서 자기 관리 행동을 확장한 개념이다. 즉 자기 관리가 직무를 어떻게 완료하는가와 관련된 것이라면 셀프 리더십은 직무를 어떻게 완료하는가에 무엇을 해야만 하고, 왜 해야 하는가까지 포함하는 개념이다.[8]

셀프 리더십은 개인의 특성으로 개인에 따라 잠재력의 차이는 있으나 누구나 가지고 있기 때문에 학습이나 교육에 의해 유지, 발전 될 수 있는 개념이다.

주요 학자들의 셀프 리더십의 정의는 다음과 같다.

Neck, Stewart와 Manz는 직무수행에 필요한 자기 주도(self-direction)와 자기 동기부여(self-motivation)를 고양시키기 위해 스스로에게 영향력을 행사하는 과정이라 했다.

Andrasik와 Heimberg 그리고 Latham은 학습으로 습득할 수 있는 일련의 행동이라 했다.

Blanchard는 조직 구성원이 주도적으로 목표를 달성할 수 있도록 임파워먼트하는 것이라 했다.

Shelton은 개인이 주도적으로 동기부여할 수 있도록 계획된 일련의 행동 및 인지

전략이라 했다.[9]

2. 셀프 리더십 이론

1) 셀프 리더십

(1) 셀프 리더십의 세 가지 가정

셀프 리더십은 우수한 직무 수행을 위해 자신에게 영향을 주는 것이다. 이것의 핵심은 다른 사람을 리드하기 위해서는 먼저 자신을 리드하는 것을 배워야 한다는 것이다. 많은 연구와 실제 조직 상황에서 도출된 셀프 리더십은 다음 〈그림 11-1〉의 세 가지 가정을 전제로 한다.

(2) 셀프 리더십의 이론적 근거

셀프 리더십은 〈표 11-1〉과 같이 심리학의 두 영역인 **사회적 인지이론**(social congnitive theory)과 **내재적 동기이론**(intrinsic motivation theory)을 근거로 연구되기 시작했다. 두 영역의 관점은 개인행동에 대한 통찰력을 준다는 측면에서 셀프 리더를 설명하는 주요 근거가 될 수 있다.[10]

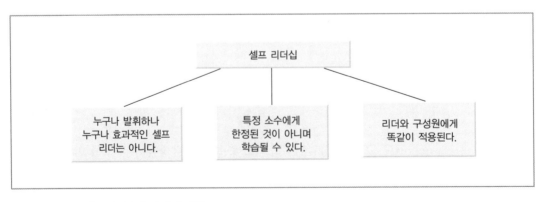

▶▷ 그림 11-1 **셀프 리더십의 세 가지 가정**

표 11-1 셀프 리더십의 이론적 근거

이 론	내 용
사회적 인지이론	개인의 행동 특성과 행동 변화는 주변 환경에 영향을 주고 영향을 받는다고 보는 이론
내재적 동기이론 (인지적 평가이론)	개인이 좋아하는 활동을 하거나 직무를 수행하면, 즐거움이라는 내재적 보상을 받는다는 이론

① 사회적 인지이론

개인이 자신을 관리하고 통제할 수 있는 능력과 중요한 직무에 직면할 때 발휘하는 능력에 중요성을 부여하며, 개인이 대리적이고 상징적인 메커니즘, 즉 타인을 관찰하고 상상력을 사용하여 학습할 수 있는 능력을 통해 직무나 사건을 경험하고 배울 수 있다고 주장한다.

Bandura는 개인, 행동, 환경의 상호 결정주의(reciprocal determinism)를 제시했다. 이는 〈그림 11-2〉와 같이 개인, 행동, 환경은 상호 간에 서로 영향을 준다는 것이다.

행동은 조직에 의해 주어지는 보상 또는 처벌과 같은 외부 원천뿐만 아니라 자신

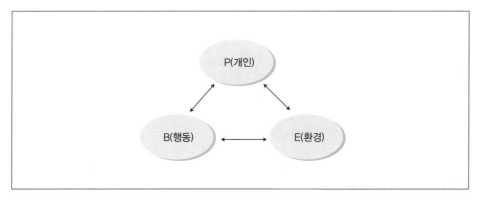

▶▷ 그림 11-2 상호 결정주의

자료 : G. L. Stewart, K. P. Carson & R. L. Cardy, The joint of conscientiousness and self-leadership training on employee self-directed behavior in a service setting, *Personal psychology*, 49, 1996, p.145.

스스로 만든 내부적 평가결과에 의해서도 이루어지고 유지된다.

조직의 환경적 상황은 구성원에게 부과하는 통제시스템으로 나타나게 되는데, 예를 들어 적절한 행동과 성과기준, 평가 메커니즘, 그리고 바람직한 행동을 위한 감시, 조정, 강화의 다양한 수단 등이 해당된다.

조직 구성원의 내부통제 시스템은 인지적 구성틀을 나타내는데, 성과기준을 만들고 자기 평가를 수행하며 행동을 규제한다. 이러한 개인의 자기 통제 시스템은 직접적으로 행동을 결정하는 틀이 된다. 예를 들어 개인은 자신의 정신적 개념화, 자신의 목표, 그리고 환경에 대한 자기 인식이 강화에 의한 보상과 같은 즉각적인 효과로 대체할 수 있다는 것이다. 따라서 개인은 직접적 강화뿐만 아니라 관찰을 통한 학습[간접 학습(indirect learning), 대리 학습(vicarious learning)]을 통해서도 강화될 수 있음을 보여 준다.

이러한 관찰 학습(간접 학습, 대리 학습)의 단계는 다음과 같다.

- 모델을 관찰한다.
- 단순한 관찰만으로 학습할 수 없으므로, 모델 행동에 대한 지식을 획득한다.
- 관찰은 미래의 행동지침으로 수용되거나 거절될 수 있다. 이는 관찰에 의해 많은 행동이 축적되어도 동기부여가 되지 않는다면, 외부로 표출될 수 없음을 나타낸다.

따라서 효과적인 모델링이 필요하다. 이것은 리더가 구성원에게 영향을 주기 위한 것이다. 모델링의 과정은 리더가 구성원에게 주의, 기억, 행동화하여 능동적이고 적극적인 동기부여가 되어야 한다.

관찰 학습(간접 학습, 대리 학습)에서는 학습에 영향을 주는 강화적 보상(reinforcing consequences)을 직접 경험하지 않기 때문에 개인의 인지 작용이 핵심 요소가 된다. 이것은 목표 설정과 강화 과정이 내면화됨에 있어 인지 작용의 중요함을 말한다. 즉 이 이론은 개인의 효과성과 효과적인 개인이 되고자 하는 잠재성에 대한 자각의 중요성을 강조하는 것이다.

② 내재적 동기이론[인지적 평가이론(cognitive evaluation theory)]

개인이 좋아하는 활동을 하거나 직무를 수행하면 즐거움이라는 내재적 보상을 받는 다는 것을 강조한다. 내재적 동기란 어떠한 외재적 목적이나 보상이 주어지지 않는 경우에도 특정한 활동을 하려는 동기이다. 개인으로 하여금 늘 즐겨하는 행동을 하 게 하는 동기는 외재적 보상이나 자기 보상으로부터 비롯되는 것이 아니라 자연발 생적인 것이다. 즉 직무나 활동 속에 동기부여 요소가 들어 있다.

내재적 보상을 작동시키는 행동은 〈표 11-2〉와 같이 유능감, 자기 통제감, 목적감이 있다.[11]

- **유능감** : 자연보상이 이루어지는 활동에서 자신이 더 많은 능력을 발휘할 수 있 다는 생각을 가진다. 또 자신이 수행을 잘할 수 있는 직무를 즐기는 것을 말한 다. 대부분의 개인은 자신이 정말 좋아하는 활동에서 유능감을 얻는다.
- **자기 통제감** : 자신의 의지대로 즐거움을 느끼면서 하는 활동은 개인으로 하여 금 자신이 자기 통제적이라 여기게 한다. 개인은 대부분 자신의 운명을 스스로 통제하고자 하는 본능적인 욕구가 있으며, 자신의 삶에 직접 영향을 미치는 중 요한 환경을 다른 누군가의 지시에 의해 행동하기보다는 스스로 결정을 내리고 행동하기를 원한다.
- **목적감** : 자연보상이 이루어지는 행동에서 개인은 목적감을 갖는다. 행동에서

표 11-2 내재적 보상을 작동시키는 행동

행 동	내 용
유능감	자신의 능력에 대한 믿음과 직무 수행을 좋아하고 즐기는 행동
자기 통제감	자신의 결정에 의한 행동
목적감	자신의 활동에서 가치와 삶의 의미, 목적을 찾는 행동

유능감과 자기 통제감을 느끼더라도 활동의 가치를 인정하지 못한다면 자연스럽게 즐기거나 동기 유발되기가 어려울 때가 있다. 대부분의 개인은 본능적으로 자신의 활동에서 삶의 의미와 목적을 찾고자 할 것이다.

위 두 이론은 진정한 셀프 리더십을 발휘하는 주요 근거가 되었으며, 셀프 리더십은 스스로 눈치 채지 못하는 사이에 행동에까지 영향을 주는 영향력의 중요성과 잠재력을 인식시키며 나아가 동기부여가 된다는 사실을 깨닫게 해 준다.

이상과 같이 셀프 리더십은 두 이론에 근거하여 개인의 근본적인 자기 통제 시스템을 자극하고 스스로 동기부여하게 하는 자유 의지의 실현을 조직 경영에 도입한 것이다.

(3) 셀프 리더십과 전통적 관리 기능과의 비교

셀프 리더십은 구성원에 대한 모든 통제는 구성원 스스로가 자신에게 부여하는 자기 통제이다. 통제의 효과는 전적으로 구성원의 평가, 수용 여부, 의욕에 달려 있다. 조직이 부여하는 목표, 평가, 보상 등의 요소를 구성원이 자율적으로 설정하고 자기 평가에 따라 적극적·소극적으로 반응한다. 조직의 평가나 결과보다 더 중요한 것은 구성원 스스로가 내리는 평가이다.

즉 구성원의 자아를 중요시해야 한다. 자기 통제 시스템을 없애고 강력한 외부 통제를 사용해서 복종을 낳을 수도 있으나, 그것은 관료주의적 행동을 유발하거나 조직이 제시하는 기준에 억지로 맞추려는 경향이 심화되는 결과를 낳게 된다.

따라서 구성원의 특성에 맞는 리더십은 〈표 11-3〉에서 보는 바와 같이 새로운 관점인 셀프 리더십이다. 전통적 관리 기능과 셀프 리더십의 뚜렷한 차이는 외부의 통제와 내부의 자율이다. 셀프 리더십은 개인의 근본적인 자기 통제 시스템을 자극하여 스스로 동기부여하게 하는 자유의지의 실현을 도입한 결과이다. 전통적 관리 기능에서 셀프 리더십 기능으로의 변화는 개인에 대한 인식의 근본적인 변화이다. 셀프 리더십은 자신에게 영향력을 행사하기 위해 사용하는 사고와 행동 전략을 통틀

표 11-3 전통적 관리 기능과 셀프 리더십의 비교

전통적 관리 기능	셀프 리더십
외부 관찰	자기 관찰
주어진 목표	자기 목표 설정
직무수행에 대한 외적강화	셀프 리더십 행동에 대한 자기강화와 외적강화
외적 보상에 의한 열의	자연적인 보상에 근거한 열의
외부 비판	자기 비판
외부에 의한 문제해결	자신이 문제해결
외부에 의한 직무할당	자신이 직무할당
외부에 의한 직무계획	자신이 직무계획
부정적 관점	긍정적 관점
조직의 비전에 의존	구성원이 함께 창조한 비전에 헌신

자료 : C. C. Manz & H. P. Sims, *Super-leadership: Leading other to lead themselves,* New York: Berkley Books, 1990, p.69 수정인용.

어 일컫는다. 즉 셀프 리더십이란 자신을 스스로 이끌어가기 위해 취하는 책임 있는 행동이다.

2) 슈퍼 리더십

슈퍼 리더십(super-leadership)을 가진 리더는 완벽하고 특별한 리더라고 생각할 수 있지만, 슈퍼 리더십은 셀프 리더십에 대한 새로운 개념의 리더십이다. 슈퍼 리더십은 구성원 스스로 자신을 리드해 갈 수 있도록 도움을 주는 리더십의 개념으로 셀프 리더십의 관점에서 접근해야 한다.

1989년 Manz와 Sims에 의해 처음 알려진 슈퍼 리더십은 전통적 리더십 이론과 비교해 21세기 현재의 조직들이 처한 상황에서 구성원의 능력과 노력을 이끌어 낼 수 있는 리더십이라 할 수 있다. 여기에서 슈퍼란 리더 자신뿐만 아니라 구성원의 잠재능력과 최선의 노력을 이끌어 내는 것을 의미하고, 슈퍼 리더란 구성원의 능력을 이끌어 내도록 도움을 주는 사람을 말한다.[12]

(1) 슈퍼 리더와 전통적 리더와의 행동 차이

전통적 리더와 슈퍼 리더의 행동 차이를 〈표 11-4〉에 나타냈다.

표 11-4 전통적 리더와 슈퍼 리더의 행동 차이

전통적 리더	슈퍼 리더
목표 강조	자기 강화에 대한 격려
팀 감독, 정보제공, 해결방안 제시	자기 관찰 및 평가, 자기 목표 설정, 예행연습에 대한 격려
영향력 행사, 대화 거부	자기 비판에 대한 격려

자료 : C. C. Manz & H. P. Sims, *Super-leadership: Leading other to lead themselves*, New York: Berrett-Koehler Publishers, 1989, p.89 수정인용.

(2) 슈퍼 리더십의 하위요인

슈퍼 리더십의 핵심은 철학, 개념이 아니라 행동, 실천에 있으며 구성원의 셀프 리더십을 개발하는 데 있다.[13] 슈퍼 리더십의 하위요인은 구성원 내면에 셀프 리더십 시스템을 발현시키는 데 필수적이다. 이를 통해 구성원의 열의와 동기, 성과 향상과 혁신성 증가 등의 효과가 발생한다.

하위요인에는 모델링, 목표 설정, 격려와 지도, 보상과 질책이 있다.

다음 〈그림 11-3〉은 Manz와 Sims의 슈퍼 리더십 모형이다.

- **모델링** : 슈퍼 리더십의 가장 중요한 요인이자 가장 먼저 시작되는 중요한 단계이다. 리더는 구성원을 성공적으로 리드할 수 있기를 기대하기 전에 리더 자신부터 효율적으로 리드하는 법을 배워야 한다. 결국 리더 자신의 셀프 리더십 행동이 구성원에게 강력한 모델이 되는 것이다. 리더가 보여 주는 역할모델은 다른 어떤 방법보다 효과적으로 구성원에게 전달된다.
- **목표 설정** : 슈퍼 리더는 구성원이 자신의 목표를 스스로 설정하도록 격려하는 것이다. 여기에는 성과 목표뿐 아니라 독창성, 책임 의식, 자율적인 동기부여,

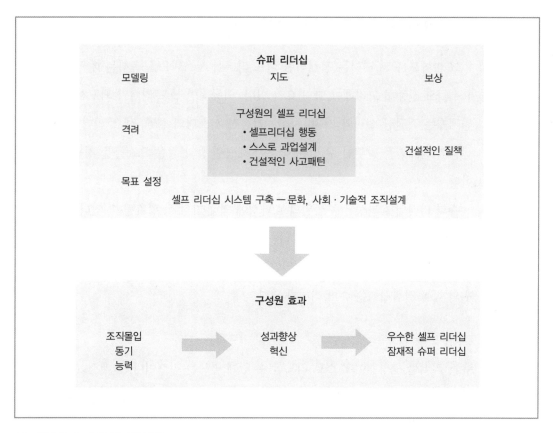

▶▷ 그림 11-3 슈퍼 리더십 모형

자료 : C. C. Manz & H. P. Sims, *Super-leadership: Leading other to lead themselves*, Englewood, HJ: Prentice Hall, 1989, p. 221.

자율적인 지시를 지향하는 목표 또한 중요한 요소들이다. 셀프 리더십 목표들은 성취 가능성, 구체성, 의미성이 있어야 하며, 이 과정에서 할당된 목표로부터 구성원의 자기 목표 설정으로의 이행이 필수적이다.

- **격려와 지도** : 구성원의 효율적인 셀프 리더십 발휘를 위해서는 격려와 지도가 필요하다. 이것은 구성원의 독창성과 자율적인 지시를 격려하고 증진시키는 중요한 일 중 하나이다.
- **보상과 질책** : 리더는 보상과 질책을 적절하게 사용하여 구성원의 셀프 리더십을 유도해야 한다. 구성원이 독창성을 발휘하거나 셀프 리더십 전략의 효율적

이행 시에는 적절한 보상을 주어야 한다.

그 밖에도 슈퍼 리더는 전체적인 셀프 리더십 시스템을 구축하는 데 필요한 다른 요소들도 신중히 고려해야 할 필요가 있다. 역동적인 셀프 리더가 되고자 하는 구성원에게는 적절한 설비와 지원, 사회·기술적 시스템의 설계, 셀프 리더십 기술, 자신들의 잠재력을 발휘할 수 있는 충분한 재량권 등과 같은 요소들을 지원해 주어야 한다.

슈퍼 리더의 효과성은 구성원의 효과성에 의해 가장 잘 평가될 수 있다. 따라서 구성원에게 셀프 리더십을 촉진, 격려, 지원하는 것은 슈퍼 리더의 모든 것이라 할 수 있으며, 구성원이 유능한 셀프 리더가 될 수 있도록 도와주는 리더가 바로 많은 구성원의 힘을 결집시키는 슈퍼 리더가 된다.

(3) 슈퍼 리더가 구성원에게 셀프 리더십을 가르치는 7단계

슈퍼 리더란 구성원이 스스로 리드할 수 있게 만드는 리더이다. 그래서 슈퍼 리더는 구성원이 셀프 리더가 되도록 가르치는 시스템을 설계하여 실행한다. 이때 슈퍼 리더가 효과적인 절차를 통하여 구성원에게 셀프 리더십을 학습시키는 것이 중요하다.

슈퍼 리더가 구성원에게 셀프 리더십을 가르치는 7단계는 〈그림 11-4〉와 같다.[14]

- **1단계 – 셀프 리더 되기** : 리더 자신이 셀프 리더십을 실천하여 셀프 리더가 되는 것이다. 직무 자체에서 내재적 보상을 받을 수 있도록 직무를 재구성하고, 자아 개념을 긍정적이고 건설적인 방향으로 변화시켜야 한다.
- **2단계 – 셀프 리더십의 모델링** : 셀프 리더의 모습을 구성원에게 보여 줄 수 있도록 모델링 기법을 계획적이고 생산적으로 활용해야 한다. 모델링 활용 지침은 ① 구성원의 주목을 끌도록 한다. ② 모범이 된 셀프 리더십이 오래 보존되도록 조장한다. ③ 셀프 리더십의 실무적인 적용을 조장한다. ④ 외부적·대리적·내적 보상을 조장하여 셀프 리더십을 실천에 옮길 수 있도록 동기부여한다.

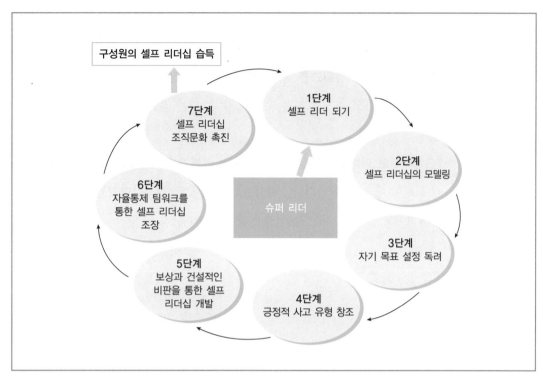

구성원의 셀프 리더십 습득

7단계
셀프 리더십
조직문화 촉진

1단계
셀프 리더 되기

6단계
자율통제 팀워크를
통한 셀프 리더십
조장

2단계
셀프 리더십의 모델링

슈퍼 리더

5단계
보상과 건설적인
비판을 통한 셀프
리더십 개발

3단계
자기 목표 설정 독려

4단계
긍정적 사고 유형 창조

▶▷ 그림 11-4 슈퍼 리더가 구성원에게 셀프 리더십을 가르치는 7단계

- **3단계 - 자기 목표 설정 독려** : 리더가 구성원에게 자기 목표를 설정하는 기법을 가르쳐 주는 단계이다. 이렇게 구성원 자신이 설정한 목표는 실행 시 더 노력하게 만든다.

- **4단계 - 긍정적 사고 유형 창조** : 구성원이 잠재력을 발휘할 수 있다는 믿음을 줌으로써 긍정적 사고 유형을 만들어 셀프 리더십을 개발할 수 있다.

- **5단계 - 보상과 건설적인 비판을 통한 셀프 리더십 개발** : 리더는 구성원에게 외적 보상보다는 직무 자체로부터 얻는 보람, 즐거움, 성취감(내적 보상)을 가르쳐야 한다. 셀프 리더십을 발전시키기 위한 가장 강력한 전략이 보상과 질책이다. 보상이 효과를 거두기 위해서는 적절하고 신속해야 하며 양과 크기도 적절히 조절되어야 한다. 또한 셀프 리더십은 구성원이 결핍상태에 있을 때 효과가

커진다. 이 단계에서 주의할 점은 부정적 통제는 적절히 사용하지 않으면 오히려 부정적인 효과를 유발하는 원인을 제공할 수도 있다는 것이다.

- **6단계 – 자율통제 팀워크를 통한 셀프 리더십 조장 :** 슈퍼 리더는 자율 개념의 확산을 조장하고 스스로 팀을 운영해 갈 수 있는 권한부여의 확산에 노력해야 한다.

- **7단계 – 셀프 리더십 조직문화 촉진 :** 조직 전체가 셀프 리더십의 가치를 받아들여 실천할 때 성과가 커진다. 리더는 조직 전체에 셀프 리더십을 강화하기 위해 총체적이고 긍정적인 조직문화를 창출해야 한다.

3. 셀프 리더십의 실천 전략

1) 셀프 리더십의 전략

셀프 리더십의 전략으로 사회적 인지이론에 근거를 두고 효과적인 행동에 초점을 맞춘 **행동중심 전략**(behavior focused strategies)과 내재적 동기이론에 근거를 두고 효과적인 사고와 태도에 초점을 맞춘 **인지중심 전략**(cognitive focused strategies)으로 나누었다.[15]

(1) 행동중심 전략

셀프 리더가 되려면 자기 관리 전략을 통해 스스로 자신의 행동을 통제하고 조정해야 한다. 이 과정에서 개인은 주변의 환경을 자신에게 유리한 조건으로 변화시키고, 자신을 직접 통제할 수 있는 방법을 실천한다. 이를 통해 자신의 행동과 원인을 관찰함으로써 자신을 효과적으로 관리하는 데 필요한 정보를 얻을 수 있게 된다. 구체적인 행동중심 전략으로는 〈표 11-5〉와 같이 **자기 목표 설정**(self-goal setting), **단서관리**(management of cue), **예행연습**(rehearsal), **자기 관찰**(self-observation), **자기 보상**(self-reward), **자기 비판**(self-punishment)이 있다.

표 11-5 셀프 리더십의 행동중심 전략

행 동	내 용
자기 목표 설정	자기 스스로 목표를 설정하고, 우선순위를 정한 후 스스로에게 실행을 지시하는 행동(목표는 도전적, 달성 가능, 구체적)
단서관리	바람직하다고 생각하는 개인적 행동을 촉발할 수 있도록 근무환경에서 얻는 단서들을 활용하는 행동
예행연습	실제 직무수행 전에 신체적 · 정신적 예행연습(역할연기)을 함으로써 직무수행 성공률과 효과성을 높이는 행동
자기 관찰	자신이 변화하기로 계획한 특정한 행동을 구체적으로 관찰하고 그 행동에 대한 정보를 수집하는 행동
자기 보상	바람직하고 효과적인 직무수행 후 스스로에게 내적 보상을 함으로써 차후 행동을 선택하는 데 중요한 영향을 미치는 행동
자기 비판	바람직하지 못한 행동에 대해 자신에게 비판과 교정을 함으로써 실수의 반복과 습관적 실패에 빠지지 않도록 하는 행동

자료 : C. C. Manz & H. P. Sims, *Super-leadership: Leading other to lead themselves,* New York: Berrett-Koehler Publishers, 1989, pp. 13-26 수정.

- **자기 목표 설정** : 처리해야 할 직무와 장기적으로 달성하고자 하는 목표를 설정한 후, 우선순위를 정하고 스스로에게 실행을 지시하는 행동을 의미한다. 즉 자기 목표 설정은 자신의 직무에 대한 새롭고 구체적인 목표를 계속적으로 개발하는 것이다. 목표 설정 시에는 구체적 목표, 도전적 목표, 달성 가능한 목표가 최상의 효과를 얻는다.

- **단서관리** : 자신이 하고자 하는 행동을 용이하게 하기 위해 단서가 될 만한 것들을 환경 주위에 설치하거나 근무환경을 변경하는 행동을 말한다.

- **예행연습** : 셀프 리더십의 효과적인 선행적 전략으로 행동 또는 직무의 체계적 연습을 의미한다. 직무를 실행하기 전에 깊이 생각하고 미리 연습하는 태도이다. 이때 정신적 예행연습은 단호한 행동을 발생하게 한다.

- **자기 관찰** : 구성원이 자신의 직무 진행사항을 지속적으로 확인하거나 또는 자

신의 직무 성과를 인식하고자 노력하는 정도를 의미한다.

- **자기 보상** : 바람직한 행동을 완수했을 때, 노력의 대가로 가치 있는 보상을 스스로에게 제공한다는 것이다. 이는 어렵거나 하기 싫은 일을 하게 하며, 일할 의욕을 북돋우고, 앞으로의 행동을 선택하는 데 중요한 영향을 준다. 일반적으로 보상이라고 하면 조직이나 타인으로부터 받는 것에 관심이 집중되지만 자신에게 부여하는 보상 또한 중요하다.

- **자기 비판** : 자기 비판은 정신적이거나 의식적인 것이 대부분이며, 지나치거나 습관적인 되면 오히려 노력하고자 하는 의욕을 떨어뜨린다. 따라서 가장 바람직한 것은 실패의 원인을 분석하고 교훈을 얻었으면, 만족하도록 노력해야 한다. 자기 비판은 바람직하지 못한 방법으로 행동했을 때 자신에게 일정한 처벌을 가하는 것으로 실수를 반복하거나 습관적인 실패에 빠지지 않는 것 등의 효과성을 거둘 수 있다.

(2) 인지중심 전략

셀프 리더십은 주로 행동중심 전략에 초점을 맞추어 연구되어 왔으나 정보의 인식과 처리하는 방식이 셀프 리더십에 상당한 영향을 준다는 사실이 밝혀짐에 따라 인지중심 전략까지 연구 대상에 포함되었다. 셀프 리더십의 인지중심 전략은 〈표 11-6〉와 같이 **자연적 보상**에 관한 것과 **건설적 사고 유형**을 발전시키는 것이 있다.

- **자연적 보상** : 직무 자체에서 나오는 자연적 보상(natural rewards)을 활용하는 데 있다. 정보화시대에 직무가 의미 있고, 동기부여의 원천이 되려면 자연적 보상에 기초한 셀프 리더십이 필수적이다. 직무를 통하여 자연적 보상을 얻고, 자연적 보상이 높은 성과의 동기부여 요인이 될 수 있다.

- **건설적 사고 유형** : 개인의 사고는 셀프 리더십의 핵심이다.[16] 건설적 사고 유형(constructive thought patterns)은 어려운 상황을 장애물이 아닌 기회 요인으로 보는 긍정적 사고를 의미한다. 즉 장애 요인에 집착하기보다는 기회 요인을

표 11-6 셀프 리더십의 인지중심 전략

인 지	내 용
자연적 보상	● 행동의 동기는 외재적인 보상이나 자기 보상으로부터 비롯되는 것이 아니라 자연발생적인 것 ● 직무를 하게 만드는 잠재적 동기는 직무 자체에 내재된 자연적 보상(유능하다는 느낌, 자신이 일인자라는 느낌 등) ● 자신의 직무가 가치를 창출한다는 느낌을 진지하게 추구할 때 자연적 보상은 더욱 증가
건설적 사고 유형	● 개인의 사고는 셀프 리더십의 핵심 ● 건설적 사고패턴과 습관 방식 확립 ● 어려운 상황을 장애물로 여기기보다는 기회요인으로 보는 긍정적 사고 유형을 의미(자기 자신의 믿음, 자기와의 대화, 리더에 의한 체험)

자료 : C. C. Manz & H. P. Sims, *Super-leadership: Leading other to lead themselves,* New York: Berrett-Koehler Publishers, 1989, pp.13-26 수정.

찾음으로써 건설적으로 사고하도록 관리하는 것이다. 신념과 가정(beliefs and assumption), 정신적 이미지(mental imagery), 자신과의 긍정적인 대화(positive self-talks)를 통하여 건설적이고 효과적인 습관이나 유형을 확립한다.[17] 성과에 결정적인 영향을 주는 것은 문제에 대응하는 자신의 정신 자세에 있다.

2) 구성원의 셀프 리더십 개발을 위한 전략

구성원의 셀프 리더십 개발에 대한 전략은 일반적으로 〈표 11-7〉과 같이 **구조적 전략**(structural strategies), **과정 전략**(process strategies), **대인관계 전략**(interpersonal strategies)의 세 가지 범주로 나눠 볼 수 있다.

(1) 구조적 전략

조직의 구조를 셀프 리더십 개발에 용이하도록 변화시키는 방법을 말한다. 셀프 리더십 향상을 위해서는 전통적 문화 정도를 줄이고, 권한위임을 촉진하며, 슈퍼 리더

표 11-7 구성원들의 셀프 리더십 개발을 위한 전략

전 략	내 용
구조적 전략	셀프 리더십 개발에 용이한 조직 구조의 변화
과정 전략	셀프 리더십 실행을 위한 조직 과정의 변화
대인관계 전략	구성원과의 상호작용 속에서 말하고 행동하는 방법의 변화

유형중심의 조직 편성을 위해 조직의 구조를 다시 짜는 방법들이 필요하다. 이러한 구조적 전략의 사례로는 자율관리팀 만들기, 제품 및 품질 관리팀 만들기, 조직 구조의 계층제거, 감독보다는 촉진자 또는 조정자 선임, 임원의 기능 축소 또는 제거 등이 있다.

(2) 과정 전략

셀프 리더십은 조직 과정을 변화시킴으로써 실행될 수 있다. 첫째, 슈퍼 리더는 각 구성원이 전문화된 부분보다는 전체적인 직무에 보다 많이 관여할 수 있도록 직무를 재구성해 주어야 한다. 둘째, 슈퍼 리더십 실행에 필요한 과정 전략의 조치들을 보면 ① 권한위임(가능하면 최하위 단계에 결정권을 부여), ② 관리자에 의해 주도되는 것이 아닌, 집단의 구성원이 주도하는 회의를 매주 개최, ③ 명령계통을 통하지 않고 조치의 핵심을 맡고 있는 해당자에게 직접 보고 및 전달, ④ 개인적 기술이나 능력 개발을 위한 종합적 훈련, 특히 셀프 리더십 교육의 제공, ⑤ 부분적인 직무가 아닌 전체적인 직무 책임을 구성원이 맡는 리엔지니어링의 내용이다.

(3) 대인관계 전략

셀프 리더십 실행에 가장 중요한 수단인 대인관계 전략은 구성원과의 매일 매일의 상호작용 속에서 말하고 행동하는 방법을 바꾸는 것이다.

셀프 리더십의 측정도구[18]

다음은 셀프 리더십에 관한 설문내용을 담고 있다. 각 설문내용을 읽고 본인의 리더십을 평가해 보자. 숫자의 척도는 다음을 의미한다.

1. 전혀 그렇지 않다   2. 거의 그렇지 않다   3. 보통이다
4. 조금 그렇다   5. 매우 그렇다

설문내용	척 도				
1. 자신의 직무 진행 정도를 스스로 자주 확인한다.	1	2	3	4	5
2. 자신이 일을 어떻게 하고 있는지를 항상 점검한다.	1	2	3	4	5
3. 자신의 직무를 얼마나 잘하고 있는지에 대해 주의를 기울인다.	1	2	3	4	5
4. 자신의 마음속에 목표를 인식하고 있다.	1	2	3	4	5
5. 자신의 직무 진행 정도를 기록한다.	1	2	3	4	5
6. 자신의 직무에 주의를 기울인다.	1	2	3	4	5
7. 자신의 직무상 책임 영역을 더 넓히려고 한다.	1	2	3	4	5
8. 자신의 직무상 책임을 넓힐 수 있는 방법에 집중한다.	1	2	3	4	5
9. 다른 사람으로부터 인계받을 수 있는 새로운 책임에 대하여 생각한다.	1	2	3	4	5
10. 자신에게 할당된 책임보다 더 열심히 직무를 하려고 노력한다.	1	2	3	4	5
11. 증가하는 자신의 책임에 대하여 생각한다.	1	2	3	4	5
12. 자신의 직무가 필요로 하는 것보다 더 많은 활동을 하려고 한다.	1	2	3	4	5
13. 자기 스스로 문제를 해결하려고 행동한다.	1	2	3	4	5
14. 자신의 힘으로 문제를 해결하는 것을 좋아한다.	1	2	3	4	5
15. 자신에게 문제가 생기면 스스로 해결한다.	1	2	3	4	5
16. 자신의 마음속에서 문제에 대한 해결방법을 찾아낸다.	1	2	3	4	5
17. 자기 스스로 문제의 해결방법을 끝까지 찾아낸다.	1	2	3	4	5
18. 자기 스스로 문제를 해결하는 방법을 생각해 낸다.	1	2	3	4	5
19. 자기 스스로 일하는 방법을 개선하려고 한다.	1	2	3	4	5
20. 자신이 직무상 할 수 있는 긍정적인 변화들을 생각하려고 한다.	1	2	3	4	5

[결과해석]

행동중심 전략 (설문내용 1~6)	해 석
자기 목표 설정	자기 스스로 목표를 설정하고, 우선순위를 정한 후 스스로에게 실행을 지시하는 행동(목표는 도전적, 달성 가능, 구체적)
단서관리	행동을 용이하게 하고 동기부여나 성과 달성을 자극하는 표시를 함으로써 대면적 상호작용을 위한 행동
예행연습	실제 직무수행 전에 신체적 · 정신적 예행연습(역할연기)을 함으로써 직무수행 성공률과 효과성을 높이는 행동
자기 관찰	자신이 변화하기로 계획한 특정한 행동을 구체적으로 관찰하고 그 행동에 대한 정보를 수집하는 행동
자기 보상	바람직하고 효과적인 직무수행 후 스스로에게 내적 보상을 함으로써 차후 행동 선택에 중요한 영향을 주는 행동
자기 비판	바람직하지 못한 자신의 행동에 비판과 교정을 함으로써 실수의 반복과 습관적 실패에 빠지지 않도록 하는 행동

인지중심 전략	해 석
자연적 보상 (설문내용 7~12)	행동의 동기는 외재적 보상이나 자기 보상으로부터 비롯되는 것이 아니라, 자연발생적인 것
건설적 사고 유형 (설문내용 13~20)	어려운 상황을 장애물로 여기기보다는 기회요인으로 보는 긍정적 사고 유형을 의미

[자신의 결과]

사례 1 A엔지니어링 회사의 CEO

루카스는 A엔지니어링 회사의 CEO이다. A엔지니어링 회사는 지역별로 총 20명의 관리자들이 있다.

루카스의 리더십은 특별한 것으로 인정받고 있는데, 그 이유는 지역 관리자들에게 중대한 책임을 맡기는 새로운 형태의 분권화 때문이다.

루카스는 최대한의 소계층 조직형태를 추구하고 있는데, CEO와 최하위 간은 4계층 정도에 불과하다. 그래서 작은 회사의 역동성과 창의력을 재창조하고 계층을 줄이기 위한 노력을 계속해오고 있으며, 팀에게 더 많은 권한을 부여하고 직원들에게 자신들이 하는 일에 대한 자율적 통제와 주인의식을 갖게 하는 조직구조를 만들기 위해 노력하고 있다.

아울러 루카스는 직원들이 가진 잠재능력의 확대 가능성을 굳게 믿기에 직원들이 자신의 상상력과 창의력을 발휘하고 개발하기를 기대했다.

직원들에게 자신이 최고라고 생각하는 동기유발, 역량강화 교육프로그램을 제공하고 직원들의 높은 참여를 유도하는 지속적 개선 운동 프로그램을 실시했다. 지금 현재로는 실적이 좋을지라도 지속적인 개발과 개선을 도모하는 유연한 작업 활동을 만들기 위한 것이다.

루카스는 더 나아가 회사에서 각 직원들의 역량을 키우기 위한 헌신적인 노력을 지속하고 있다.

직원들이 자유롭게 자신들의 생각을 말할 수 있는 조직 분위기를 조성하고 직원들의 말에 귀를 기울이고 있다. 직원들에게 자신의 개발계획을 수립하도록 하고, 팀이나 부서가 설정한 목표를 회사의 목표와 조정하는 과정에서의 문제 발생 시에도 직원들의 의견과 주장이 많이 투입되도록 하고 있다.

□ **토의**

1. 루카스가 보여 준 리더십은 어떤 특성이 있는가?

2. A엔지니어링 회사의 직원들은 루카스에게 어떻게 반응할 것이라고 생각하는가?

3. 만약 자신이 A엔지니어링 회사를 경영한다면 리더십에서 어떤 변화를 추가적으로 발휘하고 싶은가?

알렉스는 B벤처기업의 CEO이다. 최근 전년도 매출보고서를 검토하였는데 보고서의 내용은 매우 실망스러웠다. 전년도 판매실적이 저조했기 때문이다. B벤처기업은 10년 전에 창업된 회사로 게임 소프트웨어를 전문으로 하는 소규모의 개혁적인 젊은 기업이다.

알렉스는 회사의 주력 사업부의 책임을 맡고 있는 두 사람의 선임 엔지니어들에게 크게 의존하고 있다. 이들은 각자 뛰어난 능력의 소유자들로 두 사람 모두 경험이 풍부하고 그래픽 디자인 소프트웨어 개발 전략에 몰두하고 있다. 그러나 이들은 자신들의 부서 내 후임 엔지니어들을 장악하고 있는 독재자로 알려져 있다. 그들은 의사결정의 분권화 자체를 인정하고 있지 않다. 그로 인해 최근 3년 동안 엔지니어들의 이직률이 증가하고 있다.

알렉스가 퇴직 인터뷰를 통해 엔지니어들이 이직하는 이유는 선임 엔지니어들이 후임 엔지니어들의 세세한 일과 행동까지 지나치게 통제하기 때문이라는 것을 알게 되었다. 그래서 알렉스는 후임 엔지니어들의 이직에 대해서 조치를 취할 필요성을 느꼈다.

알렉스는 최근 경영환경 변화에 따른 전략상의 변화 필요성을 절실히 느끼고 있었기에 두 사람의 선임 엔지니어가 가지고 있는 귀중한 경험을 잃지 않으면서 전략적 변화의 도입에 대해 고심을 하고 있다.

□ 토의

1. 선임 엔지니어들의 리더십 특성에는 어떤 것들이 있는가?

2. 선임 엔지니어들에게 어떻게 조언해 주고 싶은가?

3. 자신이 알렉스라면 사내의 후임 엔지니어들을 위해 어떤 조치를 취할 것인가?

요약

셀프 리더십의 개념은 자기 자신에게 영향을 주기 위해 사용하는 행동 및 인지전략을 통틀어서 일컫는다. 이는 개인의 높은 성과를 이끌어 주는 자율적인 힘을 말한다.

셀프 리더십의 이론적 근거는 심리학의 두 영역인 사회적 인지이론과 내재적 동기이론이다. 즉 개인 행동에 대해 통찰력을 주는 이 두 영역의 관점이 진정한 셀프 리더가 되는 주요 근거가 되고 있다.

셀프 리더십과 전통적 관리 기능의 차이는 외부의 통제와 내부의 자율이다. 셀프 리더십은 개인의 근본적인 자기 통제 시스템을 자극하여 스스로 동기부여하게 하는 자유의지의 실현을 도입한 결과이다.

슈퍼 리더가 구성원에게 셀프 리더십을 가르치는 7단계는 셀프 리더 되기, 셀프 리더십의 모델링, 자기 목표 설정 독려, 긍정적 사고 유형 창조, 보상과 건설적인 질책을 통한 셀프 리더십 개발, 자율통제 팀워크를 통한 셀프 리더십 조장, 셀프 리더십 조직문화 촉진이다.

구성원의 셀프 리더십 개발을 위한 전략에는 효과적인 행동에 초점을 맞춘 행동중심 전략과 효과적인 사고와 태도에 초점을 둔 인지중심 전략으로 나눌 수 있다. 구체적인 행동중심 전략으로는 자기 목표 설정, 단서관리, 예행연습, 자기 관찰, 자기 보상, 자기 비판이 있고, 인지중심 전략은 일을 통해서 자연스럽게 얻을 수 있는 자연적 보상에 관한 것과 건설적 사고 유형을 발전시키는 것이 있다.

참고문헌

1) C. P. Neck & J. D. Houghton, Two decades of self-leadership theory and research, *Journal of Managerial Psychology*, 21, 2006, pp.270-295.

2) C. C. Manz & H. P. Sims, Leading self-managed groups: A conceptual analysis of a paradox, *Economic and Industrial Democracy*, 7, 1986, pp.141-165.

3) S. Williams, Personality and self-leadership, *Human Resource Management Review*, 7, 1997, pp.139-155.

4) R. M. Kanter & P. L. Ackerman, Motivation and cognitive abilities: An integrative aptitude-treatment interaction approach to skill acquisition, *Journal of applied psychology*, 74, 1989, pp.657-690.

5) C. C. Manz & H. P. Sims, Self-management as a substitute for leadership: A social learning perspective, *Academy of Management Review,* 5, 1980.

6) C. A. Frayne & G. P. Latham, Application of social learning theory to employee self-management of attendance, *Journal of Applied Psychology,* 72, 1987, pp.387-392.

7) S. Williams, Personality and self-leadership, *Human Resource Management Review,* 7, 1997, pp.139-155.

8) C. C. Manz, *Mastering self-leadership: Empowering yourself for personal excellence,* Prentice-Hall, Englewood, 1992.

9) C. C. Manz & H. P. Sims, *New superleadership: Leading others to lead themselves,* San Francisco, CA: Berrett-Koehler, 2001.

10) C. C. Manz & C. P. Neck, *Mastering self-leadership: Empowering yourself for personal excellence,* Upper Saddle River, N. J.: Prentice-Hall, 1999.

11) C. C. Manz & H. P. Sims, Leading self-managed groups: A conceptual analysis of a paradox, *Economic and Industrial Democracy,* 7, 1986, pp.141-165.

12) C. C. Manz & H. P. Sims, Superleadership: Beyond the myth of heroic leadership, *Organizational Dynamics,* 19(4), 1991.

13) Ibid.

14) Ibid.

15) C. C. Manz & H. P. Sims, Superleadership: Beyond the myth of heroic leadership, *Organizational Dynamics,* 19(4), 1991.

16) C. C. Manz, *Mastering self-leadership: Empowering yourself for personal excellence,* Prentice-Hall, Englewood, 1992.

17) C. C. Manz & C. P. Neck, *Mastering self-leadership: Empowering yourself for personal excellence(3rd ed.),* Upper Saddle River, NJ: Prentice Hall, 2004.

18) J. P. Anderson & G. E. Prussia, The self-leadership questionnaire: Preliminary assessment of construct validity, *The Journal of Leadership Studies,* 4, 1997, pp.119-143.

제12장

윤리적 리더십

●●●●
학습목표

1. 윤리적 경영과 윤리적 리더십이 중요하게 부각되는 배경을 이해한다.
2. 윤리적 리더의 행동 특성을 이해한다.
3. 윤리적 리더십이 가동되기 위한 조직 여건을 알아본다.
4. 윤리적 리더로서의 자질을 측정하는 진단도구를 활용할 수 있다.

1. 윤리적 리더십의 개념

최근 기업의 사회적 책임과 윤리경영이 강조되면서 기업 경영을 책임지는 최고경영자와 리더에 대해서도 윤리적인 역할과 책임의식이 크게 요구되고 있다. 동시에 경영자 스스로도 지역사회와 이해관계자를 고려하지 않은 일방적 기업 이익 추구가 소비자의 외면을 받을 수 있으며 기업과 경영자 자신의 윤리적 이미지를 제고하는 것이 기업의 성과에 긍정적 영향을 미친다는 것을 인식하고 적극적인 자세를 보이고 있다. 기업 경영의 세계적인 추세 또한 효율성에서 윤리성, 신뢰성, 투명성, 사회책임성 등으로 강조점이 변화되고 있다.

기업에 입사 시점부터 윤리 서약서를 작성하고, 업무와 관련한 비리 요소가 어떤 것인지를 상세히 교육하고 부패 신고를 권장하며, 관리자로 갈수록 조직 경영과 사회 전반에 대한 높은 윤리의식과 도덕성이 요구되는 선진국과는 달리 우리나라의 경우 조직 구성원이나 리더에 대해 윤리적 관리능력이나 도덕성은 크게 중시되지 않는 것이 현실이다. 따라서 나와 내 조직에 이익이 된다면 사회적으로 문제가 되는 행동도 불가피한 상황이라고 합리화하는 경우를 흔치 않게 볼 수 있다.

〈표 12-1〉에서 보는 바와 같이 우리나라는 부패를 민감하게 인식하는 수준이 조사대상 168개국 중 37위로 나타나 상당히 낮다. OECD 회원국 34개국 중에서도 27위에 머무르고 있어 하위권이다. 이것은 우리나라에서 활동하는 기업인, 전문가가 우리 사회의 부패 실태에 대해 바라보는 인식이 부정적이라는 것을 의미한다. 기업을 포함한 사회 전반의 청렴도와 투명성이 낮은 것은 국가의 대외적 신뢰와 장기적 경쟁력을 떨어뜨리는 요인이 된다. 투명하지 않은 기업, 부정비리를 일삼는 경영자가 이끄는 기업은 투자자의 등을 돌리게 하고 고객 충성도도 형성하지 못하게 한다. 오히려 투자자나 소비자들의 반감을 사서 불매 운동이나 기업의 나쁜 이미지로 귀결된다. 정치지도자뿐 아니라 기업 경영자의 행동이 사회 분위기에 미치는 영향이 지대한 만큼 윤리적으로 존경받을 수 있는 리더십을 발휘하는 것은 해당 기업의 발

표 12-1　세계 부패인식지수(CPI)* 현황(2015년)

경쟁력 순위	국가명	CPI 점수
1위	스위스	91
2위	미국	90
3위	싱가포르	89
4위	스웨덴	88
8위	덴마크	85
10위	핀란드	81
10위	독일	81
16위	일본	76
18위	캐나다	75
18위	네델란드	75
37위	한국	56
83위	중국	37

* CPI(Corruption Perceptions Index)는 국제투명성기구(TI)가 매년 발표하는 것으로 국가사회의 부패 정도에 대해
  기업인 등 관련자들의 인식을 점수로 측정한 것

전과 국가의 품격을 위해 매우 중요하다.

　대중들이 기업 경영자에게 기대하는 청렴성의 수준은 일반인에게 요구되는 것보다 훨씬 높다. 특히 우리나라는 대기업의 경제력 집중도가 높으므로 기업 총수와 그 주변에 대한 감시의 눈이 많다. 종종 세간에 알려지는 고위 경영자들의 비리와 편법, 갑질, 몰상식한 행동은 국민과 소비자들에게 실망을 넘어 비난과 공분을 불러일으킨다. 경영자의 잘못된 판단과 분별없는 행동은 일선에서 애쓰는 임직원들의 노력을 허사로 만들게 되며, 성실히 일상을 살아가는 일반인들에게 허탈감을 안겨주게 된다. 최고경영자는 많은 부와 영향력을 가진 만큼 기업과 사회를 위해 가져야 하는 책무성도 커지는 것이다. 경영의 모든 단계에서 윤리적 측면을 의식하고 실천하는 것은 경영자가 갖추어야 할 의무이자 자질이다. 윤리성을 수반하지 않는 기업의

성과는 진정한 기업 발전의 동인이 될 수 없는 것이다.

Brown(2005)에 따르면 윤리적 리더십은 "리더의 행동과 대인관계를 통하여 규범적으로 적합한 행동의 모범을 보이며, 의사소통을 강화하고, 의사결정을 통하여 부하직원으로 하여금 적합한 행동을 하도록 촉진하는 것"이라고 할 수 있다. 즉 윤리적 리더는 구성원들에게 정직성, 공정성, 배려와 같은 윤리적 행동을 실천하는 모델로서의 역할을 수행하며,[1] 대화를 통해 구성원들에게 적합한 윤리적 기준과 절차를 제시하고 그에 따른 보상과 규제를 행사하여 조직 전체가 원칙에 부합하는 도덕적인 선택을 하도록 유도하는 역할을 한다.

윤리적 리더십은 리더가 기업 경영에 대한 윤리적 비전과 목표를 제시하고 경영 과정에서 윤리적 합리성을 추구하는 것이다.[2] 윤리적 리더는 윤리적 가치에 대한 구성원과의 공유와 상호작용, 그리고 투명성에 대한 일관된 경향 등을 통해 도덕적 조직을 창출해 간다. 많은 학자들은 윤리적 리더십의 특징으로 정직, 결단력, 공정함, 솔직함, 겸손함, 인내심, 열의, 용기, 책임 등을 들고 있다.

윤리적인 기업 경영이 이루어지기 위해 무엇보다 중요한 것이 최고경영자를 비롯한 관리자의 윤리 경영에 대한 신념과 솔선수범이다. 리더십은 타인에게 비전과 목표 제시, 지휘, 명령과 같이 영향력과 전환을 행사하게 되므로 도덕성을 기본으로 해야 한다. 조직 구성원은 모두 다른 구성원들에 대한 윤리적 책임을 가지지만, 리더는 타인에 대한 중대한 영향을 미칠 수 있다는 속성상 특별히 더 큰 윤리적 책임을 져야 하는 것이다. 리더십은 구성원을 설득하고 동기부여한다는 측면에서 리더는 구성원 모두에게 조직과 사회, 고객에 대한 도덕적 책임의식을 가지도록 모범을 보이고 전파해야 하는 역할을 수행하게 되는 것이다.

이러한 조직과 외부에 대한 윤리적 지향뿐 아니라 리더는 구성원들의 다양한 이해관계, 욕구, 양심적 견해에 대해 서로 충분한 관심을 가지는 것이 필요하다. 또한 리더는 구성원들의 사고와 행동에 어떤 영향을 미칠 것인지에 대해 민감하게 반응해야 할 책임을 가진다. 즉 다른 사람들의 사고나 행동을 변화시킬 수 있는 위치에 있는 리더들은 상당한 윤리적 부담과 책임을 수반하게 되는 것이다. 리더의 태도는 조직의 윤리적 분위기 형성과 윤리적 의사결정에 중요한 변수로 작용하게 된다.

리더는 기업윤리 수준의 향상이 기업의 장기적 이익과 부가가치를 창조하고 구성원의 자긍심을 향상시킬 수 있음을 인식하고 그러한 신념을 기업 윤리강령(code of ethics conduct)으로 반영하는 것이 필요하다. 또한 기업윤리 수준 향상을 기업의 목표로 제시하고 성과 측정의 기준으로도 활용해야 하며, 윤리와 청렴 교육을 강화하여 기업윤리를 기업문화화하는 것이 필요하다.

2. 윤리적 리더십의 구성요소

Resick, Hanges, Dickson와 Mitchelson(2006)은 윤리적 리더십은 신의의 중시, 윤리적 인식, 공동체 및 인간 중시, 동기부여, 권한위임, 윤리적 기준 제시라는 여섯 가지 요소로 구성된다고 설명했다. 각각의 내용에 대해 살펴보면 다음과 같다.[3]

1) 신의성실

신의를 중시하는 성격적 특성은 윤리적 리더의 자질을 형성하는 근본적인 요소로 리더의 도덕적인 정의에 기반한 믿음, 의사결정과 행동을 유도한다.

2) 윤리적 인식

윤리적 리더십을 행사하기 위해서는 의사결정에 있어서 도덕적 판단 역량을 가져야 한다. 윤리적 리더십에서의 윤리적 자각은 의사결정의 결과뿐 아니라 의사결정 과정에도 적용된다. 윤리적 리더십은 집단적인 이익에 대한 관심을 가지고, 수단과 결과를 모두 중시하며, 단기간보다 장기적인 시각을 가지며, 다양한 이해관계자의 이해를 고려해야 한다.

3) 공동체 및 인간 중시

윤리적 리더십은 더 나은 선(good)을 위해 봉사하는 것에 초점을 두며, 리더십이 타인에게 어떻게 영향을 미치는지에 대해 민감해야 함을 중시한다. 윤리적 리더십은 리더가 가지는 권력을 리더 개인의 이익보다는 집단적 이익에 사용하도록 하는 이타주의에 바탕을 두고 있다.

4) 동기부여

윤리적 리더십은 리더 자신의 이타적 행동을 강조할 뿐 아니라 조직 구성원들로 하여금 자신의 이익보다 공동체의 이익을 우선하도록 동기부여한다. 윤리적 리더십은 리더와 부하 간 책임과 노력을 공유하여 공통의 이익을 추구하도록 하는 정서적 유대감을 강조한다.

5) 권한위임

윤리적 리더십에서는 조직 구성원들에게 자신감과 자기 만족감을 가질 수 있도록 격려하며 구성원의 자율적 판단과 의사를 존중하는 권한위임에 대해 적극적인 태도를 가진다.

6) 윤리적 기준 제시

윤리적 리더십은 리더 개인의 도덕적 특성에 그치지 않고 구성원들이 준수해야 할 윤리적 기준을 수립하고 그러한 행동을 유인함으로써 윤리경영이 조직 전반에 정착되도록 관리하는 역할을 하게 된다.

네슬레 회장의 윤리 마인드[4]

스위스에서 근무할 때 대사님을 모시고 네슬레를 공식 방문한 적이 있다. 네슬레 회장이 제공한 영접용 세단으로 상당히 큰 공장 견학을 마치고 나니 저녁 5시가 되었다. 이제 만찬장으로 이동을 하려는데 네슬레 회장이 주차장에서 조그만 폭스바겐 승용차를 타고 나오면서 대사님께 옆자리에 타라는 것이었다. 무척 의아했지만 예의상 회장의 차를 이용하고 대사 차는 식당에서 대기하라고 했다. 나중에 연유를 물어보았더니 이제 공식 근무 시간이 끝났으니 회사에서 비용을 지불하는 공용차를 타지 않는다며 오히려 우리를 의아하게 보는 것이었다. 법인 차량은 곧 사장 차인 우리 현실에 비추어 볼 때 도저히 믿어지지 않는 이야기였다.

3. 윤리적 리더의 행동 특성

윤리적 리더십은 독자적인 리더의 특성이라기보다는 리더가 갖추어야 할 일반적인 자질에 부가되는 속성이라고 볼 수 있다. 윤리적 리더의 행동특성으로 존중, 봉사, 정의, 정직, 공동체 윤리 등의 요건을 들 수 있다.[5]

첫째, 윤리적 리더는 **타인을 존중**한다. 윤리적 리더는 구성원을 조직의 목적 달성 수단으로 여기지 않으며, 모든 인간은 각자의 인격과 개성, 가치, 개인차를 가지고 있음을 인정하며, 그들의 신념과 태도, 행동을 존중한다. 따라서 구성원의 다양한 의견과 관점을 수용하며 자신과 반대되는 견해도 관대하게 받아들이는 경향을 가진다.

둘째, 윤리적 리더는 **타인에 대해 봉사**한다. 윤리적 리더는 이타적 정신을 가진다. 그들은 구성원들의 복지와 이익에 관심을 가지며 권리를 보호한다. 또한 리더 개인의 비전보다는 조직의 비전을 명확히 하고 구성원을 설득한다. 즉 조직의 비전과 구성원들의 비전을 통합시키고자 노력한다.

윤리적 리더는 보다 큰 이익을 위해 공헌해야 한다는 사고를 바탕으로 구성원중심적이고 그들에게 이익이 되는 방향으로 행동한다.[6]

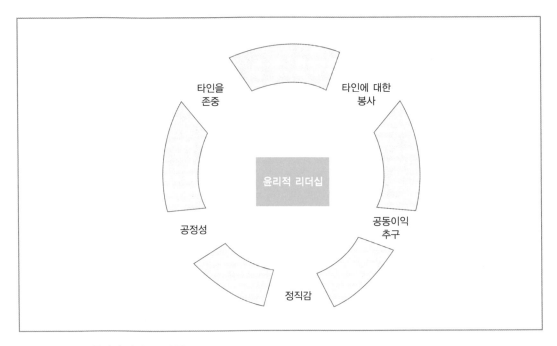

셋째, 윤리적 리더는 **공정**하다. 윤리적 리더는 조직 구성원들을 동등하게 대하는 것을 중요한 임무로 여겨야 한다. 구성원들에게 지원을 제공하거나 보상 또는 징계를 할 때도 공정해야 한다. 조직 내의 누구도 특별한 대우나 배려를 받게 해서는 안 되며 반대로 특별한 차별과 소외를 받게 해서는 안 된다. 만일 특별한 처우를 해야 하는 상황에서는 그러한 배경과 이유를 도덕적인 근거에서 수립하고 구성원을 설득할 수 있어야 한다.

넷째, 윤리적 리더는 **정직**하다. 리더가 부정한 측면이나 이중성을 가질 때 리더로서의 신망과 존경을 얻을 수 없다. 신뢰가 상실된다면 리더십의 수용이 적절히 이루어지지 못하는 상황으로 이르게 된다. 따라서 윤리적 리더는 다른 사람들의 태도와 감정에 민감해야 하며, 자신의 말과 행동에 의해 영향을 받게 되는 구성원들의 다양한 이해관계에 대해서도 미리 고려해야 한다.

김영란 법, 기업 경영의 청렴도를 획기적으로 높이는 전환점

2016년 9월 28일, '부정청탁 및 금품 등 수수의 금지에 관한 법률'(일명 김영란법)이 시행됨에 따라 공직 사회 뿐 아니라 기업에도 적지 않은 파장을 미치고 있다. 이 법은 우리 사회 전반에 뿌리 깊게 자리잡고 있는 부패 유발적인 문화를 개선해 국가 청렴도를 높이자는 취지에서 도입됐다.

그간 기업 환경의 다양한 측면에서도 청탁이 만연해 있었다. 규제·인허가·단속 등 기업에 불리한 것은 막고, 유리한 이권을 얻고자 정치권, 정부, 언론계, 업계 등에 대한 직간접의 유착 관계를 형성하는 일이 많았다. 또 대기업은 하도급업체나 대리점들에게 수직적 거래관계를 이용해 불공정한 요구를 하고, 기업 오너들은 갑질 행태로 사회적 물의를 빚은 일이 비일비재하였다.

청탁 관행은 비공식적 절차와 연줄을 이용한 문제해결 방식을 확산시켜 사회 구성원 간의 상호 불신을 조장하고, '돈이면 다 해결된다'는 식의 황금만능주의를 만든다. 나아가 청탁이 통용되는 부패 분위기는 외국 기업의 투자 저해 등으로 연결돼 경제 발전을 저해하고, 경제 토양을 왜곡시키는 원인이 된다. 또 청탁을 위한 각종 접대 문화 는 공정한 경쟁을 가로막아 실력으로 승부할 수 없는 사회를 만든다.

한 국가의 부패 정도가 높으면 대부분의 거래가 부정, 비리, 불법 등에 의해 이루어져 경제가 불건전한 성장을 한 다. 특히 권력과 자본이 결탁하는 정경유착 비리가 만연하여 경제력 집중이 발생하며, 대기업과 중소기업 간, 정 규직 근로자와 비정규직 근로자 간 격차를 심화시켜 갈등을 유발한다.

시행 초기에 실물 경제를 일시적으로 위축시킬 수는 있겠으나, 장기적으로 볼 때 '김영란 법'은 국가청렴도에 기 여해 경제 효율성을 높일 것이라는 기대감이 높다. 즉, 뇌물성 접대문화가 사라지고 부정부패도 방지하는 등 지 하경제가 해소되면 경제가 질적인 성장을 할 수 있으며, 사회가 투명해지고 국가 경쟁력과 경제 성장에 도움이 될 것이다.

외국에서는 오래전부터 반부패 법안을 도입해 사회 전반의 부정부패, 비리 척결을 위한 규정을 마련해 놓고 있 다. 특히 국가 청렴도가 높고 국민소득이 높은 국가일수록 부패와 비리에 대한 징계 수위가 높고, 부패에 대한 무 관용 원칙이 사회적 기조로 인식되고 있다. 한 예로 영국의 부패방지법은 세계에서 가장 강력한 뇌물방지법이라 평가받을 정도로 규제가 강력하다. 2011년 시행된 영국의 부패방지법은 영국에서 사업을 하는 기업이 직원, 중개 인, 자회사 또는 해외 지사를 통해 자국 또는 외국 공무원에게 뇌물을 제공하는 모든 행위를 금지한다. 또한 기업 간에 뇌물을 주고받는 행위도 모두 금지되며 이를 위반한 개인과 기업에는 10년 이하의 징역과 무제한 한도의 벌금이 부과된다.

제록스, 10년 연속 '세계에서 가장 윤리적인 기업'으로 선정

에티스피어 재단(Ethisphere Institute)은 기업의 사회윤리적 책임을 연구·조사하는 싱크탱크 그룹으로 2007년부터 기업윤리, 사회적 책임, 거버넌스 등을 기준으로 매년 가장 윤리적인 기업(World's Most Ethical Companies)을 선정해오고 있다. 에티스피어 측은 자체 개발한 윤리지수(EQ)를 적용하고 있는데 세부 기준은 윤리와 법적 규정 준수 프로그램(35%), 기업의 사회적 참여와 책임(20%), 윤리·문화(20%), 경영구조(15%), 명성·리더십·혁신(10%) 등 5개 분야이다.

제록스는 2016년에 발표한 가장 윤리적인 기업 명단에 포함되었는데, 에티스피어 재단이 발표를 시작한 지난 2007년부터 10년 연속 세계에서 가장 윤리적인 기업으로 선정되는 영예를 안았다. 제록스는 설립 초기부터 윤리적이고 투명한 기업활동으로 주목받았으며, 직원들도 윤리와 법 규정을 철저히 준수해 고객과 지역사회로부터 신뢰를 쌓아 왔다.

매년 100개 이상의 기업이 선정, 발표되는데 우리나라 기업은 아직 포함된 적이 없다. CEO의 윤리 마인드가 부족하고, 윤리 기준이 기업경영의 각 요소에 반영되지 못한 결과이다. 윤리경영이 기업에 귀찮은 비용이나 부담이 아니라 국민의 기업, 세계인의 기업으로 성장하기 위한 투자라는 인식의 전환이 우리나라 CEO들에게 필요하다.

Costa(1998)는 리더의 정직함이란 '지킬 수 없는 일을 약속하지 않고, 상황을 왜곡하여 전달하지 않으며, 숨기거나 변명하지 않으며, 책임을 회피하지 않는 것, 또한 조직이 생존하기 위해서 구성원의 권리와 인격을 희생할 수밖에 없다는 논리를 펴지 않는 것'라고 주장했다.[7]

다섯째, 윤리적 리더는 **공동 이익**을 추구한다. 윤리적 리더는 집단에 참여하는 모든 구성원들의 목적을 고려하고 공동의 이익에 주목해야 한다. 리더는 다른 사람들의 의사를 존중하면서 모든 구성원에게 양립할 수 있는 유익한 목표를 탐색하고 제시해야 한다.

윤리적 리더는 조직의 목표를 설정하고 추진함에 있어 **구성원들의 동의와 수용**을 중요하게 여긴다. 즉 자신의 생각과 판단을 일방적으로 제시하기보다 조직과 개인 모두에게 이익이 되는 목표와 지향점을 추구해야 한다. 나아가 윤리적 리더는 조직 구성원뿐 아니라 조직의 이해관계자, 지역사회의 이해와 목적에도 관심을 가지고 이해관계를 원만히 조정하는 것이 필요하다.

4. 윤리적 리더십의 조직 여건

윤리적 리더십이 조직 내에 형성되고 정착하기 위해서는 다양한 문화적·제도적 요건들을 필요로 하게 된다. 예컨대 리더 개인의 도덕성이나 인격, 의지와 구호만으로 윤리적 리더십이 수용되거나, 보통의 조직이 윤리적 조직으로 탈바꿈되지는 않기 때문이다. 최고경영자에서부터 일선 관리자 수준까지 윤리적 리더십이 자리잡기 위해서는 아래의 요건을 충족하는 것이 필요하다.

1) 최고경영진의 의지

조직 경영의 도덕적 수준을 결정하는 가장 중요하고 강력한 기반은 최고경영자의 윤리적 경영 의지와 기업의 윤리적인 문제에 대한 성실한 관여이다. 조직의 리더는 구성원들의 중요한 역할모델이 된다.[8] 최고경영자는 윤리적 가치관과 행동원칙이 조직문화에 잘 스며들 수 있도록 윤리적 기준을 제시하고 행동으로 실천해야 한다.

조직의 CEO는 기업윤리의 중요성을 제대로 인식하고 이를 실천하려는 의지를 대내외적으로 천명해야 한다. CEO는 기업의 최고 의사결정권자이자 대외적으로는 회사의 방침을 대변하고, 다양한 이해관계자를 접하기 때문에 윤리적 요소를 강조하는 것은 기업 경영에서 윤리가 중요한 고려 요인임을 밝히는 것이다. 따라서 최고경영자는 윤리적 의사결정을 위한 제도적 절차를 구축하고 윤리적 경영을 관리할 전문 인력을 배치하는 등 실질적인 환경을 정비하는 것이 필요하다.

2) 효율적이고 개방적인 커뮤니케이션

윤리적 리더십이 전달되기 위해서는 조직 내 의사소통이 원활하게 이루어지는 것이 중요하다. 조직 내에 개방적이고 허심탄회하게 의사소통하는 경로가 마련되어 있어야 윤리적 이슈에 대한 논의와 실천도 확산될 수 있다. 경영진은 윤리에 대해 자주 의사소통하고 메시지를 명백히 함으로써 윤리에 대한 관심을 집중시켜야 한다.

윤리경영을 위한 가장 중요한 인프라는 최고경영자

기업의 윤리경영이 성공적으로 이루어지기 위해서는 최고경영자의 적극적인 의지와 지원이 가장 중요하다. 윤리경영을 위한 최고경영자의 역할을 다음과 같다.

● 윤리경영의 필요성과 추진 의지에 대한 임원회의, 전체 직원 대상 연설, 사보, 뉴스레터, 이메일 등 발송, 윤리경영 선포식 개최
● 윤리경영 전담자 혹은 전담부서에 대한 전폭적인 지원과 권한 부여
● 윤리경영에 대한 역할모델로서의 활동 수행
● 협력사에 대한 윤리경영 의지 천명

3) 윤리경영 프로그램과 관리자

윤리적 리더십은 그것을 뒷받침할 수 있는 있는 별도의 **제도적 장치와 프로그램**을 필요로 한다. 경영자는 **윤리경영 전담부서** 또는 전담인력을 선임하여 **윤리경영 실천시스템 운영, 교육, 홍보, 내부 윤리감사 및 평가** 등을 수행해야 한다.[9] 경영자는 윤리경영 제도의 설계에 관심을 가지고 전담부서의 직원을 독려하는 것이 필요하다. 관리부서로는 사내 감사과, 윤리경영팀, 클린경영 TFT 등을 들 수 있다.

4) 구체적인 윤리경영 목표 설정

윤리적 리더는 이상적이고 추상적인 윤리관만을 제시해서는 안 된다. 윤리적 리더는 직원들이 준수해야 할 명백한 **윤리기준**을 수립하고 스스로도 이러한 기준을 따른다. 또한 다양한 상황을 비윤리적 행동과 윤리적 규칙을 어겼을 때 어떤 문제와 처벌이 따르는지에 대해서도 밝히는 것이 필요하다.

5) 윤리적 의사결정

윤리적 리더는 실무 직원에서부터 중간관리자에 이르기까지 실제 경영 의사결정에서 비윤리적 요소가 없는지 검토하는 단계를 거치도록 강조해야 한다. 또한 신규사

업 진출이나 환경 문제, 소비자 권리, 근로자 권리와 관련된 이슈가 발생했을 때 특별히 윤리적 측면에서 올바른 판단을 내려야 한다.

6) 윤리 행동강령의 마련

기업은 윤리적 책임을 다하기 위해 행동강령을 제정하여 운영하는 것이 필요하다. 윤리 행동강령은 기업윤리에 대한 회사의 기본방침을 체계적으로 정리한 것으로 윤리강령(code of ethics)−행동강령(code of conduct)−실천강령(code of practice)의 체계로 구조화된다. 윤리 행동강령에 포함되는 내용으로는 기업의 윤리철학, 윤리경영 제도와 관리절차, 각 이해관계 집단에 대한 바람직한 관계와 행동기준, 회사기밀과 고객정보의 보호, 환경 오염방지를 위한 의무사항, 뇌물 · 금품수수 · 부당한 혜택 제공의 예시 등 일반적 요소와 기업 업종이나 특수성에 맞는 세부적 요소가 포함된다.

　윤리적 리더는 윤리적 기업문화를 형성하기 위해 경영자의 역할을 명확하게 인식하고 비윤리적인 행동은 개인과 조직 모두에게 불이익을 초래한다는 의식을 확산시키며 이를 예방할 수 있는 제반 조치를 강구해 나가야 한다.[10]

표 12-2 윤리 행동강령의 체계

구 분	내 용
윤리강령	조직의 내부 구성원들이 기본적으로 지향해야 하는 가치를 담은 윤리 지침
행동강령	윤리강령을 보다 구체화하여 그 조직이 지향하는 각 가치의 기준, 핵심적 내용 · 절차 등 행동의 표준을 정한 지침
실천강령	행동강령을 보다 구체화한 것으로 각 행위 유형별로 구성원들이 따라야 하는 구체적 기준과 절차 등을 명료하게 규정하는 지침

7) 윤리 위반자에 대한 처벌 규정 수립

윤리적 리더십을 통한 윤리경영이 실행되기 위해서는 **비윤리적인 행위와 부패 행위**를 했을 때 과실의 고의성, 중요성, 파급효과 등을 고려한 적절한 **징계 규정**을 정해두고 적용하는 것이 필요하다. **징계의 범위**는 주의, 감봉, 정직, 강등, 파면, 형사고소 등 광범위하다.

8) 내부 신고장치의 마련

대규모 조직의 다양한 영역에서 은밀히 이루어지는 비리 행위에 대해 경영자나 윤리경영 부서가 다 파악할 수 없는 경우가 많다. 따라서 조직 내부에서 일어나는 관리자를 포함한 직원들의 부패 행위에 대해 적극적으로 신고하도록 하는 것이 필요하다.

내부자 고발 제도(whistle blowing)는 조직 또는 내부 구성원의 불법적이고 비윤리적인 행위에 대해 내부 임직원이 윤리경영 전담부서 혹은 전담자에게 신고, 고발하도록 하는 제도이다. 그러나 그러한 제도가 있다 하더라도 보복이나 불이익에 대한 우려 때문에 내부인은 쉽게 의사표현하는 것이 어렵다.[11] 따라서 내부고발을 유도하고 보호하기 위한 **무기명 핫라인**의 설치가 필요하다. 그 운영에 있어서는 신고 접수와 처리절차가 투명해야 하며, 신고를 활성화하기 위해 일정한 포상을 실시하는 것도 바람직하다. 윤리적 리더는 구성원들의 윤리적 행위에 영향을 미치기 위해 보상과 규제를 적절히 활용해야 한다.

9) 윤리교육 강화

윤리경영은 의식 요소에서 비롯되는 것이 크기 때문에 구성원에 대한 **윤리 교육과 훈련**이 중요하다. 조직 구성원에 대한 전문적인 교육을 통해 개인이 행하는 각종 의사결정에는 윤리적 측면이 있다는 것을 이해시키고 윤리적 태도와 행동양식을 주지시켜야 한다.

교육에서는 이론과 지식, 다양한 사례에 대한 정보제공이 필요하다. **일반 직원**뿐

선물과 뇌물의 차이

선물과 뇌물의 차이는 무엇일까? 받고 나서 밤에 잠이 잘 오면 그것은 선물, 그렇지 못하면 뇌물이다. 또 현재의 직위를 옮겨서도 받을 수 있는 것이면 선물, 현재의 직위에 있기 때문에 받는다면 그것은 뇌물이다. 감사하는 마음으로 주었다면 선물, 대가를 바라고 주었다면 뇌물이다. 언론에 보도되어도 문제 없으면 선물, 탈나면 뇌물이다.

경영자도 다양한 이유로 뇌물을 받기도 주기도 하는 유혹에 처한다. 부하로부터, 거래처로부터 잘봐달라는 이유로 받는 금품이나 선물, 그 반대로 정부나 이해관계자에게 사업 인허가, 세금 감면, 탈법에 대한 허용, 각종 혜택 제공을 얻어내기 위해 주는 금품이나 편의 제공, 이런 것들이 부패 사슬을 형성한다.

2016년 9월 부정청탁법의 시행으로 그간 통용되던 '선물'을 빙자한 '뇌물'은 엄격히 구분될 것으로 보인다. 직무 행위와 대가 관계가 있는 선물은 사교 상 의례적으로 주고받는 것이라도 모두 뇌물로서 처벌의 대상이 된다.

만 아니라 관리자와 최고경영자에 대한 교육도 이루어져야 할 것이다. 나아가 윤리경영이 기업에게는 장기적 경쟁력 확보의 원천이며, 반대로 비윤리적 경영은 기업과 개인을 한순간에 파멸하게 하는 일임을 널리 알려 위기의식을 조성하는 것이 필요하다.

10) 윤리감사의 실시

윤리적 기업경영이 정착되기 위해서는 윤리적 경영의 수준을 감시하고 평가하는 윤리 감사를 실시하는 것이 필요하다. 윤리감사는 기업이 투명하고 깨끗한 경영을 실현하기 위해 자율적으로 내부 모니터링을 하는 시스템이다. 기업은 전문 인력을 배치하여 정기적이거나 불시에 기업 전반 및 비리 발생 예상 요소에 대해 점검하고 문제 요소에 대해서는 적절한 조치를 취해야 한다.

5. 윤리적 리더십과 기업 성과

윤리적 리더십에 의한 윤리경영은 기업의 이익에 어떻게 기여할까? 여러 연구에 의하면 기업의 이익과 윤리 수준을 잘 조화시키는 기업은 사회적으로 존경받고 이익도 창출하는 것으로 나타나고 있다. 세계적인 우량기업들은 윤리경영 수준이 높고 그 윤리가 기업문화로 정착되어 있는 기업들이며 그 배경에는 윤리를 강조하는 리더가 존재한다. 사회적 책임을 다하는 기업으로 유명한 세계적 제약회사 Johnson & Johnson의 James Burke 회장은 "인간은 기본적으로 성실하고 신뢰 요소를 가지며, 윤리적 행동을 하고자 하는 욕구를 가지고 있다. 따라서 기업은 종업원, 고객 등의 이해관계자에 대해 신의성실을 다해 만족시키고자 해야 한다. 윤리를 잘 지키는 기업은 결국 소비자로부터 선택받아 더 성공할 수 있다"고 밝힌 바 있다. 타이레놀 독극물 사건이라는 위기 속에서 보여 준 James Burke 회장의 즉각적인 용기 있는 행동의 결과, Johnson&Johnson은 소비자에게 강한 신뢰감을 형성하고 기업 이익도 더 개선되는 성과를 얻을 수 있었다.[12]

기업의 윤리적 의사결정이나 경영자의 윤리적 행동은 기업의 내부와 외부에서 모두 긍정적 결과를 얻게 된다. 기업 내부 측면에서는 윤리적 리더는 구성원들에 대해 공정하게 대우함으로써 직무의욕을 자극할 수 있다. 또한 구성원들로 하여금 윤리 경영을 실천하는 존경받는 기업에 근무하고 있다는 자부심을 갖도록 하고 기업목표 달성에 대한 동기를 부여함으로써 품질 향상과 원가절감 등 생산성 향상과 이직의 예방과 같은 효과를 발생시킬 수 있다.

기업 외부적으로는 사회적 책임의 실천을 통해 기업의 가치와 정당성을 인정받아 기업의 이미지가 개선되고 고객의 충성도가 높아짐으로써 매출이 증대되고, 우수한

Johnson&Johnson의 빨간 얼굴 테스트

윤리경영으로 유명한 Johnson&Johnson 사는 중요한 결정을 내릴 때 '빨간 얼굴 테스트'(Red Face Test)를 거치는 것이 불문율이다. 이 테스트의 핵심은 자신이 내린 결정을 자기 가족에게 얼굴을 붉히지 않고 설명할 수 있어야 한다는 것이다. 가족들에게 얼굴이 빨개지지 않고 설명할 수 있을 정도로 자신이 직장에서 한 일에 떳떳하고 윤리적일 수 있어야 한다는 이야기이다.

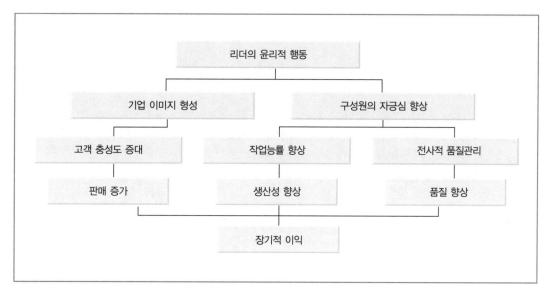

▶▷ 그림 12-2 경영자 윤리적 행동과 기업이익의 관계

자료 : 이종영, 기업윤리의 이론과 실제, 서울 : 삼영사, 2003. p.43.

인재가 유입되는 효과를 발생시킬 수 있다. 따라서 경영자의 윤리적 경영은 기업 외부와 내부 모두에 긍정적인 영향을 미쳐 장기적인 이익에 이르게 된다.[13]

기업이 장기적으로 성장, 발전하기 위해서는 단순히 이윤추구만을 목적으로 해서는 안 된다. 이해관계자는 물론이고 사회와 인류에 봉사하겠다는 기업 이념을 명확히 하고 시장에서 공정한 경쟁을 펼치는 윤리적 리더십의 발휘가 필요하다.

기업의 투명성이 산출하는 성과를 추적한 연구에서도 기업이나 경영자의 윤리적인 행동이 시장에 알려지면 기업의 평판이 좋아지고 주식시장을 비롯한 금융시장에 긍정적 영향을 미친다는 사실이 입증되고 있다. 반대로 분식회계, 뇌물수수, 탈세, 불공정 거래와 같은 불법적인 행위는 주식시장에 부정적으로 반영되어 재무적 성과가 하락하는 결과를 가져오는 것을 알 수 있다.

정직하고 윤리적인 사고를 가진 리더는 기업을 장기적으로 책임지고 발전시킬 수 있다. 공급업자, 소비자, 주주, 노조, 지역사회, 자연환경 전반에 책임 있는 행동과 윤리적 실천은 기업의 평판을 좋게 만들며, 기업의 가치를 증대시킨다. 결국 고객과

윤리적 리더십의 딜레마[14]

구성원에게 기회를 부여하고 공동의 이익을 추구하기 위한 리더의 판단과 행동도 때때로 생각지 못한 윤리적 딜레마를 낳기도 한다. 아래의 경우를 고려해 보자.

● 위험한 전략이나 혁신적인 프로젝트를 수행하는 경우이다. 위험성이 큰 사업은 성공으로 완수되면 부하에게 큰 이익을 줄 수 있지만 실패로 끝난다면 비용만 발생시킬 수 있다.
→ 모험 사업의 경우 윤리적 리더십을 위한 기준은 리더가 발생 가능한 이익과 부담을 부하들에게 알려야 되고 노력할 가치가 있다는 결정은 부하 스스로 하게끔 하는 것이다.
● 특정한 문제와 사건에 대해 리더는 정보를 통제하고 자신의 신념과 가치대로 해석하여 전달함으로써 부하의 지각을 편향되게 할 수 있다.
→ 리더는 구성원에게 조직에서 일어나는 상황의 배경과 본질을 사실대로 전함으로써 구성원들이 편견 없이 판단할 수 있게 도와야 한다.
● 리더 자신, 조직 구성원 대다수, 또는 조직을 위해 특정인의 희생이 필요한 경우가 발생한다.
→ 리더는 충돌하는 이해관계들의 균형을 유지하는 노력을 취해야 한다.

위의 예와 같은 윤리적 애매성이 발생하는 경우 리더는 다음의 기준에 대해 자문해 봄으로써 판단과 행동의 기준을 정할 수 있다.

기 준	윤리적 리더십	비윤리적 리더십
리더가 권력과 영향력을 사용하는 목적	부하와 조직에 봉사하기 위해	개인적 욕구와 경력 목표를 만족시키기 위해
이해당사자들의 이해관계 처리	다양한 이해관계들 사이에 균형을 유지하고 통합	개인적 이득을 주는 파트너를 선호
조직 비전 수립	부하의 욕구, 가치, 아이디어를 수렴하여 비전을 수립	리더의 개인적 비전을 설득
리더 행동의 도덕성	신봉하는 가치와 일관되는 방식으로 행동	리더 개인적 목표 달성을 위한 수단으로 활용
리더결정과 행동에서 위험감수	비전 달성을 위해 개인적 위험을 감수	리더에게 위험을 주는 결정과 행동을 회피
운영정보의 소통	사건, 문제, 행동 조치에 대한 관련 정보를 적시에 완전히 제공	부하의 인식을 편향시키기 위해 왜곡을 사용
부하의 비난과 반대에 대한 대응	문제에 대한 나은 해결책을 찾기 위해 부하의 비판적 평가를 격려	부하의 비판이나 반대는 억제
부하의 기술과 자신감 개발	부하를 개발하기 위해 지도, 후원, 훈련을 폭넓게 사용	부하를 의존적이게 하기 위해 개발을 소홀

사회를 위해 윤리적으로 배려하는 기업은 유·무형의 기업가치와 경쟁력을 확보하는 결과를 낳는다.

윤리적 리더십의 측정도구[15]

Craig와 Gustafson(1998)은 리더의 윤리적 성향과 성실성을 측정할 수 있는 PLIS(Perceived Leader Integrity Scale, 부하로부터 인지되는 리더의 윤리충실성 척도)를 개발했다. 연구자들은 PLIS 측정치와 구성원들의 직무만족, 이직의도, 조직효과성 간에 상당한 상관관계가 있음을 발견했다.[16]

PLIS는 구성원이 상급자 또는 경영자의 윤리성과 관련한 31개 항목에 대해 응답함으로써 측정이 이루어진다.

다음은 당신의 부서장(또는 경영자)에 대한 사항을 묻는 질문이다. 해당되는 사항에 체크해 보라. 숫자의 척도는 다음을 의미한다.

1. 전혀 그렇지 않다   2. 그저 그렇다   3. 약간 그렇다   4. 매우 그렇다

설문내용	척도			
1. 나의 실수를 가지고 나를 개인적으로 공격하는 데 사용한다.	1	2	3	4
2. 언제나 손해보지 않으려고 한다.	1	2	3	4
3. 특정 직원들만 편애하고 나에게는 관심도 없다.	1	2	3	4
4. 나에게 거짓말한다.	1	2	3	4
5. 자신을 보호하기 위해 나를 곤경에 빠뜨리기도 한다.	1	2	3	4
6. 직원들 사이에 반목을 조장한다.	1	2	3	4
7. 사악하다.	1	2	3	4
8. 나에 대한 업적평가를 나를 흠잡기 위한 수단으로 활용하기도 한다.	1	2	3	4
9. 나에게 좋지 않은 감정을 가진다.	1	2	3	4
10. 자신의 잘못임에도 불구하고 내가 비난받도록 내버려둔다.	1	2	3	4
11. 자신의 일에 도움이 된다면 문서기록을 왜곡하기도 한다.	1	2	3	4
12. 도덕의식이 부족하다.	1	2	3	4

설문내용	척도			
13. 내가 잘못을 저질렀을 때 격려하고 지도하기보다는 비난한다.	1	2	3	4
14. 나의 업적을 상관에게 보고할 때 잘못된 부분을 더 과장하여 전한다.	1	2	3	4
15. 보복을 한다.	1	2	3	4
16. 자신이 잘못되었을 때 나의 탓을 돌린다.	1	2	3	4
17. 나에게 적절한 지도를 하지 않는다.	1	2	3	4
18. 내가 자신과 연고가 있었다면 보다 잘해 주었을 것이다.	1	2	3	4
19. 내가 말하는 것을 고의적으로 왜곡하여 해석하는 경향이 있다.	1	2	3	4
20. 직원들 간 갈등을 방치하고 조장한다.	1	2	3	4
21. 위선적이다.	1	2	3	4
22. 내가 승진하는 것을 막는다.	1	2	3	4
23. 잘못된 일의 책임을 면하기 위해 직원들에게 협박한다.	1	2	3	4
24. 나의 요구를 거절하기를 즐긴다.	1	2	3	4
25. 내가 곤경에 처했을 때 더 난처한 상황으로 몰고 간다.	1	2	3	4
26. 나의 아이디어를 그의 성과로 돌리는 경우가 많다.	1	2	3	4
27. 회사 내 물품과 공급을 마음대로 쓴다.	1	2	3	4
28. 내가 타인의 원망을 듣는 상황이 되도록 만든다.	1	2	3	4
29. 회사의 이익보다 개인의 이익에 관심이 많다.	1	2	3	4
30. 자신이 싫어하는 사람을 정리해고 대상자로 추천한다.	1	2	3	4
31. 회사의 정책에 반하는 일을 하고 직원들이 자신을 옹호해 주기를 바란다.	1	2	3	4

[결과해석]

31~35점 : 당신은 상사를 매우 신뢰할 만하고 도덕적이라고 지각하고 있다.

35~66점 : 당신은 상사를 어느 정도는 윤리적이고 어느 정도는 비윤리적이라고 지각하고 있다.

67~124점 : 당신은 상사가 신뢰할 수 없고 정직하지 못하며 공정하지 못하다고 지각하고 있다.

사례 1   높은 성과만 내면 최고? No!

K 회장은 취임 이후 공격적 경영을 통해 주가를 50% 이상 끌어올리며 뛰어난 성과를 이룬 신화적 인물이다. 사업적 판단력도 빠를 뿐 아니라, 사회 각 분야에 화려한 인맥을 가지고 있어 고급 정보도 얻어내고 어려운 대형 프로젝트도 곧잘 수주해 낸다는 소문이다.

그런데 그가 최근 한 식당에서 종업원에게 성추행과 모욕적인 언사를 행하는 것을 여러 사람이 목격하는 일이 있었고 그 장면을 담은 동영상이 SNS를 통해 확산되었다. 그러자 K 회장 취임 이후 납품 단가 인하를 강요받았다가 결국 계약을 포기한 거래처 관계자들, 비인간적 업무 지시에 불만을 가지고 퇴사한 회장 비서 등 다수의 제보자가 K 회장의 비리를 폭로하고, 이것이 언론 기사화되면서 그를 조사해서 처벌해야 한다는 목소리가 커지고 있다.

이사회에서는 높은 경영성과를 고려해서 기회를 주어야 한다는 입장이나, 회사 사우회와 노조에서는 'CEO의 일탈된 경영방식으로 인한 성과는 제대로 된 성과가 아니며, 사생활일지라도 회사의 명성과 이익에 반하는 결과를 가져왔으므로 사임해야 한다'는 입장이다.

현대의 기업 CEO에게 요구되는 능력에는 사업 개척과 경영관리 능력뿐 아니라 '윤리적인 의사결정과 깨끗한 사생활을 유지해야 하는 의무'가 포함되고 있다는 것을 K 회장은 너무 간과한 것이 아닐까? K 회장은 시간이 지나기를 바라면서 침묵으로 일관하고 있다.

□ **토의**

1. K 회장은 최고경영자로서 어떤 결함을 가지고 있는가?
2. 향후에 이 회사의 명예를 회복하기 위해서는 회사를 이끌 CEO의 자질 중 어떤 요소에 대한 검증을 중요시 해야 하는가?
3. 회사 또는 상급자로부터 부정과 관련된 부당한 지시를 받았을 때 그 직원은 어떻게 대응해야 하는가?

요약

기업의 사회적 책임과 윤리경영이 강조되면서 기업 경영을 책임지는 최고경영자와 리더에 대해서도 윤리적인 역할과 책임의식이 크게 요구되고 있다. 윤리적 리더십은 리더가 조직 구성원들의 신뢰를 바탕으로 기업 경영에 대한 윤리적 비전과 목표를 제시하고 경영 과정에서 윤리적 합리성을 추구하는 것이다. 윤리적 리더십의 특징으로 정직, 결단력, 공정함, 솔직함, 겸손함, 인내심, 열의, 용기, 책임 등을 들 수 있다.

윤리적 리더십은 독자적인 리더의 특성이라기보다는 리더가 갖추어야 할 일반적인 자질에 부가되는 속성으로서 윤리적 리더는 존중, 봉사, 정의, 정직, 공동체 윤리 등의 행동 특성을 나타낸다.

윤리적 리더십이 조직 내에 형성되고 정착하기 위해서는 다양한 문화적·제도적 요건들을 필요로 하게 된다. 윤리적 리더십이 자리 잡기 위한 요건으로 최고경영진의 의지, 효율적이고 개방적인 커뮤니케이션, 윤리경영 프로그램과 관리자, 구체적인 윤리경영 목표 설정, 윤리적 의사결정, 윤리행동강령의 마련, 윤리 위반자에 대한 처벌 규정 수립, 내부 신고장치의 마련, 윤리교육의 강화, 윤리감사의 실시를 들수 있다.

경영자의 윤리적 행동은 기업의 내부 측면과 외부 측면에서 모두 긍정적 결과를 얻게 된다. 기업 내부 측면에서는 구성원들의 직무의욕을 자극하며, 존경받는 기업에 근무하고 있다는 자부심을 갖도록 하여 동기부여시킴으로써 품질 향상과 원가절감 등 생산성의 향상과 이직의 예방과 같은 효과를 발생시킬 수 있다. 기업 외부적으로는 사회적 책임의 실천을 통해 기업의 가치와 정당성을 인정받아 기업의 이미지가 개선되고 고객의 충성도가 높아짐으로써 매출이 증대되고, 우수한 인재가 유입되는 효과를 발생시킬 수 있다.

Craig와 Gustafson(1998)은 리더의 윤리적 성향과 성실성을 측정할 수 있는 PLIS(Perceived Leader Integrity Scale)를 개발하고 그 측정치와 구성원들의 직무 만족, 이직의도, 조직 효과성 간에 상당한 상관관계가 있음을 발견했다. PLIS는 구성원이 상급자 또는 경영자의 윤리 수준을 평가하는 31개 항목으로 구성되어 있다.

참고문헌

1) M. E. Brown, L. K. Trevino, & D. A. Harrison, Ethical Leadership: A social learning perspective for construct development and testing, *Organizational Behavior and Human Decision Process,* No. 97, 2005, pp.117-134.

2) L. M. Sana, & V. Shoaf, Ethical Leadership for the Professions: Fostering a Moral Community, *Journal of Business Ethics,* Vol. 78, 2007, pp. 39-46.

3) C. J. Resick, P. J. Hanges, M. W. Dickson, & J. K. Mitchelson, A cross-cultural examination of endorsement of ethical leadership, *Journal of Business Ethics,* Vol. 63, 2006, pp.345-359.

4) 서울과학종합대학원 윤리경영연구소, 「재미있는 윤리경영이야기」, 2009, p.200.

5) P. G. Northouse, *Leadership —Theory and Practice,* 4th ed., SAGE Publications, 2007, pp. 350-356.

6) R. N. Kanungo & M. Mendonca, *Ethical Dimension of Leadership,* Thousand Oaks, CA: Sage, 1996.

7) D. J. Costa, *The Ethical Imperative: Why moral leadership is good business,* MA: Addison-Wesley, 1998.

8) 한국경영학회 편저, 기업윤리, 서울 : 세경사, 1998, p.100.

9) 이홍일 · 김영덕, 건설업체의 윤리경영 가이드라인 수립 연구, 한국건설산업연구원, 2009.

10) 박헌준 편저, 한국의 기업윤리 — 이론과 현실, 서울 : 박영사, 2002, p.116.

11) 마누엘 G. 벨라스케즈 저, 한국기업윤리경영연구원 역, 기업윤리, 서울: 매일경제신문사, 2002, p.508.

12) 조셉 L. 바다라코 주니어 저, 고희정 역, 조용한 리더, 서울 : 세종서적, 2004.

13) 이종영, 기업윤리의 이론과 실제, 서울 : 삼영사, 2003, p.43.

14) G. Yukl, *Leadership in Organization,* 6th ed., Pearson Prentice Hall, 2006.

15) S. B. Craig and S. B. Gustafson, "Perceived Leader Integrity Scale : An Instrument for Assessing Employ Perception of Leader Integrity," *Leadership Quarterly,* 9(2), 1998, pp. 143-144.

16) S. B. Craig, & S. B. Gustafson, Perceived Leader Integrity Scale: An Instrument for Assessing Employ Perception of Leader Integrity, *Leadership Quarterly,* 9(2), 1998, pp. 143-144.

제 13 장

기타 리더십 연구

●●●●
학습목표

1. 임파워먼트 개념을 이해할 수 있다.
2. 개인차원과 조직차원 임파워먼트의 차이를 비교할 수 있다.
3. 임파워먼트 구성요소를 설명할 수 있다.
4. 임파워먼트 리더십을 이해할 수 있다.
5. 대체요인과 중화요인의 개념을 이해할 수 있다.
6. 대체요인과 중화요인이 발생하는 상황요인을 이해할 수 있다.

우리에게 익숙한 질문
"우리 선생님께서는 내가 우수한 성적을 위해 무엇을 하길 원하실까?"
"우리 팀장은 내가 무엇을 하길 원할까?

익숙하지 않은 질문
"나는 이 수업에서 무엇을 배우려고 노력하는가? 배움을 통해 활용할 수 있
는 것이 무엇인지 어떻게 알고자 하는가?"
"우리 조직의 성공에 기여하려면, 나는 어떻게 업무를 수행해야 하는가?"

1. 임파워먼트

세계적인 기업들이 날마다 격심한 경쟁 속에 어떻게 살아남을 수 있을까? 그 비결
은 높은 차원에서 의욕적인 직원들로 하여금 경쟁우위를 지속할 수 있었다. 그렇다
면 어떻게 경쟁우위를 지속하는 인재를 만들 수 있을까? 그 해답은 임파워먼트에
있다.[1]

1) 임파워먼트 개념

임파워먼트(empowerment)를 그대로 해석하면 **자율성 부여**라는 뜻이 된다. 자율성
부여는 다양한 의미를 내포하고 있는데, 그 하나는 인생의 목표를 어떻게 바라보아
야 하는가는 개인의 근본적인 문제이며, 동시에 타인에게 능력을 부여하여 그 개인
으로서 얻을 수 있는 결과를 위한 방안을 모색하게 만들어 내는 능력이다. 즉 개인의
잠재 역량 및 자원을 인정하고 발전시킬 수 있다는 것을 전제로 개인 또는 타인의 삶
을 결정할 수 있도록 권한 혹은 힘을 부여하고자 하는 것이다.[2]

임파워먼트의 개념을 명확히 하려면 임파워먼트가 아닌 행위를 분명히 이해할 수
있어야 한다.[3]

● 업무 배분을 불명확하게 하는 것은 덤핑이다.

표 13-1 임파워먼트의 다양한 접근법

내용	역량증대 활용, 확산	● 자신과 구성원으로부터 최선을 추구하는 것 ● 사람의 능력과 잠재력까지도 최대한 활용하는 것 ● 개인 속에 구속된 권력을 키워 주고 풀어 주는 것
목적	능동적 경영 자율 경영 창조 경영	● 수동적 · 상황 적응적 관리를 지양하고 능동적 · 상황 창조적 관리를 추구 ● 조직 내 구성원으로 하여금 수동적이기보다는 능동적인 삶을 살게 함
방법	권한위임 동기부여 시너지 효과	● 위임을 넘어서서 가장 효과적으로 권력이 쓰이는 곳에 실질적으로 파워를 부여하는 것 ● 개인의 내적 동기, 내적 직무동기 및 행동능력을 제고하는 것 ● 권력을 잃는 것도 주는 것도 아니고, 권력을 풀어 주고 키워 주는 것

자료 : 박원우, "임파워먼트와 기업문화," 자율과 혁신의 기업문화 삼성정신문화연구소, 1995, p.73.

- 특정인을 대표로 임명하는 것은 위임이다.
- 업무의 한계를 짓지 않고 자유 재량권을 허용하는 것은 무정부 상태이다.
- 자신이 결정해야 할 사항에 다른 사람들의 도움과 참여를 청하는 일은 '참여식 관리'이다.

Conger와 Kanungo는 권력의 의미가 변하고 다양해짐에 따라서 임파워먼트의 발전적인 의미를 파악하여 임파워먼트를 **개인차원**의 동기부여 측면인 임파워먼트와 **조직차원의 임파워먼트**로 설명했다.

2) 개인차원 임파워먼트

개인차원 임파워먼트는 개인이 느끼는 심리적 현상으로 나타나는 개념인데, 이는 직무수행 중에서 부여되는 권한을 통하여 얻게 되는 신념 및 효과를 지각하게 하는 동기부여적 측면을 말한다.[4] 또한 자발적인 경영을 강조하는 것을 특징으로 한다.

(1) 신념으로 해석한다

심리학에서는 권력을 행동에 영향력을 미치는 것으로 해석한다. 따라서 모든 능력의 원천은 신념에서 비롯된 것으로 파악했고, 능력과 신념을 한 연장선상에서 보게되었다. 이러한 움직임은 조직 구성원들이 힘 있게 업무를 수행하는 것은 권한을 받는 것만으로 되는 것이 아니라 구성원 내면에서 자신의 직무를 수행할 수 있다는 자신감을 가짐으로써 형성된다고 보는 것이다.

〈표 13-2〉에서 Conger와 Kanungo는 임파워먼트 5단계 과정을 설명했다.

첫 번째 단계는 조직변수, 리더십 유형, 보상시스템, 직무특성 등 조직 구성원들이 무기력한 심리적 상황을 조성하는 조건을 파악했다.

두 번째 단계는 그 무기력한 요인을 참여 경영이나 목표설정, 피드백 시스템 등 경영전략과 기술을 활용하여 이를 극복하는 단계를 거친다고 주장했다.

세 번째 단계는 언어적 설득이나 대리경험 및 감정 자극 등의 정보제공 방법을 활용하여 자아효과성을 향상시킨다는 것이다.

네 번째 단계는 자아효과성에 대한 정보를 제공하고 경영전략 및 기법들을 활용한결과, 조직 구성원들은 무력감을 극복하고 임파워먼트가 된다고 보았다. 여기에 자신의 노력과 성과 기대가 강화되며 개인적 효과에 대한 신념이 강화된다는 것이다.

마지막 단계는 지속적인 행동효과를 유도하기 위하여 바람직한 행동을 전수한다

표 13-2 Conger와 Kanungo의 임파워먼트 5단계 과정

1단계	무기력한 심리적 상황을 조정하는 조건 파악
2단계	무기력한 상황을 극복할 수 있도록 경영전략과 기법을 활용
3단계	언어적 설득이나 대리경험 및 감정 자극 등의 정보 제공방법을 활용상
4단계	조직 구성원들이 임파워먼트됨
5단계	지속적인 행동효과 유도

자료 : R. N. Conger & J Kanungo, " The Empowerment Process: Integrating Theory and Practicer," *Academy of Management Review*, 13(3), 1988, p.475 수정.

는 것이다.

동기부여 측면에서 권력을 행동에 미치는 신념으로 정의하므로 임파워먼트는 자아효과성에 대한 신념을 부여하는 과정으로 해석할 수 있다. 즉 조직 구성원의 긍정적인 자아효과성에 대한 마음의 상태를 증대시키는 것으로서 '할 수 있다는 신념'을 부여하는 과정으로 본다.

(2) 자발적으로 따라오게 하는 경영을 강조하고 있다

상황조건적인 보상과 벌을 결합하여 구성원에 대한 통제지향적인 성격을 지닌 동기부여이론과 달리 Berlew는 임파워먼트를 '자발적으로 따라오게 하는 경영'을 강조했다. 즉 인간을 통제하지 않고 자유롭게 하는 것으로 하는 임파워먼트는 관리차원이 아닌 조화의 관점에서 보면, 조직 내에서 구성원의 능력을 충분히 발휘하여 변화할 것을 요구한다.

따라서 임파워먼트란 조직 구성원들이 힘 있게 업무를 수행하기 위해 '할 수 있다는 신념', 즉 자아효과성을 부여해 주는 과정으로 내적 동기(또는 효과기대), 내적 직무동기, 심리적 행동능력을 부여하거나 증진시키는 과정이다.

① 자아효과성의 개념

Bandura와 Gist에 의하면, 기대에는 성과기대와 효과기대가 있으며, 자아효과성(self-efficocy)은 '효과기대'라는 개념을 포함한다고 했다. 성과기대는 주어진 행동이 확실한 성과를 유도한다는 개인의 측정치이고, 효과기대(efficacy expectation)는 성과를 가져오는 데 요구되는 과정을 성공적으로 달성한다는 확신을 의미한다고 했다.

성과기대(outcome expectation)는 구성원들에게 가치 있는 보상에 대한 욕구를 불러일으켜 노력하고자 하는 마음의 자세를 부여하는 것인 데 반해, 효과기대는 경제적이고 실질적인 보상보다는 업무수행 자체에 대한 욕구를 불러일으켜 결과에 크게 좌우되지 않는 마음의 상태를 유지시키는 것이라고 한다.

효과기대는 반응행동의 만족감이 자기 자신으로부터 오게 되는 요인, 즉 성취감, 도전감,

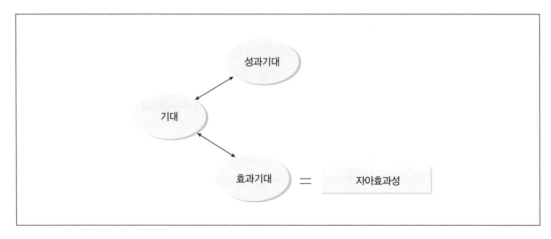

▶▷ 그림 13-1 기대와 자아효과성의 관계

책임감 등의 내재적 보상을 바라는 내적 동기를 부여해 주는 것이다. 한편, 동기부여 수단으로서 자아효과성은 목표설정에 포함된 수많은 동일한 행위를 요구한다.

② 내적 과업동기

Thomas와 Velthouse는 임파워먼트의 인지적 요소로서 내적 과업동기(intrinsic task motivation)를 제시하고, 임파워먼트는 내적 과업동기를 조직 구성원들에게 부여해 주는 과정으로 보았다.[5]

즉 임파워먼트된 사람들은 내적 과업동기가 부여된 조직 구성원으로 조직목표를 수행하는 데 있어 전력을 다해 활동적으로 과업을 수행하며, 어려운 상황과 문제가 있을 경우에도 자신들의 모티베이션을 유지해 가면서 탄력적으로 대처하는 행동을 보인다고 했다.

③ 심리적 행동능력 증진

Shaw는 임파워먼트를 행동능력의 심리적 측면으로 창조해 나감으로써 얻을 수 있다고 했다. 심리적 행동능력이란 문제가 발생한 경우 신속하고 적극적으로 해결할 수 있고, 지나친 노력 낭비를 하지 않고 상사의 도움 없이 이를 해결할 수 있다고 느끼는 정도를 의미하며, 임파워먼트를 저해하는 요인들을 제거함으로써 행동능력을 강화시킨 다고 설명하였다. 따라서 임파워먼트란 심리적 행동능력을 증진시키는 과정으로 볼 수 있다.

이상과 같이 개인차원(또는 동기부여 측면)의 임파워먼트를 살펴보았다.

3) 조직차원 임파워먼트

조직차원의 임파워먼트는 관계구조적 측면과 positive-sum적 측면으로 나눌 수 있다.

(1) 관계구조적 측면

관계구조적 측면의 임파워먼트는 조직 구성원을 힘 있게 하기 위하여 권한을 조직 구성원들에게 부여하는 과정, 또는 조직 내의 일정한 권한을 배분하거나 합법적 권력을 조직구성원에게 배분하는 과정으로 해석된다. 이는 권력을 zero-sum적 측면에서 개념을 이용한 것이다.

권력의 zero-sum적 접근법에 의하면, 권력이란 A가 원하는 것을 B가 하도록 영향을 미칠 수 있는 잠재적 능력이며, House는 권력을 저항을 극복하면서까지 다른 일들로부터의 순종을 획득할 수 있는 조직 구성원들의 능력으로 정의했다. 이와 같은 zero-sum적 접근법에 의하면, 임파워먼트의 개념은 조직 내에 정해져 있는 범위 안에 있는 권한을 알맞은 사람에게 적절히 배분하여 그 사람이 업무를 수행하는 데 힘 있게 해 줌과 동시에 하위 구성원들이 권한이 부여된 사람에게 순종함으로써 조직목표를 성취하려는 것을 의미한다. 즉 적절한 권력이동을 통하여 권력균형을 꾀하는 과정이다.

따라서 임파워먼트의 연구는 MBO, QC, 목표설정 등과 같이 조직을 효과적으로 운영하기 위해 권한을 적절히 배분하는 방법을 모색하는 데 집중했다.

(2) positive-sum 측면

positive-sum적 임파워먼트는 협력관계에서 리더와 부하 모두와 집단과 조직의 권력 자체를 커지게 하는 현상이다. 즉 임파워먼트란 zero-sum의 권력게임이 아니라 단순한 파워 재분배의 반대적인 상황에도 그 권력을 배가시키는 힘의 공동 상승효과에 관한 가정을 기초로 한 프로세스이다.

positive-sum적 측면에서 Murrell과 Vogt이 임파워먼트를 정의했다. 이들은 구성원 간에 권력의 상호작용 과정을 통한 시너지 효과를 추구하는 것으로 권력 증대에 초점을 두었다. 따라서 임파워먼트의 의미는 조직 구성원 각자가 권력이나 능력을 향상시키고 조직 구성원 상호 간에 영향을 주면서 상호작용의 추가적인 능력과 자신감, 즉 시너지 효과적 권력을 창조하는 과정으로 파악되었다.

이렇게 positive-sum적 측면에서 임파워먼트의 범위를 확대시켜 권력의 시너지 효과를 조명한 것은 임파워먼트가 단순히 권한 또는 자아효과성 등을 부여해 주는 것이 아니라 그 이상의 의미가 있음을 설명해 준다.

개인·집단차원 및 권력의 접근법에 따라 살펴본 **임파워먼트의 의미를 종합**해 보면, 임파워먼트는 조직 구성원들이 힘 있게 업무를 수행하기 위해서 **개인차원**에서 각 구성원들에게 자아효과성을 부여하여 내적 동기, 내적 과업동기, 행동능력 등의 심리적 요인을 증진시키며, **집단차원**에서 그들 각 개인들이 상호 협력과 나눔을 통해 시너지 효과가 발생하는 파워의 창조적인 과정을 의미한다.

4) 임파워먼트 구성요소

〈표 13-3〉에서 보는 바와 같이 임파워먼트의 개인 및 집단 수준에서 구성요인은 학자들마다 다양하나 대부분 유사한 내용들을 다른 의미나 개념으로 설명했다.

1996년 Spreitzer가 심리적 임파워먼트의 사회구조적 특성 연구결과에서 Thomas와 Velthouse, Conger와 Kanungo 등이 제시한 개념을 정리하여 내적 동기나 역할 중요성을 의미와 유사한 개념으로, 자기결단성과 역할능력의 자신감, 선

표 13-3 임파워먼트의 개인 및 집단 수준에서의 구성요인

학 자	임파워먼트의 구성요인
Conger & Kanungo(1988)	능력, 내적 동기, 역할 중요성
Thomas & Velthouse (1990)	영향력, 능력, 의미, 선택
Fulford & Enz(1995)	역할 중요성, 역할 수행능력, 자기 결단력, 자기 통제력
Cohen(1988)	집단능력, 집단 동기부여, 개인능력에 대한 집단지원성
Arad(1994)	자율성, 지각된 영향력, 지각된 책임감, 역할능력의 자신감
Spreitzer(1995)	의미, 영향력, 역량, 결단력

자료 : 김성수, 리더십 성공학, 삼영사, 2005, p.152.

택 등을 유사한 내용으로 설명했다. 또한, 역할수행 능력, 자기 통제력 등을 역량과 유사한 개념으로 파악했으며, 이를 요약하면 〈표 13-4〉와 같다.

Spreizer는 작업장에서의 심리적인 임파워먼트를 설명하며, 임파워먼트의 구성 요소를 의미성, 영향력, 역량, 결단력으로 제시했다.

역량은 특정 과업에 대한 성과로 설명했으며, 결단력은 직무활동과 과정을 시행하고 유지하는 데 있어서 자율성을 반영한다고 했다. 의미성은 내적 동기나 역할 중요성을 말하며, 영향력은 직무상황에 영향을 받으나 내부적 통제가 가능한 영역에서 상황의 변화에 관계없이 전반적인 개성적 특징을 가지고 직무에 있어서 전략적이며 관리적인 결정들에 어느 정도의 영향을 미치는 정도를 의미한다.[6]

따라서 임파워먼트를 내적 동기가 부여된 조직 구성원들이 조직목표를 달성하기

표 13-4 임파워먼트의 구성요인과 유사 개념

임퍼워먼트 구성요인	유사 개념
의미성	내적 동기나 역할 중요성
결단력	역할능력의 자신감, 선택
역 량	역할 수행능력, 자기 통제력 등
영향력	지각된 영향력

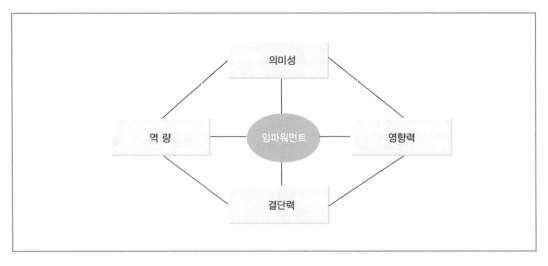

▶▷ 그림 13-2 임파워먼트의 구성요인

자료 : Spreizter, "Psychological Empowerment in the Workplace," *Academy of management Journal,* 1995.

위해 전력을 다해 업무를 수행하며, 어려운 상황과 문제가 있을 경우에도 자신들의 모티베이션을 유지하면서 탄력적으로 대처하는 것으로 보고 이를 네 가지 요소로 구분했다. 이 절에서는 Spreizer가 제시한 의미성, 영향력, 역량, 결단력으로 임파워먼트 구성요인을 보다 자세하게 설명하고자 한다.

(1) 의미성

의미성은 직무가 자신의 목표와 기준에 비추어 중요한 가치를 부여하는 정도이다. 즉 구성원은 주어진 직무가 자신의 목표 달성에 가치 있는 특성을 갖느냐에 따라 의미성을 느끼게 된다.

의미성은 Hackman이 제시한 직무특성이론의 과업 중요성과 유사하지만, 직무와 관련된 제한된 범위 내에서의 **과업 중요성**과 달리 개인의 활동 전반의 의미성이다. 즉 과업 중요성이 개인의 직무가 다른 사람에게 영향을 미치는 정도이며 현재 맡고 있는 직무의 영향력에 국한되어 정의된다. 반면에 **의미성**은 현재 자신이 맡고 있는 직무의 영향력뿐만이 아니라, 공식적 · 비공식적으로 맡고 있는 지위와 역할과 관련되어 수행되는 업무 및 역할이 조직의 성과에 영향을 미치는 중요한 가치까지도 포함한다.

또한 의미성에서는 업무의 의미가 내재되어 어떤 업무의 의미 요구와 신념, 가치, 그리고 행동 사이에서의 어느 정도의 일치를 포함한다. 즉 구성원들이 업무를 수행하면서 작업역할에 대한 신념과 가치를 가지고, 자신의 이상이나 기준과 일치시키려는 과정을 겪는다.

이와 같이 의미성은 자신의 직무에 대한 가치를 부여하는 내적인 직무동기를 향상시키며, 자신의 직무에 대한 가치와 자신의 가치를 일치시키는 과정에서 자아실현의 욕구를 충족시키는 부분까지도 작용된다.

(2) 영향력

영향력(impact)은 개개인이 작업에 있어서의 전략적, 관리적, 또는 운영적 결과에 미칠 수 있는 정도를 의미한다. 영향력은 권력의 의미가 함축되어 있다. 즉 권력은 행동에 영향력을 미치는 신념으로 모든 능력의 원천은 신념에서 비롯된 것으로 파악되며, 능력과 신념을 한 연장선상에서 볼 수 있다. 이러한 권력의 개념을 바탕으로 역할 영향력은 과업을 달성하는 데 있어 자신의 노력이 결과를 크게 좌우하는 정도로 의식된다고 했다.

이와 같은 영향력은 통제와 그 의미를 달리한다. 첫째, 통제는 작업 과정에 의해 다른 업무에 영향을 미치지만, 영향력은 상황 전반을 통하여 지속되는 전체적인 개성의 특징으로 내부적인 통제를 이룬다. 둘째, 일반적인 통제는 외적인 수단이나 시스템을 통하여 타인에게 영행을 미치는 데 반하여 영향력은 자신의 능력과 업무에 관한 지식 등을 바탕으로 조직의 성과나 타인의 업무에 영향을 준다. 그러므로 영향력은 내재적 과업수행 동기가 부여된 구성원은 조직의 목표를 위해 몰입하여 어떤 상황에서도 강한 신념을 가지고 탄력적으로 행동할 수 있게 되며, 이러한 내재적 과업수행 동기는 영향력으로 발휘된다.

(3) 역량

역량(competence)은 특정 과업에 대한 자아효과성으로, 기술을 갖고 과업을 수행해 나갈 능력이 있다고 믿는 개개인의 신념이다.

역량은 학자들에 따라 다양하게 표현되었다. Kinlaw는 역량을 능력과 동일한 개념으로 제시하면서, 임파워먼트를 개인의 역량을 개발·확장시켜서 조직의 성과를 지속적으로 향상시켜 가는 과정이라고 했다. 즉 역량은 구성원들이 과업성과를 향상시키기 위한 내적인 잠재력을 말하는 것이며, 개인의 잠재성은 업무능력을 향상시킬 수 있다는 자아효과성을 갖게 한다.

또한 Shaw는 역량과 유사한 개념으로 행동능력을 제시하여, 행동능력의 심리적 측면은 임파워먼트를 창조해 나감으로써 얻을 수 있다고 했다.

이상과 같이 역량은 개인의 기술이나 지식 등을 바탕으로 업무를 잘 해나갈 수 있다는 신념과 창의적 업무능력을 수행해 나갈 수 있는 잠재적인 능력을 포함한다.

(4) 결단력

결단력(self-determination)은 자기에게 주어진 업무에 대하여 스스로의 결정에 의해 선택하는 개인의 인식을 의미하며, 결단력은 자신의 능력에 대한 성과기대로 나타난다. 성과기대는 주어진 행동이 확실한 성과를 유도할 것이라는 측면으로 구성원 등에게 인간적인 측면에서 가치 있는 보상에 대한 욕구를 불러일으켜 노력하고자 하는 마음의 자세를 부여하는 것이다.

결단력을 Spreizer는 자기 결단력이라 표현하여, 개인의 창의적이고 일상적인 활동에서 선택할 수 있는 능력이라고 했다. 이러한 자기결단력은 작업행위와 과정의 시작과 지속에 영향을 미친다고 했다. 예를 들면 작업방법, 속도, 그리고 노력의 강도에 대하여 스스로 의사결정을 하는 것이다.

이와 같이 심리적인 임파워먼트는 의미성, 영향력, 역량 및 결단력 등 네 가지 인식을 바탕으로 동기부여적인 구조로 이루어져 있다. 또한 네 가지 임파워먼트에 대

표 13-5 임파워먼트의 측정항목 예시

의미성	내가 수행하는 직무는 내게 매우 중요하다.
	내 직무활동은 개인적으로 나에게 의미가 있다.
	내가 수행하는 직무는 나에게 의미 있다.
역량	나는 현 직무의 수행능력에 자신 있다.
	나는 내 직무활동을 수행하는 역량에 대해 스스로 확신한다.
	나는 나의 직무에 필요한 기술을 완벽하게 습득하고 있다.
결단력	나는 내 직무를 어떻게 수행할 것인지를 결정하는 데 자율권이 상당하다.
	나는 내 업무를 어떻게 하려고 하는지에 대해 스스로 결정한다.
	나는 내 직무를 수행하는 방법에 있어 독립성과 자율성이 상당하다.
영향력	나는 내 부서에서 일어나는 일에 대해 영향력이 매우 크다.
	나는 내 부서에서 일어나는 일에 대해 통제력이 상당하다.
	나는 내 부서에서 일어나는 일에 대해 영향력을 상당히 행사한다.

자료 : 이상호, 조직과 리더십, 북넷, 2009, p.320.

한 인식은 어떤 작업역할에 수동적이기보다는 능동적인 역할방향을 제시해 준다. 능동적인 방향의 제시는 개개인들이 작업역할 및 과정을 구상할 수 있기를 바라고 할 수 있다고 느끼는 상황을 의미하며, 네 가지 구성요인 중 어느 하나가 부족하면 전반적인 임파워먼트의 효과가 저하된다.

5) 임파워먼트 리더십

(1) 임파워먼트 리더십

임파워먼트 리더십은 리더십 교육의 궁극적인 목적인 셀프 리더를 양성하는 데 필수적인 전제조건이다. 과거 리더십 이론들의 주요 연구 대상이 리더의 특성이나 행동이었다면 요즘은 그 초점이 조직 내 구성원들에게로 점차 옮겨가고 있는 시점이다. 세계화가 실현되면서 다국적 기업이 출현하여 기업들의 규모는 점차 커지고 경영 환경의 변화가 심해짐에 따라서 최고경영자가 모든 의사결정권을 가지고 있는 것은 거의 불가능해졌다. 이에 따라서 기업들은 자율경영을 모토로 삼아서 구성원들의 자발적인 참여를 유도해 냄으로써 기업을 유지하고 성과를 창출하고자 하는데, 이러한 환경에 적합한 리더십이 바로 임파워먼트 리더십이라 할 수 있다.

임파워먼트 리더십에 대하여 Vogt와 Murrell은 "협동, 나눔, 함께 일을 통해서 파워를 형성하고 개발, 증대시키는 것"이라고 말했다. 즉 임파워먼트 리더십이란 리더가 조직 구성원들과의 파워를 공유하고 의사결정 과정에 참여하도록 하여 조직 구성원들에게 권한을 위임하는 것을 말한다.[7]

임파워먼트 리더십의 목적은 자기 자신, 타인, 그리고 조직의 측면에서 크게 세 가지로 나누어 볼 수 있다.

첫째, 자기 자신을 자율적으로 행동하고 살아갈 수 있도록 하는 능력의 소유자로 만들기 위함이다.

둘째, 다른 사람이 자율적으로 일할 수 있도록 지도할 수 있는 능력을 기르기 위함이다.

셋째, 자신이 속해 있는 조직의 풍토를 자율적인 조직으로 변화시킬 수 있는 능력을 기르기 위하여 임파워먼트 리더십은 사용되고 있다.

(2) 임파워먼트 성공 조건

임파워먼트가 성공하기 위해서는[8] 다음과 같이 조건을 열거할 수 있다.

① 80 : 20 법칙

80 : 20 법칙은 흔히들 알고 있는 파레토 법칙이다. 파레토 법칙(Pareto principle, 80-20 rule, the law of the vital few, principle of factor sparsity)이란 '전체 결과의 80%가 전체 원인의 20%에서 일어나는 현상'을 가리킨다.[9] 이 법칙은 대부분의 사회현상들에 잘 들어맞는데, 임파워먼트 리더십에도 역시 적용 가능하다. 구성원들을 성장·발전시킴으로써 최고의 결과를 얻어내고자 한다면, 리더는 전체 대화시간의 약 20% 정도만 말을 해야 한다. 나머지 80의 시간 동안은 구성원들에게 발언권을 주고, 리더는 그 내용을 귀담아 들어야 한다. 리더가 구성원들의 이야기에

귀를 기울인다는 사실 자체만으로도 리더는 정보, 존중, 열정, 배려 등 다양한 가치를 획득할 수 있다.

② 권한 위임의 한계를 명확히 한다

임무의 실수를 줄이고 품질을 개선하려면 구성원들에게 권한을 위임해야 한다. 하지만 구성원들에게 지나칠 정도로 많은 권한을 위임하는 것을 옳지 않다. '임파워먼트'라는 말은 구성원들이 직접 조직의 시스템을 바꾸거나, 혹은 여러 분야에서 조직의 성패에 영향을 미칠 만한 권한을 갖게 된다는 것을 의미하는 것은 아니다. 따라서 리더는 기획한 프로그램의 지침 및 변수를 뚜렷하게 밝혀야 한다. 모든 프로그램 및 계획에서 임파워먼트의 한계는 필요하다.

③ 임파워먼트의 배경을 명확히 설명한다

임파워먼트라는 개념에 두려워하는 구성원이 있는가 하면 반기는 사람도 있고, 현장에서 의사결정 과정과 결과에 대하여 무심한 사람도 있다. 그러므로 리더는 자신이 권한을 위임하게 된 이유와 과정을 구성원들에게 체계적으로 설명해야 한다. 리더가 의사결정을 하게 된 배경을 설명해 주는 것만으로도, 모든 구성원들을 존중하고 인정한다는 사실을 그들에게 확실히 보여 줄 수 있다.

④ 지속적으로 임파워먼트를 수행한다

임파워먼트 과정은 일단 시작하면 되돌릴 수 없다. 계획을 세워 이 과정을 지속적으로 수행해야 한다. 지속적으로 수행하지 않으면 구성원들은 리더뿐 아니라 조직의 비전도 믿지 못한다. 하지만 리더가 임파워먼트의 진가를 깨닫고 지속적으로 수행한다면, 구성원들은 자신의 능력을 재확인할 뿐 아니라 업무에 더욱 매진하려 할 것이다.

또한 Ken Blanchard가 말한 임파워먼트의 세 가지 열쇠는 다음과 같다.[10]

첫째, 정보를 모두와 공유하라. 즉 정보의 공유는 신뢰의 문화를 기초로 하고, 정보의 공유는 조직의 학습을 촉진시킨다.

둘째, 확실한 경계를 설정해 각자의 자율 공간을 만들어라.

셋째, 낡아빠진 위계질서를 자기주도적인 팀으로 대체하라.

임파워먼트의 언어를 학습하라[11]

비전수립, 성과지향적 파트너십, 자기 모니터링, 팀의 책임감, 복합기능 조직구조, 프로젝트, 코치/팀리더, 자발적인 팀, 주인의식, 좋은 판단

2. 리더십 대체이론

Kerr과 Jermier는 리더십이 부하의 만족, 동기유발 및 성과에 전혀 실질적인 영향을 미치지 못하는 상황이 존재한다는 데 착안하여 리더십 대체요인 이론을 최초로 제시했다. 이들은 리더십의 중요성을 감소시키는 상황변수들을 파악하는 모형을 개발했는데, 바로 이 모형의 구성요인이 리더십 대체요인(leadership substi- tutes)과 리더십 중화요인(leadership nuetralizers)이다.

1) 대체요인과 중화요인

리더십 대체요인은 리더의 행동을 불필요하거나 불가능하게 만드는 변수들을 말하다. 즉 이에는 구성원들이 자신의 역할을 명확히 이해하고, 업무를 수행하는 방법을 잘 알며, 높은 동기가 유발되고, 자신의 직무에 만족하게 만들어 주는 구성원과 과업, 그리고 조직의 특성 등을 말한다.

리더십 중화요인은 리더가 특정한 방식으로 행동하는 것을 방해하거나 리더의 행동이 미치는 영향을 중화시키는 구성원 특성과 과업 특성 및 조직 특성을 말한다. 예를 들면, 리더가 성과를 많이 올린 부하에게 상을 줄 수 있는 권한을 갖고 있지 않다면 이런 상

황변수가 중화요인이다.

Kerr과 Jermier가 처음 제시했던 모형은 지원적 리더십(supportive leadership)과 수단적 리더십(instrumental leadership)에 대한 대체요인과 중화요인을 파악하는 것에 관심을 두었다.

Steven Kerr의 이야기

그는 학계와 경영세계를 여러 번 자리를 바꾼 경력을 가졌다.

그는 New York City University의 Brauch School에서 교육받았고, Mobile Oil의 프로그래머로 있으면서 동대학에서 석사학위 과정을 이수했다. 거의 8년 동안 그는 뉴욕의 산업계에 종사했다. 그는 Robert House의 추천에 의하여 동대학에서 박사학위 과정에 입학했다. House가 그의 박사학위 지도교수였다.

그곳에서 그는 다시 오하이오 주립대학에 경영학과 교수로 7년 동안 봉직한 후 다시 서던캘리포니아 대학으로 옮겨 경영대학에서 교수로 있으면서 다양한 행정직을 수행했다. 대학에서 휴직하면서 그는 주로 General Electric에서 상담역할을 담당했으며 그때가 1992~1993년이었다. 미시간 대학에서 주로 상담역할을 하는 교환교수로 봉직한 후 Kerr은 General Electric으로 옮겼으며, 그곳에서 그는 뉴욕의 크로톤빌에 있는 기업의 관리 및 발전의 책임을 지고 기업 리더십 발전의 부사장이 되었다. 그는 부사장으로 근무하면서 현재까지 저술활동을 하고 있다.

그의 대체이론은 서던캘리포니아 대학에 있으면서 처음 발표했다. 그러나 그의 이론의 발전에 관한 많은 부분과 그의 주제에 대한 형성은 그가 오하이오 대학에 있을 때였고, 1973년에 CUNY 대학에서 박사학위를 받았다. 그는 1980년대에 Academy of Management의 회장이 되었다.

---

2) 상황변수[12]

리더십 대체이론에 의하면 다음과 같은 구성원, 업무, 조직의 특성이 리더십을 중화 또는 대체시키는 효과를 가져올 것이라고 한다.

(1) 구성원 특성

● **구성원의 경험, 능력, 훈련** : 구성원들이 광범위한 경험을 보유하고 있거나 충분한 훈련을 받았다면 업무지시가 거의 불필요할 것이다. 왜냐하면 구성원은 자신이 어떠한 일을 해야 하고 또한 그러한 일을 어떻게 해야 하는가를 아는 데 필요한 기

량과 지식을 이미 보유하고 있기 때문이다.

● **전문가적 성향** : 자신의 가치관과 윤리관 또는 욕구에 의해 내면적으로 동기가 유발된 전문직 종사자들은 리더가 작업의 질을 높이라고 재촉하지 않아도 자신이 알아서 작업의 질을 유지할 것이다.

● **조직이 제공하는 보상에 대한 무관심** : 조직이 제공하는 다양한 보상에 대해 구성원들이 느끼는 매력은 그들의 욕구와 성격에 따라 달라진다. 리더가 통제할 수 있는 보상에 대해 구성원들이 무관심할 경우, 이는 리더의 지원적 행동과 수단적 행동을 중화시키는 요인으로 작용할 것이다.

(2) 과업 특성

● **단순 반복적 업무** : 단순 반복적인 업무는 수단적 리더십의 대체요인으로 작용할 수 있다. 이 경우 구성원들은 리더의 훈련이나 지시에 의존하지 않고서도 업무수행에 필요한 적절한 기량을 신속히 습득할 수 있다.

● **업무 자체로부터의 피드백** : 업무를 제대로 수행하고 있는지 여부에 대한 피드백이 자동적으로 이루어지는 과업에 대해서는 리더가 업무결과에 대한 피드백을 해 줄 필요가 없다.

● **내재적 만족 제공 업무** : 만일 업무가 흥미롭고 즐거운 것이라면 리더의 격려나 독려를 받지 않고서도 업무 그 자체에 대해 충분한 동기가 유발될 것이다. 따라서 리더의 지원적 행동을 대체시킬 수 있을 것이다.

(3) 조직 특성[13]

● **공식화 정도** : 상세한 규칙과 규정 및 방침 등이 문서화되어 있는 조직에서는 구성원이 일단 규정과 방침을 습득하고 나면 리더가 지시를 해야 할 필요성이 줄어들 것이다.

● **조직의 경직성** : 만일 리더가 구성원들의 노력을 증대시키기 위하여 업무 할당이나 작업 절차 등을 변화시키기 어려울 정도로 규정과 방침 등이 엄격하다면 이는 대

표 13-6 지시적 리더십과 도구적 리더십의 대체요인과 중화요인

대체요인 또는 중화요인	지원적 리더십 배려	수단적 리더십 구조화
부하 특징		
1. 경험, 능력, 훈련		대체요인
2. 전문적 성향	대체요인	대체요인
3. 보상에 대한 무관심	중화요인	중화요인
과제 특징		
1. 구조화되며 일상적인 과업		대체요인
2. 과업으로부터의 피드백		대체요인
3. 내적 만족을 주는 과업	대체요인	
조직 특징		
1. 응집력이 강한 집단	대체요인	대체요인
2. 약한 지위권력	중화요인	중화요인
3. 높은 공식화(역할과 절차)		대체요인
4. 유연성 부족(규칙과 정책)		중화요인
5. 분산되어 있는 부하 작업장	중화요인	중화요인

자료 : Kerr & Jermier, *Substitutes for Leadership: Their Meaning Measurement*, 1978, pp.375-403.

체요인 또는 중화요인으로 작용할 수 있을 것이다.

- **응집력이 강한 작업집단** : 작업집단 구성원들 간의 응집력이 강할 경우 구성원은 필요한 사회적 지원을 동료들로부터 받을 수 있으므로 리더의 지원적 행동을 대체시킬 수 있다. 또한 집단의 성과를 위해 기여하도록 동료 작업자들로부터 받는 압력이 크기 때문에 수단적 리더십이 대체될 수 있다.
- **약한 직위권력** : 리더에게 직위권력이 부족하거나 노조가 강한 영향력을 지니고 있는 경우에는 리더가 구성원들을 동기 유발시키기 위하여 보상과 처벌을 활용하거나 필요한 정서적인 지원을 할 수 있는 정도가 중화될 수 있다.

3) 평가와 적용

대체요인과 중화요인에 대한 명제를 검증하는 연구는 여전히 한계가 있는 것을 지

적하지 않을 수 없다. 특히 경험적 연구들은 역시 검증되지 못한 측면들도 많아 아직 이 이론을 지지하기는 이른 것 같다.

개념적으로 취약한 부분은 여러 가지 대체요인, 중화요인 및 그것들을 적용하려고 하는 상황을 상세히 설명하지 못했다는 것이다. 그 결과 지속적으로 지지를 받고 있지 못하다. 그러나 최근의 몇몇 연구들은 이 모형을 시험하기 위하여 사용된 측정치들 가운데 정신분석학적 특성들을 발전시켰다. 그리고 이 모형의 대규모 조직기반 시험을 수행했다. 또한 어떤 연구결과는 믿음직하고 여러 가지 대체들의 역할에 대한 지지를 검증했다. 그러나 명확성과 발전을 위하여 아직 미흡한 점이 많다는 것이 결론이다.

그러나 리더십 대체모형은 직관적으로 다른 리더십 모형에서 고려되고 있지 않은 매력적인 과정을 제시한 것은 분명하다. 특히 어떤 상황에서 리더십을 위한 필요성에 의문을 제기하기도 한 것은 좋은 예이다. 많은 중화요인들이 나타날 경우에는 당연히 효과적인 리더십을 발휘하기 어려울 것이다. 문화, 전략, 조직의 목적 그리고 특정한 리더의 성격에 의존하면서, 리더는 리더십 대체를 설정하거나 혹은 제거하기를 원한다. 또한 통제 지향적인 리더들 혹은 전통적인 구조와 계층조직에서 대체요인들의 출현으로 인하여 통제와 권위의 손실이 발생할 수 있다.

정보를 가능한 한 넓게 공유하고, 텔레커뮤니케이션과 아웃소싱과 같은 작업구조를 지원하는 정보기술도구(information technology tools) 또한 리더십의 필요성을 감소시킬 수 있다.[14] 흥미 있는 리더십 대체모형의 적용 대상은 자율적이고 스스로 관리하는 팀들이다. 그러한 팀의 목적은 감독 없이 기능할 수 있고, 리더십의 대체가 가능하다. 집행부의 기술과 팀 구축 훈련, 전문적인 지식을 가지고 있는 팀 구성원의 선택, 그리고 어떤 팀 구성원들은 상당한 자율권과 직접적인 피드백을 가지고 있기 때문에 과제만을 만족한다면 이들은 리더십의 대체로서 사용될 수 있다.

리더십 대체모형의 의미는 리더십 훈련에 관한 것이다. 이 모형에 의한 리더십 훈련은 효과적인 리더십 행태를 가르치는 것만큼 리더의 상황을 변화하게 하는 데도 초점을 둔다. 리더들은 대체를 설정하는 방법을 배울 수 있으며 그리고 중화를 피할 수 있는 법도 배워야 한다. 물론 리더십 대체이론은 그 복잡성과 애매성 때문에 검증하기가 어렵지만 이 이론의 공헌은 리더십의 다른 관점을 제시한 것으로 볼 수 있다. 초기의 리더십 연구들을 대부분 리더십이론들이 부하의 동기와 만족의 일차적 결정요인으로 공식리더의 역할을 강조했다.

그러나 리더십 대체이론은 공식리더의 영향력이 작업설계, 보상체계, 비공식적 동료 리더십, 자율관리에 의해 어떻게 대체될 수 있는지를 보여 줌으로써 공식리더의 중요성을 평가절하했다. 이것만으로도 이 이론은 집단과 조직에서 리더십 과정에 대한 시스템적 관점으로 접근하도록 도움을 주었다.[15]

임파워먼트 측정도구[16]

다음을 임파워먼트에 관한 설문내용을 담고 있다. 각 설문내용을 읽고 본인의 리더십을 평가해 보라. 숫자의 척도는 다음을 의미한다.

1. 그렇지 않다   2. 가끔 그렇다   3. 항상 그렇다

설문내용	척 도		
1. 나의 지위와 권력은 나만의 전유물이 아니다.	1	2	3
2. 나의 권력을 분담하여 상대방의 리더십 역량을 개발하기 위해 노력한다.	1	2	3
3. 나는 권력을 분담한 사람들의 간헐적 실수를 용납한다.	1	2	3
4. 핵심 리더들을 신뢰한다.	1	2	3
5. 리더십 문화의 맥락에서 위험을 감수할 것을 장려한다.	1	2	3
6. 가끔 발생하는 리더들의 실수를 인정한다.	1	2	3
7. 나의 창의적 정신을 양성하고 장려한다.	1	2	3
8. 조직의 리더들에게 양질의 훈련을 지속적으로 제공한다.	1	2	3
9. 나의 리더십은 권위에 기초하지 않는다는 것을 인식하고, 나의 행동은 이와 같은 신념을 반영한다.	1	2	3
10. 주위의 핵심리더들은 나를 확신이 있고 자신감 있는 리더라고 생각한다.	1	2	3

설문내용	척 도		
11. 핵심리더들은 내가 그들을 위해 마련해 준 기회에 대해 감사한다.	1	2	3
12. 팀에 대한 책임을 포기할 의사가 있다.	1	2	3
13. 내 주위 리더들이 발전하도록 돕는다.	1	2	3
14. 나의 부하직원은 나를 그들의 좋은 아이디어와 개인적 성공에 대한 가장 든든한 지원자로 여긴다.	1	2	3
15. 팀원들은 내가 그들 자신보다 그들을 더 신뢰한다고 말한다.	1	2	3
16. 팀원들에게 자신의 성장에 대한 계획을 수립하도록 장려하며 그들의 코치역활을 맡을 생각이 있다.	1	2	3
17. 팀의 훈련에 필요한 예산을 확충할 것이다.	1	2	3
18. 사람들은 내 팀에 합류하길 원한다.	1	2	3
19. 공로를 팀에게 돌리며 나보다 팀이 박수받기를 원한다.	1	2	3
20. 핵심멤버들의 성장과 발전을 위한 기회를 마련하기 위해 의도적으로 노력한다.	1	2	3

[결과해석]

50~60점 : 당신은 리더십이 매우 강한 편이다.

꾸준히 리더십을 개발하는 한편 사람들이 위에 제시된 항목을 개발하도록 도와라.

40~49점 : 리더로서 치명적인 수준은 아니지만 안정적인 수준도 아니다.

리더십 강화를 위에 제시된 항목의 계발에 힘써라.

20~39점 : 당신의 리더십은 미비하다. 위에 제시된 항목마다 노력이 필요하며 그때까지 당신의 리더십 성공 여부는 불투명하다.

임파워먼트를 위해 리더가 삼가야 할 마음[17]

– 자만심 : 겸손치 못하고 실력을 과신한다. (18.0%)
– 노   심 : 분한 마음을 다스리지 못한다. (14.2%)
– 소   심 : 대담하지 못하고 너무 조심스럽다. (12.9%)
– 의   심 : 상대의 생각과 능력을 잘 믿지 못한다. (12.3%)
– 방   심 : 일이 잘 풀려 리스크 대비에 소홀히 한다. (12.1%)
– 사   심 : 기업과 조직보다 사익을 먼저 생각한다. (9.0%)
– 욕   심 : 분수에 넘치게 탐내거나 누리려 한다. (8.3%)
– 공명심 : 내 이름을 지나치게 드러내려 한다. (7.5%)
– 변   심 : 결정을 쉽사리 번복한다. (5.7%, 임기응변은 오히려 필요한 덕목)

 사례 1   스키 2중주[18]

2016년 9월 28일 한 이동통신사 CF로 큰 화제를 모은 '연결의 파트너' 시각장애인 스키편
국내 유일의 시각장애스키 국가대표 양재림 선수와 가이드 고운소리(A여대 스포츠과학부) 씨의 파트너십을 조명하였다. 둘은 어떻게 한 몸인 듯 설원을 누빌까?
양재림이 스키 선수가 된 건 2010년 말, 균형 감각을 키우기 위해 어릴 때부터 스키를 탔던 그는 근력과 지구력 등 운동선수의 기본 자질이 뛰어나다는 평가를 받았다. 2014년 소치 패럴림픽에도 출전했지만 아쉽게 4위를 한다. 그간 양 선수의 가이드는 여러 차례 바뀌었다.
'잠깐 도와주는 사람'이 아니라 '평생 같이할 사람'이 필요하다고 판단한 그와 협회는 2015년 6월 가이드를 공개 모집했다. 고운소리 씨도 초등학교 3학년 때부터 스키 선수로 활약했지만 대학입학 후 학업에 전념하기로 하다가 새로운 기회를 만났다.
둘이 출연한 광고가 폭발적 반응을 낳았으며, 장애인 스포츠 선수가 대기업 광고의 메인 모델이 된 건 사상 처음이다.

□ 토의

1. 여러분이 CEO라면 자신의 리더십을 어떤 광고모델로 표현하고 싶은가?
2. 그 광고모델의 리더 이미지는 어떤 카피로 하고 싶은가?

임파워먼트를 그대로 해석하면 '자율성 부여'라는 뜻이며, 개인의 잠재 역량 및 자원을 인정하고 발전시킬 수 있다는 것을 전제로 개인 또는 타인의 삶을 결정할 수 있도록 권한 혹은 힘을 부여하고자 하는 것이다.

임파워먼트를 개인차원의 동기부여 측면인 임파워먼트와 조직차원의 임파워먼트로 설명했다. 개인차원 임파워먼트는 개인이 느끼는 심리적 현상으로 나타나는 개념으로, 이는 직무 수행 중에서 부여되는 권한을 통하여 얻게 되는 신념 및 효과를 지각하게 하는 동기부여적 측면을 말한다. 또한 자발적인 경영을 강조하는 것을 특징으로 한다.

조직차원의 임파워먼트는 관계구조적 측면과 positive-sum적 측면으로 나눌 수 있다. 관계구조적 측면의 임파워먼트는 조직 구성원을 힘 있게 하기 위하여 권한을 조직 구성원들에게 부여하는 과정, 또는 조직 내의 일정한 권한을 배분하거나 합법적 권력을 조직 구성원에게 배분하는 과정으로 해석된다. 이는 권력을 zero-sum적 측면의 개념을 이용한 것이다. positive-sum적 임파워먼트는 협력관계에서 리더와 부하 모두와 집단과 조직의 권력 자체를 커지게 하는 현상이다.

임파워먼트의 구성요인은 의미성, 영향력, 역량, 결단력이다. 의미성은 직무가 자신의 목표와 기준에 비추어 중요한 가치를 부여하는 정도이다. 영향력은 개개인이 작업에 있어서의 전략적, 관리적, 또는 운영적 결과에 미칠 수 있는 정도를 의미한다. 역량은 특정과업에 대한 자아효과성으로, 기술을 갖고 과업을 수행해 나갈 능력이 있다고 믿는 개개인의 신념이다. 결단력은 자기에게 주어진 업무에 대하여 스스로의 결정에 의해 선택하는 개인의 인식을 의미이다.

임파워먼트 리더십은 리더십 교육의 궁극적인 목적인 셀프 리더를 양성하는 데 필수 전제조건이다. 이에 따라서 기업들은 자율경영을 모토로 삼아서 구성원들의 자발적인 참여를 유도해 냄으로써 기업을 유지하고 성과를 창출하고자 하는데, 이러한 환경에 적합한 리더십이 바로 임파워먼트 리더십이라 할 수 있다.

Kerr과 Jermier는 리더십이 부하의 만족, 동기유발 및 성과에 전혀 실질적인 영향을 미치지 못하는 상황이 존재한다는 데 착안하여 리더십 대체요인 이론을 제시했다. 이들은 리더십의 중요성을 감소시키는 상황변수들을 파악하는 모형을 개발했는데, 바로 이 모형의 구성요인이 리더십 대체요인(leadership substitutes)과 리더십 중화요인(leadership nuetralizers)이다.

리더십 대체요인은 리더의 행동을 불필요하거나 불가능하게 만드는 변수들을 말한다. 리더십 중화요인은 리더가 특정한 방식으로 행동하는 것을 방해하거나 리더의 행동이 미치는 영향을 중화시키는 구성원 특성과 과업 특성 및 조직 특성을 말한다.

리더십 대체모형의 의미는 리더십 훈련에 관한 것이다. 이 모형에 의한 리더십 훈련은 효과적인 리더십 행태를 가르치는 것만큼 리더의 상황을 변하게 하는 데도 초점을 둔다. 리더들은 대체를 설정하는 방법을 배울 수 있으며 중화를 피할 수 있는 법도 배워야 한다.

참고문헌

1) Ken Blanchard, *Leading at a Higher Level,* Prince hall, 2007, p.67

2) 김성구 역, 주디스 F 보그트 저, 경영혁신 임파워먼트, 고려원, 1995.

3) 이관응 역, 빌 기노도 저, 16개 기업의 조직혁신사례, 엘테크, 1999, p.63.

4) J. A. Conger & R. N., Kanungo, The empowerment process: Integrating theory and practice, *Academy of Management Review,* 13, 1988, pp.471-482.

5) K.W. Thomas & B. A. Velthouse, Cognitive elements of empowerment: An "interpretive" model of intrinsic task motivation, *Academy of Management* Review, 15, 4 pp.666-681.

6) G. M. Spreitzer, Psychological empowerment in the workplace: Dimensions, Measurement, and validation, *Academy of Management Journal,* 38(5), 1995, pp.1442-1465.

7) 최익용, 대한민국 리더 99%를 위한 이심전심 리더십, 스마트 비즈니스, 2006, p.248.

8) 정우일, 리더와 리더십, 박영사, 2006, p.154-155.

9) 위키백과.

10) Ken Blanchard, op.cit., p.124.

11) Ken Blanchard, op.cit., p.72.

12) S. Kerr & J. M. Jemier, "Substitutes for Leadership: Their Meaning Measurement", *Organizational Behavior and Human Performance,* Vol. 22,1978, pp.375-403.

13) ibid.

14) J. P. Howell, "Substitutes for leadership: Their Meaning and Measurement - an Historical Assessment ," *Leadership Quarterly,* 8, No.2: pp.113-116.

15) G. Yukl, *Leadership in Organization,* 2006, pp.216-220.

16) 홍성화 역, 존 맥스웰 저, 리더십 21가지 법칙. 청우, 2005.

17) 2008.6.16 중앙경제 : 삼성경제연구소 SERI CEO 설문결과를 인용.

18) 동아일보 카드뉴스, 2005년 10월 30일.

| ㄱ |

감성지능 34
감정이입 35
개념적 기술 38
개발 55
개별적 배려 149
개별협의형 103
개인 내 과정 14
개입 201, 202, 204
객관적 측정변수 8
결단력(determination) 31, 298
경쟁 226
경청 222
계획수립 53
공감 222
공동 이익 270
공동체 224, 267
공동체 의식 226
공식적 리더 3
공유형 팀 리더십 208
공정 269
과업 지향적 개입 203
과업구조(task structure) 75, 78
과업지향적 리더 77
과업지향적 행동 53
관계 지향적 개입 203
관계구조적 측면 293
관계지향적 리더 77
관계지향적 행동 55

관리격자(managerial grid) 이론 62
관리순환이론 5
구성원의 셀프 리더십 개발을 위한 전략 255
구조주도 59
권력-영향력 연구 13
권한부여 219
권한위임 268
기업 윤리강령 266
기타 연구 133

| ㄴ |

내부 신고장치 275
내부자 고발 제도 275
내적 과업동기 292
능력 85

| ㄷ |

대인기술 40
독재적 리더 57
동기부여 268

| ㄹ |

리더 · 참여(leader · participation) 모형 104
리더-구성원 관계(leader-member relations) 75, 77
리더-구성원 교환 과정 172
리더십 2, 5
리더십 대체요인 302
리더십 상황이론(situation or contigency theory) 74

리더십 중화요인 302
리더십 특성이론 28
리더중심적 관점 11

| ㅁ |

모니터링 202, 207
목표설정이론 96
민주적 리더 57

| ㅂ |

배려 59
변혁적 리더십 142
변화지향적 행동 56
봉사 269
봉사의식 224
부패인식지수 264
부하중심적 관점 11
비공식적 리더 4
비전 224

| ㅅ |

사교성(sociability) 31
사회적 기술 35
사회적 지각력 36
사회적 지능 36
사회적 책임 264
상황엔지니어링(situational engineering) 79
상황적 리더십이론(Situational Leadership : SL) 82
상황적응 리더십 83
상황적합이론(contingency theory) 76
상황접근 연구 13
상황조절변수(situational moderator variable) 74
상황중심적 관점 11
상황호의성(favorableness of the situation) 79
생산에 대한 관심 62

서번트 리더십 218
설득 223
성과지향 64
성실성(integrity) 31
성취지향적 행동(Achievement-oriented behavior) 99
세계투명성기구 265
셀프 리더십 15, 196, 242
셀프 리더십 이론 242
셀프 리더십의 개념 240
셀프 리더십의 실천 전략 252
셀프 리더십의 전략 252
소극적 예외 146
수직형 팀 리더십 208
순수독재형 103
슈퍼 리더십 247
신뢰 218
신의성실 267
실천강령 274
심리적 행동능력 증진 292
쌍방향 커뮤니케이션 229

| ㅇ |

역량 298
역할과 목표의 명료화 54
역할모델 272
영감적 동기부여 149
영향력 297
예외관리(Management-by-exception) 146
운영 및 성과에 관한 점검 54
위인이론 28
위임형(delegating approach : S4) 84, 104
유능성 85
유지지향 64
윤리 행동강령 274

윤리감사 273
윤리강령 274
윤리경영 264
윤리적 가치관 272
윤리적 기준 266, 268, 272
윤리적 리더 270
윤리적 이슈 273
의미성 296
의사소통 198, 223
의지 85
인간에 대한 관심 62
인정 55
인지 223
일대일 과정 14, 15
일반경영관리론 5
임파워먼트 196, 198, 288
임파워먼트 리더십 299, 300

| ㅈ |

자기 감독 40
자기 관리 35
자기 동기화 35
자기 인식 34
자기관리이론 15
자신감(self-confidence) 31
자아효과성 291
자유방임적 리더 57
자유방임적 리더십 147
자율경영팀 209
적극적 예외관리 146
전문적 기술 37
전통적 리더십 227
정서적 요소 199
정직 269
조건적 보상(contingent reward) 145

조직 과정 14, 16
조치 201
종업원중심적 리더 58
주관적 측정변수 8
지각 223
지능(intelligence) 31
지시적 행동(directive behavior) 98
지시형(directing style : S1) 83
지원 55
지원적 행동(supportive behavior) 98
지원형(supporting approach : S3) 83
지위권력(position power) 75, 79
지적 자극 149
직관 223
직무중심적 리더 58
집단협의형 103
집단(팀) 과정 14, 15

| ㅊ |

참고독재형 103
참여의 정도(degree of participation) 103
참여적 행동(participative behavior) 99
최고경영진 272
치유 224

| ㅋ |

카리스마 149
카리스마의 개념 118
카리스마의 두 가지 관점 119
카리스마적 리더십 연구 122
카리스마적 리더십의 개념 118
카리스마적 리더십의 세 가지 접근방법 120
카리스마적 리더십의 최근 연구 133
코칭 221
코치형(coaching approach : S2) 83

| ㅌ |

통찰력 223
통합접근 연구 13
투명성 264
특성론적관점의 리더십 4
특성이론 74
특성접근 연구 12
팀 리더십 195
팀 리더십 모형 200
팀 효과성 205
팀워크 196, 197, 228
팀원 195
팀제 194

| ㅍ |

파레토 법칙 300
팔로워십 197
피드백 228

| ㅎ |

행동 유연성 36
행동강령 274
행동이론 74
행동접근 연구 12
헌신성 85
효과성(effectiveness) 7
효율성(efficiency) 8

| 기타 |

Bass 143
Big 5 성격특성 32
Burns 143
CKS 158
Conger와 Kanungo의 카리스마적 리더십 연구 126

Fiedler의 상황적합이론 76
Hersey와 Blenchard의 성숙도이론 82
House의 경로-목표 이론(path-goal theory) 96
House의 카리스마적 리더십 연구 124
LBDQ(Leader Behavior Description
  Questionnaire) 59
leader match program 79
LMX 발전에 관한 연구의 전개과정 185
LMX 이론 15
LMX 이론 연구 175
LMX 이론의 근거 178
LMX 이론의 발전단계 175
LMX 이론의 차원적 관점 173
LMX 이론의 최근 연구 186
LMX 이론의 활용과 최근 연구 182
LMX의 개념 172
LMX의 선행연구 182
LMX의 역할 협상 과정 180
LMX의 활용을 통한 리더십 만들기 183
LPC 척도(Least Preferred Co-Worker Scale) 76
MLQ-5X 158
PLIS 280
PM 리더십 모형 64
pM형 64, 65
positive-sum 측면 294
Shamir의 카리스마적 리더십 연구 130
SOLA 231
Vroom과 Yetton의 규범적 모형 102
Vroom의 기대이론 96
Weber의 카리스마적 리더십 연구 122
Y이론적 인간관 195
Yukl의 연구 133

● 저자 소개

강정애
프랑스 Paris 1 대학교 Ph.D
숙명여자대학교 총장
숙명여자대학교 경영학부 교수
(사)한국인사관리학회 29대 회장

태정원
숙명여자대학교 경영학 박사
서강대학교 외 강사, 초당대학교 겸임교수 역임
숙명여자대학교 강사, 경영지도사

양혜현
숙명여자대학교 경영학 박사
원광대학교, 한양대학교, 한국방송대학교 외 강사 역임
배화여자대학교 · 숙명여자대학교 강사, 경영지도사

김현아
가천대학교 경영학 박사
한양대학교 SALT담당교수 역임
(사)한국취업진로학회 부회장, 코칭연구원 대표

조은영
숙명여자대학교 경영학 박사
세종대학교, 서울산업대학교 외 강사 역임
숙명여자대학교 강사, 경영지도사